I0814234

NI LAS
MUCHAS AGUAS
PUEDEN APAGARLO,
NI LOS RÍOS
PUEDEN EXTINGUIRLO
[EL AMOR].
CANTAR DE LOS CANTARES 8:7, NVI,
NOTA ACLARATORIA

INTRODUCCIÓN

Una de las mejores maneras para fortalecer su relación y llenar su día de esperanza y gozo es pasar tiempo juntos con Dios.

Comprométanse con Dios y mutuamente a medida que sopesen el mensaje y los versículos en cada devocional. Usen las preguntas para tener una reflexión sana y recibir motivación hacia un cambio positivo. Las oraciones de cierre les ayudarán a someter su corazón y su día a Dios.

¡Que su matrimonio reciba bendición a medida que ustedes pasan un tiempo juntos con Dios diariamente!

ENERO

"Pues estoy a punto de hacer algo nuevo. ¡Mira, ya he comenzado! ¿No lo ves? Haré un camino a través del desierto; crearé ríos en la tierra árida y baldía".

Isaías 43:19, NTV

RESOLUCIONES

Tendré cuidado de llevar una vida intachable; ¿cuándo vendrás a ayudarme? Viviré con integridad en mi propio hogar. Me negaré a mirar cualquier cosa vil o vulgar. Detesto a los que actúan de manera deshonesta; no tendré nada que ver con ellos.

Salmos 101:2-3, NTV

Muchos de nosotros hacemos resoluciones de año nuevo solo para abandonarlas a principios del año. Generalmente, estas son grandes objetivos, pero carecemos del poder de voluntad para cumplirlas. En el salmo 101, el rey David habla valientemente sobre su resolución para gobernar su reino y su casa con integridad y rectitud.

¿Han pensado en declarar lo mismo para su hogar y su matrimonio? ¿Cambiaría su conducta, sus actitudes, sus palabras y la forma en que en eligen las películas y el tipo de entretenimiento? ¿Estarían pendientes de mantener su palabra y ser menos influenciados por el mundo? Sabemos que solo con la determinación no podemos lograrlo, pero David también lo sabía. Él pudo hacer estas declaraciones audaces porque sabía que Dios era amoroso, bueno, justo y confiable. Dios es el poder verdadero que respalda nuestras resoluciones.

¿Están los dos dispuestos a apropiarse de las resoluciones de David? ¿Cómo pueden andar en integridad en cada área de su vida?

Señor, sabemos que todas las buenas intenciones del mundo no son suficientes. Queremos que en nuestra vida y en nuestro hogar no haya pecado y que esté lleno de tu justicia.

LA RIQUEZA VERDADERA

Confía callado en el Señor y espérale con paciencia; no te irrites a causa del que prospera en su camino, por el hombre que lleva a cabo sus intrigas.

Salmos 37:7, LBLA

¿Alguna vez usted y su cónyuge han estado en una situación donde pareciera que todos prosperan más que ustedes? Han visto a sus amistades vestir sus zapatos de tacón alto y sus trajes elegantes exhibiendo el poder que tienen, mientras escalan posiciones empresariales. Han visto fotografías de sus viajes exóticos; y han visitado sus hermosas casas con vehículos carísimos y barcos lujosos. Mientras que ustedes tienen que estirar el presupuesto para comer arroz y frijoles. Poseen un vehículo barato que está destartalado y su casa necesita reparaciones.

A veces es difícil no sentir envidia. Cuando ustedes están tratando de servir a Dios y sus amigos no lo hacen, cuesta entender cosas como estas. En ese momento es cuando tenemos la sabiduría de quedarnos quietos ante Dios y compartimos nuestro sentir con Él. Cuando nos detenemos a pensarlo, nos damos cuenta de que somos nosotros los verdaderamente bendecidos. Nuestros hogares pueden ser modestos, pero somos felices. Nuestros viajes tal vez no sean caros, pero están llenos de risas y de amor. Nuestras riquezas no son lo que poseemos, sino las que se encuentran en cada uno de nosotros.

¿Qué los hace a ustedes verdaderamente ricos? ¿Cuándo fue la última vez que pensaron sobre cuán afortunados son de tenerse el uno al otro?

Señor, ayúdanos a darnos cuenta de que nuestra verdadera riqueza está dentro de cada uno de nosotros. Gracias por bendecirnos.

ESTAR CALLADOS

Si se enojan, no pequen;
en la quietud del descanso nocturno
examínense el corazón.

SALMOS 4:4, NVI

Es fácil enojarnos con nuestro cónyuge. Nos lastiman y nos enojan más que cualquier otra persona; esto se debe a que ellos están más cerca de nuestro corazón que los demás. Es una ofrenda de amor cuando en vez de no pronunciar palabras de enojo, nos mordemos la lengua y nos quedamos callados. Y es una ofrenda aún más grande cuando tomamos un tiempo para ver dentro del corazón de nuestro cónyuge y pensar en formas de amarlo más.

Llegamos al matrimonio con un equipaje lleno de todo nuestro pasado. Llevamos al matrimonio las cicatrices de nuestro pasado y estas nos afectan de muchas formas. Un cónyuge sabio sopesará estas cosas buscando maneras para ayudar a sanar las heridas y obtener un mejor entendimiento del porqué su pareja reacciona como lo hace.

¿Qué cicatrices trajiste a tu matrimonio? ¿Las has discutido con tu cónyuge?

Señor, ayúdanos a ser bondadosos y amorosos. Aleja de nuestra relación al enojo, y ayúdanos a esforzarnos en entendernos mejor mutuamente.

SOLAMENTE PARA MÍ

Digno eres, Señor y Dios nuestro, de recibir la gloria, la honra y el poder, porque tú creaste todas las cosas; por tu voluntad existen y fueron creadas.

APOCALIPSIS 4:11, NVI

Cuando despiertas y ves a tu cónyuge despeinado o sientes el olor de su aliento matutino piensas: *¿qué hice?* O le das gracias a Dios por haberlo hecho solo para ti. Dios creó a cada ser humano, y aunque todos somos distintos y tenemos defectos, lo más maravilloso acerca de nuestra pareja es que, por diseño de Dios, es únicamente nuestra.

Respetar la creación de Dios es muy importante para ti. Tal vez tengas algunas pocas cosas que decir sobre amanecer despeinado, morderse las uñas, roncar, mal olor en los pies, y más; sin embargo, ya que amas y respetas a tu cónyuge, nunca mencionas esas cosas fuera del hogar. En público, debes respetar y alagar abiertamente a tu pareja. Cuando lo haces, estás honrando a Dios también. Mantén las bromas y las burlas sobre los defectos entre ustedes solamente.

¿Cuándo fue la última vez que le dijiste a tu cónyuge que lo amabas a pesar de cualquier defecto o debilidad?

Señor, enséñanos a amarnos mutuamente de la manera que tú nos amas. Ayúdanos a cubrir los defectos de cada uno al no divulgarlos frente a los demás.

DESBORDE DE BONDAD

Den a todos el debido respeto: amen a los hermanos, teman a Dios, respeten al rey.

1 Pedro 2:17, NVI

Nancy veía cómo Gerardo se detenía al lado del camino. Ella sabía que él había notado el vehículo que estaba adelante. Una mujer de tercera edad estaba en el asiento del copiloto. Estaba llorando. "Señora", dijo Gerardo, "¿necesita ayuda?". Ella lo miró y asintió. Estaba tan alterada que no podía hablar. Nancy veía al hombre con quien había estado casada desde hace cinco años. A ella le encantaba su lado amable. Él siempre trataba de ayudar a los demás. Si veía a alguien necesitado, él era el primero en detenerse y ofrecer ayuda.

Nancy se sentía bendecida de tener a un hombre que amaba y respetaba a los demás. Esa parte de su carácter también se reflejaba en su matrimonio. Él era un verdadero caballero y la respetaba en todo. Nancy tenía amigas que no alcanzaron la misma suerte. Cada vez que las veía con sus esposos, ella elevaba una oración más de agradecimiento por Gerardo. Su relación con Dios era lo que la había atraído de él. Debido a que su relación con Dios era fuerte, el amor de Dios fluía a través de Gerardo en todo.

¿Puede tu cónyuge decir que tu relación con Dios se desborda en todo lo que haces?

Señor, gracias porque tu amor es el más grande. Muéstranos cómo dejar que tu amor fluya a través de nosotros.

APRENDER DE LOS QUE TIENEN EXPERIENCIA

Ponte de pie en presencia de los mayores.
Respeta a los ancianos. Teme a tu Dios.
Yo soy el Señor.

Levítico 19:32, NVI

Una de las bendiciones más grandes acerca de los familiares es la oportunidad de aprender de quienes tienen más experiencia que ustedes. Muchas parejas jóvenes tienen la fortuna de tener padres o abuelos que han estado casados durante cincuenta años o más. Estar en presencia de esos matrimonios duraderos les da a los demás la oportunidad de aprender los secretos para hacer que su matrimonio dure más. Al observar a las parejas que han estado casadas durante mucho tiempo, uno puede ver el amor en su rostro acompañado de las líneas y arrugas de la experiencia.

A medida que edifican su matrimonio, absorban de la sabiduría verdadera y comprobada de los demás. Copien lo bueno que ven. Pasen un tiempo con aquellos a quienes respetan y presten atención a su sabiduría. Cuando lo hagan, Dios bendecirá y fortalecerá su matrimonio.

¿Tienen entre sus familiares a personas que han estado casadas por mucho tiempo? Invítenlos a cenar y empápense de la sabiduría de ellos.

Señor, gracias porque podemos aprender de aquellos que van adelante de nosotros.

HONRAR A SUS PADRES

"Honra a tu padre y a tu madre, para que disfrutes de una larga vida en la tierra que te da el Señor tu Dios".

ÉXODO 20:12, NVI

Dios fijó el matrimonio como una institución donde un hombre y una mujer pudieran vivir con sus padres y empezar sus propias familias. Eso no significa que Dios quiera que nos olvidemos de nuestros padres; y Él promete que hay grandes beneficios en honrarlos. A una pareja inteligente le servirá mucho la sabiduría que sus padres han acumulado a lo largo de los años. Pedirá y escuchará el consejo sabio que le evitará cometer errores que no están obligados a cometer.

Una pareja sabia apartará un tiempo para ir a ver a sus padres, llamarlos o brindarles ayuda cuando sea necesario. A medida que los años pasan y que los padres empiezan a necesitar asistencia, tanto esposos como esposas deben devolver el favor honrando la vida de amor y atenciones que sus padres les dieron. Dios dice que, si honramos a nuestros padres, tendremos larga vida en la tierra. Tomemos la decisión de que veremos el pasado con recuerdos dulces en vez de remordimientos.

¿Cómo pueden honrar a sus padres? ¿Incluyen un tiempo en su horario para estar con ellos?

Señor, danos corazones compasivos por nuestros padres. Ayúdanos a honrarlos.

NO SE TRATA DE MÍ

Cada uno de ustedes ame también a su esposa como a sí mismo, y que la esposa respete a su esposo.

EFESIOS 5:33, NVI

No creo que ninguno de nosotros estaría en desacuerdo con el hecho de que nos amamos a nosotros mismos. Planificamos lo que nos hace sentir felices. Compramos nuestras comidas favoritas. Buscamos el asiento más cómodo y sintonizamos el canal de televisión de nuestros programas favoritos. Amarnos es fácil, pero si no estamos alertas, la mentalidad de "se trata de mí" podría dominarnos.

¿Qué tal si nos esforzamos de igual manera para amar a nuestro cónyuge? El amor verdadero cede el asiento más cómodo y el control remoto (¡ajá!). El verdadero amor escoge un restaurante que le encanta a nuestro cónyuge, aunque a nosotros no nos guste en realidad la comida que venden allí. El amor verdadero dice: "Tú eres lo más importante para mí; incluso, más importante que yo". Sucede algo especial como resultado de eso. El amor que se da vuelve a nosotros en una porción más grande, y está empacado en respeto de nuestro cónyuge, quien se siente amado y valorado.

¿Cómo te sientes cuando haces algo especial por tu cónyuge? ¿Desde cuándo lo has estado haciendo?

Señor, ayúdame a poner los intereses de mi cónyuge antes que los míos. Reconozco que la vida no gira a mi alrededor, y quiero que mi esposo lo vea reflejado en mis palabras y acciones.

ÉTICA LABORAL

Hagan lo que hagan, trabajen de buena gana, como para el Señor y no como para nadie en este mundo.

COLOSENSES 3:23, NVI

Aunque trabajamos con gusto para sostener a nuestra familia porque la amamos, con el tiempo es fácil que nos cansemos. Y, a veces, cuando la monotonía de la vida se nos va acumulando, dejamos de dar lo mejor de nosotros. Tenemos la responsabilidad de hacer nuestro mejor esfuerzo. Los ojos de los pequeños nos miran, y es especialmente importante que demos un buen ejemplo.

Una ética laboral buena marcará una gran diferencia en nuestro hogar y en nuestro trabajo. Nuestras actitudes marcan la gran diferencia, especialmente si trabajamos como si lo hiciéramos para Dios. Si Él se complace con nuestros esfuerzos, está garantizado que nuestro cónyuge y nuestro jefe también lo estén. Hay un gozo especial que se experimenta cuando trabajamos para complacer a Dios. ¿Pueden imaginar cuán distintos serían nuestros hogares si ese fuera el estándar de todas nuestras responsabilidades?

¿De qué manera podrían nuestras actitudes afectar nuestro trabajo? ¿Qué diferencia hay cuando hacemos las cosas como para el Señor?

Señor, ayúdanos a darte nuestro mejor esfuerzo. Ayúdanos a cumplir las responsabilidades que nos has dado y haz que lo hagamos con gozo.

DAR FRUTO

Pedimos que Dios les haga conocer plenamente su voluntad con toda sabiduría y comprensión espiritual, para que vivan de manera digna del Señor, agradándole en todo. Esto implica dar fruto en toda buena obra, crecer en el conocimiento de Dios.

Colosenses 1:9-10, NVI

Hay algo hermoso sobre un manzanal cuando el fruto crece y madura en los árboles. Las hojas verdes brillante y las ramas cargadas con el fruto rojo lustroso presentan una hermosa estampa y dan vida a la esperanza de pasteles, mermelada y salsa fresca de manzana. También hay algo hermoso sobre nuestra vida y matrimonio cuando damos fruto espiritualmente, creciendo en el conocimiento de Dios.

Una pareja sabia le pedirá a Dios sabiduría y entendimiento. Escuchará los susurros de Él, y su objetivo será complacerlo en todo. Es el objetivo de cada uno en lo personal, pero cuando tenemos la oportunidad de observar a nuestro cónyuge a medida que crece en parecerse a Jesús, es inspirador. Y eso brinda una esperanza dulce para el futuro.

¿Qué pueden hacer como pareja para mantenerse creciendo mutuamente en Cristo? ¿Qué siente cada uno cuando ve a su cónyuge sirviendo a Dios?

Padre, queremos crecer en ti para que podamos servirte más como pareja. Ayúdanos a aceptar y a alimentar esa responsabilidad.

UNA GUÍA CLARA

El Señor te ha dicho lo que es bueno, y lo que él exige de ti: que hagas lo que es correcto, que ames la compasión y que camines humildemente con tu Dios.

Miqueas 6:8, NTV

Afortunadamente, como cristianos, no tenemos duda de lo que Dios requiere de nosotros. Él lo ha escrito en la Biblia. Tenemos un libro con el plan que nos muestra el camino y nos da instrucciones específicas sobre la manera de vivir correctamente, amar la misericordia y andar con Dios. Cada vez que dudemos de cuál es la decisión correcta, podemos buscar en las Escrituras y encontraremos la respuesta.

Ese mismo principio se aplica en el matrimonio. Cuando tenemos que tomar una decisión, debemos buscar en la Biblia y orar pidiendo a Dios las respuestas. Con los votos matrimoniales, aumentan las responsabilidades. Sin embargo, la fuente de conocimiento se mantiene igual. Dios siempre tiene la respuesta; si tan solo acudiéramos a Él, las encontraríamos.

¿Se les avecina una decisión importante? ¿Ya le preguntaron a Dios qué piensa al respecto?

Padre, gracias porque siempre estás disponible para darnos sabiduría. Ayúdanos a poner nuestra confianza en ti.

CORAZONES SENSIBLES

En esto sabremos que somos de la verdad, y nos sentiremos seguros delante de él.
1 JUAN 3:19, NVI

El amor es lo que tranquiliza nuestro corazón en la presencia de Dios. De la misma forma en que Jesús dio su vida por nosotros, debemos estar dispuestos a hacer lo mismo por nuestro cónyuge. Cuando Dios nos bendice con posesiones materiales, eso es magnífico, pero también deberíamos tener un corazón sensible hacia los que están pasando necesidad. Un beneficio inesperado acerca de tener un corazón generoso es que, cuando nuestro cónyuge ve nuestro amor en acción, eso hace que nos ame aún más.

Expresar nuestro amor con palabras es muy bueno y vital para nuestro matrimonio; pero cuando ponemos nuestro amor en acción, es poderoso. No podemos dar más que Dios. Parece que mientras más damos, más nos amamos el uno al otro, y Dios nos bendice más, a nosotros y a nuestro hogar. Como pareja, tomen la decisión de amar a los demás y ayudar siempre que puedan. Nunca se arrepentirán.

¿Cómo pueden poner su amor en acción? ¿Cómo te sientes cuando ves a tu cónyuge siendo amoroso y amable con alguien más?

Señor, ayúdanos a amar como lo haces tú. Danos corazones que sean amorosos y generosos.

ESPERAR EN SILENCIO

Que todo mi ser espere en silencio delante de Dios, porque en él está mi esperanza.

SALMOS 62:5, NTV

Este versículo parece muy sencillo, pero la mayoría de nosotros tenemos dificultad en ponerlo realmente en práctica. Cuando llegan los tiempos difíciles, tratamos de corregir las cosas por nosotros mismos. Cuando nuestro cónyuge tiene dolor, tratamos de aliviarlo. Queremos respuestas instantáneas para nuestras oraciones. Queremos soluciones. Sin embargo, a veces, Dios dice: "Espera". ¡Ay!, amigos, eso es difícil para todos nosotros; para quienes dicen: "¡Lo quiero ahora mismo!".

Un cónyuge sabio aprenderá el arte de esperar en silencio ante Dios. Aparta un periodo de tiempo. Si tienes la posibilidad, sal y contempla la creación de Dios. Escucha música de alabanza. Lee la Palabra de Dios por un momento y luego, toma un tiempo para "estar en silencio" en el que ores: "Padre, aquí estoy, y quiero escucharte. Susurra a mi corazón lo que quieras decirme". Hay algo especial acerca de la adoración, acerca de tomar un momento para pasarlo con Dios. Y aunque muchas veces los tiempos difíciles no cambian, en Él hay esperanza y descanso para nuestra alma. Y eso es bueno.

¿Se te dificulta esperar en silencio a Dios? ¿Cómo pueden tú y tu cónyuge pasar más tiempo con Dios de esta manera?

Señor, ayúdanos a descansar en ti. Bendice nuestro matrimonio y ayúdanos a esperar en silencio ante ti.

NUESTRA FORTALEZA

Solo en Dios halla descanso mi alma; de él viene mi salvación.
Solo él es mi roca y mi salvación; él es mi protector.
¡Jamás habré de caer!

SALMOS 62:1-2, NVI

Cuando éramos niños, muchos de nosotros tuvimos un refugio de juguete donde nos escondíamos de los malos que nos perseguían. Generalmente, nos estaban atacando, y luego, justo cuando las cosas se ponían peor, un héroe llegaba y nos salvaba. ¿Acaso no sería lindo tener una opción similar como matrimonio: una fortaleza donde podamos refugiarnos de los tiempos difíciles en nuestra vida? Parece maravilloso, ¿no? Si nos detenemos a pensarlo, en realidad tenemos una fortaleza, la mejor fortaleza de todas, Jesús.

Jesús nos amó tanto que dio su vida por nosotros. Él promete reposo para nuestra alma. Él es nuestra roca y nuestro escudo, y cuando comprometemos nuestra vida y nuestro matrimonio a Él, la vida no nos sacude. Así que la próxima vez que lleguen circunstancias difíciles o aterradoras, recordemos dirigirnos a nuestra fortaleza.

¿Qué significa para ustedes saber que tienen una fortaleza en Dios? ¿De qué manera impacta eso su matrimonio?

Señor, gracias por darnos reposo para nuestra alma y por ser nuestra fortaleza durante los tiempos difíciles.

EL AMOR NOS CUBRE

Sobre todo, ámense los unos a los otros profundamente, porque el amor cubre multitud de pecados.

1 Pedro 4:8, NVI

Esteban miró el techo. *¿Durante cuánto tiempo voy a estar aquí acostado oyendo los ronquidos de Brenda?*, pensaba. Era lo mismo cada noche. Una vez que la cabeza de Brenda tocaba la almohada, ella quedaba totalmente dormida. Dormida y roncando. Algunas noches, Esteban se quedaba en la cama durante horas quejándose consigo mismo de que los ronquidos de Brenda lo mantenían despierto. Esta noche fue distinto. Él decidió que, en vez de concentrar su atención en los ronquidos de ella, iba a contar sus bendiciones a pasar el tiempo necesario mientras estaba despierto agradeciéndole a Dios por su bella esposa.

Los ronquidos son solo una de las cosas con las que los cónyuges tienen que lidiar al principio del matrimonio. Hay cosas que son mucho más importantes en la vida. Sin embargo, el amor que Dios le da al esposo y a la esposa cubre muchas cosas y permite que la pareja viva en armonía.

Si tu cónyuge ronca, o hace algo más que realmente te molesta, ¿puedes tomar la resolución de agradecer en vez de quejarte?

Señor, gracias porque tu amor cubre multitud de cosas y nos permite vivir mutuamente en paz.

EL EJEMPLO PERFECTO

Esposos, amen a sus esposas, así como Cristo amó a la iglesia y se entregó por ella.

EFESIOS 5:25, NVI

La Biblia nos dice que amemos a nuestra esposa, así como Él ama a la iglesia. ¡Guau!, ese es un nivel imposible de alcanzar; pero podemos dar nuestro mejor esfuerzo, y Dios nunca pide más que eso. Entonces, ¿cuáles son algunos de los rasgos bíblicos de un buen esposo? Él está dispuesto a dejar a su madre y a su padre para edificar un hogar con su esposa. Es paciente, incluso cuando su esposa ha fallado más de tres veces en lo mismo. No hay egoísmo involucrado. Él es humilde y gentil. No se le provoca fácilmente. Él enseña con amor. Es digno de confianza.

Un esposo como Dios manda se esfuerza para madurar en Cristo. Ama tanto a su esposa que pasa por alto sus defectos y sus errores, y él hasta daría su vida por ella. Lo que haga lo hace con amor y nunca piensa mal de ella. Esto es lo que puedes llegar a ser cuando la amas a ella como Dios te ama a ti.

¿Qué puedes hacer para amar a tu cónyuge como Cristo amó a la iglesia? ¿Cuáles son dos cosas específicas que puedes hacer hoy?

Padre, nos has dado el ejemplo perfecto del amor. Ayúdame a amar a mi cónyuge de esa manera.

VERDADERAMENTE SORPRENDENTE

Hay tres cosas que me asombran; no, son cuatro las que no comprendo: cómo planea el águila por el cielo, cómo se desliza la serpiente sobre la roca, cómo navega el barco en el océano, y cómo ama el hombre a la mujer.

PROVERBIOS 30:18-19, NTV

¿Alguna vez han pensado sobre la majestuosidad de la creación de Dios y cómo se aplica al matrimonio? Piensen en cómo el águila se desliza a través del cielo. Es poesía en movimiento, un recordatorio visible de la fuerza y el poder de Dios. Piensen en una serpiente, ¿cómo se arrastra por las rocas ásperas sin caerse o sin que su piel sufra daño? Esas son las destrezas sorprendentes de diseño que Dios tiene.

Piensen en el océano, una expansión de agua tan vasta que se prolonga en distancias inimaginables; sin embargo, un barco puede navegar esas aguas confiando en los mapas que definen su curso. Todo eso es verdaderamente sorprendente, pero hay una cosa más que ni todas las palabras juntas pueden describir: la manera en que un hombre ama a una mujer… y viceversa. Si el amor entre un hombre y una mujer es una de las creaciones más sorprendentes de Dios, ¿acaso no deberíamos hacer todo lo que esté a nuestro alcance para que florezca?

¿Alguna vez has pensado sobre cuán sorprendente es que tú y tu cónyuge se amen mutuamente? Hablan sobre las formas en que pueden proteger su matrimonio.

Señor, tú eres un Dios sorprendente. Gracias por crear el don precioso del matrimonio.

EL MÁS IMPORTANTE

El amor es paciente y bondadoso. El amor no es celoso ni fanfarrón ni orgulloso.

1 Corintios 13:4, NTV

Hay algo incrustado en nuestro interior que nos hace querer presumir: "¡Mira lo que hice!". ¿Pero qué pasaría si pasamos más tiempo presumiendo de nuestro cónyuge de lo que pasamos presumiendo de nosotros? Allí es donde entra el verdadero amor. Cuando le prestamos atención a los demás, especialmente a nuestro cónyuge, eso significa que estamos quitando nuestra mirada de nosotros mismos.

El amor es paciente y amable. Se trata de rendir nuestra propia voluntad por alguien a quien amamos más. Y no solo se trata de apoyar a nuestro cónyuge durante los tiempos difíciles, sin que haya alguna envidia involucrada. ¿Qué habría pasado si Dios hubiera sido egoísta? ¿Qué tal si hubiera dicho: "Mi vida es más importante que la de ustedes"? Pero no lo hizo, y los cónyuges sabios se pondrán como objetivo seguir el ejemplo de Jesús para amar a su pareja más que a sí mismos.

¿Qué cosa tangible podrías hacer hoy para amar a tu cónyuge más que a ti mismo? ¿En qué debes cambiar?

Señor, ayúdanos a seguir tu ejemplo. Ayúdanos a amar a nuestros "prometidos" más que a nosotros mismos.

MENOS DE MÍ

"Yo no puedo hacer nada por mi propia cuenta; juzgo según Dios me indica. Por lo tanto, mi juicio es justo, porque llevo a cabo la voluntad del que me envió y no la mía".

JUAN 5:30, NTV

Muchas veces, tanto los esposos como las esposas tienen grandes objetivos, pero generalmente no nos toma mucho tiempo darnos cuenta de que nuestro poder para alcanzar esas metas está en Dios. Nada podemos hacer sin Él, quien es la fuente de nuestra fortaleza y, sin embargo, este Dios todopoderoso está enamorado de nosotros. Su corazón se conmueve cuando queremos hacer su voluntad, cuando los deseos de nuestro corazón se concentran en servirlo a Él.

Cuando procuramos hacerlo, nuestros propios deseos quedan en segundo plano, justo donde deben estar. Eso significa menos de nosotros, y eso es algo bueno. En un hogar donde los cónyuges están comprometidos a hacer juntos la voluntad de Dios a ponerse el uno al otro antes de sí mismos, la relación florecerá.

¿Cómo puedes ser menos egoísta en tu relación con tu cónyuge? ¿En qué manera te impresiona ver a tu cónyuge tratándote sin egoísmo?

Padre, has que haya en mi vida menos de mí mismo y más de ti. Recuérdame poner las necesidades y los deseos de mi cónyuge antes que los míos.

UN COMPAÑERO DE CARRERA

Por lo tanto, ya que estamos rodeados por una enorme multitud de testigos de la vida de fe, quitémonos todo peso que nos impida correr, especialmente el pecado que tan fácilmente nos hace tropezar. Y corramos con perseverancia la carrera que Dios nos ha puesto por delante.

HEBREOS 12:1, NTV

La mayoría de nosotros posee montones de cosas. En nuestras casas hay mucho más de lo necesario. Muchas veces, nuestros sótanos, garajes y bodegas están abarrotadas de cosas extras. Sin embargo, a veces las "cosas" pueden agobiarnos. Mientras más cosas poseamos, más tenemos que cuidar, y lo que una vez fue bendición puede volverse una carga al apartarnos de nuestro cónyuge y de nuestra familia.

Dios nos aconseja deshacernos de las cosas que nos hacen más lentos; especialmente de aquellos pecados que pueden hacernos tropezar y provocar problemas en nuestro hogar. Él ve nuestra vida como una carrera, y cuando nos casamos, Él incluso nos da un compañero de carrera. Del mismo modo en que los corredores se preparan, las parejas deben poner en forma su corazón pasando tiempo en oración y en la Palabra de Dios. Sean sensibles a las instrucciones del Señor, y corran con perseverancia la carrera de la vida.

¿Qué cosas les impiden correr? ¿Qué puede impedirles servir a Dios?

Señor, ayúdanos a deshacernos de las cosas que nos impiden servirte. Ayúdanos a terminar la carrera juntos.

SIN PERDER LA SENSIBILIDAD

"Porque el corazón de este pueblo se ha vuelto insensible; se les han embotado los oídos, y se les han cerrado los ojos. De lo contrario, verían con los ojos, oirían con los oídos, entenderían con el corazón y se convertirían, y yo los sanaría".

MATEO 13:15, NVI

¿Alguna vez has estado en un lugar con tanto ruido que no podías escuchar lo que tu cónyuge te decía? ¿O en algún lugar donde el sol brillaba tanto que tuviste que cerrar tus ojos? ¿Sabes que, a veces, hacemos lo mismo con Dios? Él trata de comunicarse con nosotros, pero hemos permitido que nuestro corazón se vuelva insensible, y cerramos nuestros oídos y nuestros ojos para no tener que escuchar lo que Él quiere decirnos.

Pero si queremos que nuestro hogar y nuestro matrimonio sea sanado, debemos ser sensibles a la voz de Dios, debemos apartarnos de las cosas que Él no quiere que hagamos, y debemos permitirle a nuestro corazón que entienda. Tomemos la decisión de esforzarnos para mantener nuestro corazón sumiso y sensible ante Él.

¿De qué manera puede nuestro corazón volverse insensible? ¿Cómo afecta eso a nuestro matrimonio?

Señor, no queremos que nuestro corazón sea insensible hacia ti. Danos ojos que vean y oídos que escuchen para que podamos entender tus instrucciones.

UNA REPRENSIÓN AMOROSA

No reprendas al insolente, no sea que acabe por odiarte; reprende al sabio, y te amará.
PROVERBIOS 9:8, NVI

Reprender no es una palabra muy moderna. Sin embargo, es una palabra fuerte. No hay nada leve ni placentero respecto a recibir una reprensión. Puede ser devastador que a uno le den una regañada en enojo o de manera negativa, especialmente si se es una persona susceptible. Cuando alguien a quien amas hace algo fuera del orden, una corrección gentil y amorosa es lo mejor. Si necesitas un recordatorio porque has sobrepasado algún límite, aprecia a quien te ama lo suficiente como para hacerte volver al orden.

Contamos con nuestra pareja para muchas cosas. Varias son divertidas. Sin embargo, una de las cosas de las que debemos asegurarnos es que nuestro cónyuge nos dirá cuándo necesitemos corrección. El amor impregnará la corrección mientras ayudamos a nuestra pareja a crecer y convertirse en una mejor persona. Cuando la corrección viene de alguien que nos ama más que a nadie en este mundo, nos hace sentir seguros y ayuda a minimizar los sentimientos de rebeldía y susceptibilidad.

¿Te ha reprendido tu pareja alguna vez? Hablen de esas veces y de por qué el que haya venido de tu cónyuge lo hizo más fácil de sobrellevar.

Señor, gracias por darme un cónyuge que me ama lo suficiente como para ayudarme a ser una persona mejor.

PAZ POR MEDIO DE LAS LEYES

Los que aman tu ley disfrutan de gran bienestar,
y nada los hace tropezar.

SALMOS 119:165, NVI

Tener paz es algo maravilloso en un matrimonio, pero muchas veces es difícil de alcanzar. Dios promete que, si amamos su ley, tendremos una paz muy grande. Cuando nuestro corazón es sensible a Él y a lo que quiere que hagamos, la ley nos impedirá tropezar, y eso evitará que lastimemos a quienes amamos.

Dios nos dio su ley por una razón; no porque Él quiera gobernarnos con mano de hierro, sino porque hay consecuencias cuando no la obedecemos. Esos mandamientos son barandas de seguridad para nuestra vida. No podemos elegir uno por aquí y otro por allá y hacer que funcione. Debemos obedecerlos todos. Nuestras actitudes pueden marcar una gran diferencia. Hay gozo en el camino de la vida cuando tenemos un corazón dispuesto a obedecer las leyes del Señor. Y habrá una paz dulce y maravillosa en nuestro hogar cuando dos corazones se unan para complacer a Dios.

¿Cuán importante es para nosotros amar las leyes de Dios? ¿De qué manera impactará nuestro matrimonio si las obedecemos?

Señor, ayúdanos a obedecer tus leyes. Ayúdanos a tener un corazón dispuesto a obedecerte. No nos dejes tropezar.

CORAZÓN DE SIERVO

Jesús se sentó, llamó a los doce y les dijo: —El que de ustedes quiera ser el primero conviértase en el último de todos y en el siervo de los demás.

MARCOS 9:35, NBV

Cuando andaban en público y se acercaban a una puerta, David se hacía a un lado para dejar que Ada entrara primero. Lo mismo sucedía cuando esperaban en la cola de una cafetería o en la de un parque de diversiones. David lo hacía por amor y respeto a su esposa, y como una manera de asegurarse de que ella se sintiera cuidada. Ada sabe que David la ama tanto que él la pondrá siempre en primer lugar.

Ir al matrimonio con un corazón de siervo es algo digno de aplaudirse. No siempre es fácil poner a los demás primero, especialmente en una sociedad que grita: "¡Yo, yo, yo primero!". Pero cuando Dios le da a uno un acompañante de por vida, uno debe amar con un amor de servicio.

¿Tu cónyuge te pone en primer lugar siempre? ¿Cómo podrías mejorar para poner a tu cónyuge en primer lugar?

Señor, gracias por un cónyuge con quien puedo servirte cada día. Ayúdanos a servirnos mutuamente de una manera que demuestre tu amor.

COMPARTIR

Si ayudas al pobre, le prestas al Señor, ¡y él te lo pagará!
Proverbios 19:17, NTV

Los detalles de amor son importantes en una relación. Una de las formas divertidas en que Raúl le demuestra su amor a Brenda es con patatas fritas. ¿Patatas fritas? A Brenda le encanta la sensación crujiente de una patata frita doblada. No hay muchas en las bolsas, pero cuando Raúl encuentra una, se la da a Brenda con una sonrisa.

En tu relación, ¿hay algo que compartas con tu cónyuge que crea un vínculo especial entre ustedes? Tal vez no sean patatas fritas o incluso algo de comer. Quizá haya alguna tarea del hogar que a tu pareja no le guste hacer. Cuando pones de tu parte, la carga se hace más ligera y el trabajo se vuelve más divertido cuando lo hacen juntos. Como matrimonio, ustedes comparten muchas cosas, tanto buenas como malas. Lo más grande que pueden compartir es un amor en común por Dios y el compromiso de ponerlo a Él primero en todo.

¿Cuál es una de las cosas favoritas que compartes con el amor de tu vida?

Padre, gracias por la bendición de compartirlo todo con mi maravillosa pareja.

EXTENDER LA MANO

El ayuno que he escogido, [...] ¿No es acaso el ayuno compartir tu pan con el hambriento y dar refugio a los pobres sin techo, vestir al desnudo y no dejar de lado a tus semejantes?

ISAÍAS 58:6-7, NVI

El inicio del matrimonio trae desafíos: lograr que alcance el presupuesto, ajustarse a la vida en pareja, combinar en uno los valores de dos familias, etcétera. Una pregunta que puede surgir es: ¿cómo hacemos que nuestra familia funcione y todavía poder darle a los demás? Para algunas parejas, parece como que nunca tuvieran suficiente extra para apoyar. Sin embargo, Dios nos manda a ayudar a los demás de la forma en que podamos. Al principio, podría parecer poco. Con el tiempo, esas maneras de ayudar serán más grandes.

Encuentren formas de compartir con los demás. Tiempo de calidad, artículos en buen estado o actos de servicio son cosas adicionales que pueden hacer juntos. Si sus intereses difieren, programen una noche a la semana para servir en lugares distintos. Ofrezcan sus dones como un sacrificio a Dios y disfruten las recompensas de servirlo a Él.

¿Qué les gustaría ofrecerle a Dios como un acto de servicio?

Dios, gracias porque podemos compartir con los demás lo que tenemos.

COMPARTIR LA ETERNIDAD

—El que tiene dos camisas debe compartir con el que no tiene ninguna —les contestó Juan—, y el que tiene comida debe hacer lo mismo.

LUCAS 3:11, NVI

Los *reality shows* son muy populares en la televisión. Uno de ellos se enfoca en el tema del acaparamiento. La mayoría de las parejas acaparan de alguna manera. Guardan cosas que son duplicados o que no necesitan en realidad. Es razonable si está guardando cosas para los hijos o los nietos. Sin embargo, tenemos montones de cosas guardadas que realmente no necesitamos y que, probablemente, nunca vamos a usar. Evalúa las cosas que llenan su clóset y compártanlas con quien las necesita. Si eso es muy difícil, pónganse el objetivo de deshacerse solamente de algunas cosas en la primera vuelta.

Como pareja, una de las mejores cosas que debemos compartir es nuestra fe. Conforme van reduciendo al mínimo y compartiendo sus pertenencias, recuerden que el amor de Dios que está en ustedes es lo más grande que tienen para compartir, y es abundante. Cuando ayuden a un amigo compartiéndole un artículo, compártanle también un poco de la eternidad.

¿Se consideran acaparadores? ¿Qué guardan? ¿Podrían apartar un momento pronto para revisar sus pertenencias y compartir con alguien que las necesita más?

Señor, gracias porque no tenemos que acaparar tu amor. Hay suficiente para todos.

PALABRAS CUIDADOSAS

El que habla, hágalo como quien expresa las palabras mismas de Dios; el que presta algún servicio, hágalo como quien tiene el poder de Dios. Así Dios será en todo alabado por medio de Jesucristo, a quien sea la gloria y el poder por los siglos de los siglos.

1 PEDRO 4:11, NVI

Nuestras palabras pueden meternos en muchos problemas; especialmente con nuestro cónyuge. Para muchos de nosotros, nuestra boca habla antes de que nuestro cerebro piense, y entonces, es demasiado tarde. A veces, las palabras se dicen inocentemente, sin intención de lastimar. Otras veces, estamos enojados y realmente sentimos las cosas feas y de odio que decimos en el calor del momento. Sentimos remordimiento solo cuando vemos el dolor que hemos provocado.

No tendríamos esos problemas si optáramos por hablar como Jesús, si habláramos en amor, si las palabras que pronunciamos se dijeran para ayudar a nuestro cónyuge en ver de lastimarlo.

¿Qué diferencia marcaría en nuestro matrimonio si habláramos con las palabras de Dios en vez de las nuestras? ¿Qué debemos saber acerca de servirlo a Él?

Señor, danos momentos espontáneos donde digamos tus palabras con bondad. Ayúdanos a ver que nuestra fortaleza viene de servirte a ti. Ayúdanos a darte la gloria que mereces.

LA PROMESA PRECIADA

Muy pronto el Dios de paz aplastará a Satanás bajo los pies de ustedes. Que la gracia de nuestro Señor Jesús sea con ustedes.
ROMANOS 16:20, NVI

El estrés puede causar caos en un matrimonio. Es fácil llegar a estresarse, pero deshacerse de eso no lo es. Las exigencias abrumadoras en el trabajo, los problemas de salud y los que provocan los hijos y la familia, la tensión con el cónyuge, la falta de tiempo con Dios y el agotamiento pueden pasar factura. Y un cónyuge sobreestresado puede volverse brusco e impaciente, lo que hace que los problemas en el hogar sean más complejos. Entonces, ¿cómo nos salimos de ese patrón de comportamiento?

Podemos orar por nuestro cónyuge, levantando sus necesidades ante el Dios que puede solucionarlas. Podemos ayudar a cargar el bulto. Dos que lleven la carga es mucho mejor que solo uno. Podemos proveer afecto tierno y palabras de ánimo. Y podemos ser ayuda espiritual para nuestro cónyuge, recordándole la dulce y preciada promesa de la gracia de Dios.

¿Cómo puedes ayudar a tu cónyuge cuando se sienta estresado? ¿De qué manera te ha ayudado la gracia de Dios en el pasado?

Señor, ayúdanos a ser de verdadera ayuda espiritual para nuestro cónyuge; especialmente cuando se estresa. Gracias por la esperanza que nos da tu gracia.

PARTE DE LA ECUACIÓN

El cuerpo humano tiene muchas partes, pero las muchas partes forman un cuerpo entero. Lo mismo sucede con el cuerpo de Cristo.
1 Corintios 12:12, NTV

Estar soltero puede llevar a algunas aventuras divertidas, pero la mayoría de los solteros admiten que su vida es solitaria. Extrañan tener a alguien con quien hablar al final del día y un compañero con quien compartir las cargas de la vida. Ese es un buen recordatorio para aquellos de nosotros que estamos casados, agradecer a Dios precisamente por eso.

Dios dice que no es bueno que el hombre esté solo. Por eso, Él creó una ayuda idónea. Y ya que la relación matrimonial se basa en ayudarnos mutuamente, a veces es bueno evaluar la situación y asegurarse de que seamos verdaderamente compañeros útiles. Cuando un esposo se levanta temprano y vacía la lavadora de platos o pone los platos a lavar porque él sabe que su esposa está cansada, ese es un romance verdadero. Cuando una esposa cuida con ternura a su esposo enfermo, ese amor lo envuelve y reconforta como una manta tibia. El matrimonio es un regalo precioso, y una pareja sabia hará que el trabajo en equipo sea parte de la ecuación.

¿Cómo puedes llegar a ser más útil como compañero para tu cónyuge? ¿Cómo te sientes cuando tu cónyuge hace algo agradable para ti?

Señor, recuérdanos que somos un equipo. Ayúdanos a trabajar juntos para hacer lo mejor de nuestro matrimonio.

¿DÍAS MEJORES?

Dios es nuestro amparo y nuestra fortaleza, nuestra ayuda segura en momentos de angustia.

SALMOS 46:1, NVI

En tiempos de problemas es fácil ver en retrospectiva épocas mejores. Si tan solo pudieran volver a como fueron las cosas al principio de su matrimonio. Antes de que tuvieran hijos o perdieran su empleo, antes de que hubiera desorden en la casa o de que tu suegra se fuera a vivir con ustedes. Pero ¿fueron esas épocas mejores *realmente*? Vivir implica pasar del presente al futuro. Nuestros ayeres podrían parecer mejores o menos ajetreados, pero Dios tiene un futuro para nosotros. Sin haber atravesado pruebas o tiempos difíciles, enfrentaríamos los días venideros sin la madurez y la sabiduría que vienen a través de la perseverancia. Cada prueba trae consigo la habilidad para mantener el curso.

Preocuparse por el futuro no beneficiará a nadie. Juntos, los dos, pueden utilizar su experiencia y conocimiento para sortear de manera segura cualquier tropiezo que encuentren en el camino. Confíen en que el Señor tiene en cuenta lo que más les conviene, y apóyense en las promesas de Dios, busquen su guía y su sabiduría.

¿Pueden dejar de preocuparse? ¿Cómo pueden ayudarse mutuamente para confiar en Dios en los tiempos difíciles? ¿Qué fortalezas ven el uno en el otro que han sido resultado de tiempos pasados difíciles?

Padre Dios, muéstranos cómo confiar en ti. Ayúdanos a dejar atrás la preocupación y a concentrar nuestra atención en tu Palabra. Queremos estar profundizando en ti a diario. Gracias por cuidar de nosotros.

FEBRERO

El amor es paciente, es bondadoso.
El amor no es envidioso ni jactancioso ni
orgulloso. No se comporta con rudeza,
no es egoísta, no se enoja fácilmente,
no guarda rencor. El amor no se deleita
en la maldad, sino que se regocija con la
verdad. Todo lo disculpa, todo lo cree,
todo lo espera, todo lo soporta. El amor
jamás se extingue...

1 Corintios 13:4-8, nvi

GOBERNAR UN REINO

SEÑOR, Dios de nuestros antepasados, ¿no eres tú el Dios del cielo, y el que gobierna a todas las naciones? ¡Es tal tu fuerza y tu poder que no hay quien pueda resistirte!

2 CRÓNICAS 20:6, NVI

Dios es nuestra imagen principal de autoridad y nuestro ejemplo a seguir en el matrimonio. Alguien debe estar a cargo de una relación para que funcione, pero esa autoridad debe ser ejercida con amor y respeto. Dios, quien creó el universo y gobierna sobre todo reino, y que además es nuestra imagen de autoridad, demuestra cómo dar consuelo y compasión amorosa.

A un gobernador, el poder se le puede subir a la cabeza, pero un cónyuge sabio tendrá intensiones que le agradan a Dios para ejercer la autoridad, dejándose llevar por el amor y la guía de Dios.

¿Recuerdas alguna vez cuando usaste tu autoridad de manera equivocada? ¿Cómo impactó tu matrimonio, y qué puedes hacer mejor en el futuro?

Señor, cuando me toque ejercer autoridad en mi matrimonio, ayúdame a dirigir con sabiduría y amor, teniendo presente acudir a ti para que me guíes como la imagen de autoridad máxima que eres para mí.

FRANQUEZA CON AMOR

Más vale ser reprendido con franqueza que ser amado en secreto. Más confiable es el amigo que hiere que el enemigo que besa.
PROVERBIOS 27:5-6, NVI

Las relaciones varían; algunas son buenas y otras no tanto; otras, abiertas y sinceras, y otras más, superficiales. Todas las relaciones caen en un espectro. La mejor relación de todas las que podemos tener aquí en la tierra es el matrimonio. Un cónyuge es un amante, pero también, un buen amigo, confidente y compañero de vida.

Cuando su matrimonio es sólido y se basa en el amor de Dios, ustedes tienen la libertad para discutir cualquier tema entre sí. Si uno necesita corrección o ha sobrepasado la línea, el otro puede traerlo a colación, pero de manera gentil. Si uno necesita ánimo, el otro es el más indicado para darlo. ¡Qué gran tesoro es tener a alguien con quien uno puede ser franco en todo! Cuando se está protegido por el amor de Dios y en el de su cónyuge, se espera la sinceridad y es apreciada.

¿Alguna vez tú y tu cónyuge han hablado abierta y amorosamente sobre un tema difícil?

Padre, gracias por la comunicación abierta que ofrece el matrimonio. Ayúdanos a ser receptivos al consejo mutuo y permite que sea dado en amor.

¿QUIÉNES SON SUS AMIGOS MÁS CERCANOS?

El que con sabios anda, sabio se vuelve; el que con necios se junta, saldrá mal parado.

PROVERBIOS 13:20, NVI

Toda pareja necesita amigos. Estas son personas que nos conocen y nos aman. Son nuestros confidentes y consejeros. Nos divierten, acompañan y animan, y sirven a Dios junto con nosotros. Debido a que los amigos influyen en nosotros, debemos tener cuidado de a quién le permitimos estar muy cerca de nosotros.

La Palabra de Dios lo dice de la mejor manera. Si queremos ser sabios, necesitamos andar con personas sabias, y si formamos una amistad con los necios, estos nos lastimarán. Nuestros amigos nos impactan en muchos niveles. Si andamos con personas que son flojos en sus votos matrimoniales, o que son desamorados y groseros con su cónyuge, eso se nos puede pegar a nosotros. Pero si tenemos amigos que aman a Dios y basan sus relaciones y su vida diaria con relación a Él, su ejemplo nos bendecirá. Escojamos a nuestros amigos sabiamente, y a su vez, seamos para ellos amigos que aman y buscan a Dios.

¿Cómo consideraría Dios a sus amigos: sabios o necios? Como pareja, ¿qué salvaguardas pueden colocar que les ayuden a escoger a sus amigos más íntimos?

Dios, estamos conscientes de que nos volvemos como aquellos que están cerca de nosotros. Ayúdanos a escoger amigos que nos animen a ir en busca de ti y a seguir amándonos mutuamente.

CONSTRUIR UNA CASA

Hay amigos que llevan a la ruina, y hay amigos más fieles que un hermano.

PROVERBIOS 18:24, NVI

Al construir una casa, uno debe primero colocar los cimientos. Poco después se hace el enmarcado. Sin un cimiento sólido y el enmarcado, la casa no soportará la prueba del tiempo. La primera tormenta la destruirá.

En el matrimonio, Dios es el cimiento más sólido; la amistad con tu pareja debería ser el enmarcado. La pasión es como los acabados en una casa, cambia con el tiempo. El romanticismo va y viene, pero la amistad permanece. El enmarcado se afianza cuando pasas tiempo con tu cónyuge. El noviazgo no debería terminar cuando se casan. Cuando los hijos dejan el nido y la pareja se queda sola, deja que tu amado sea quien esté más cerca que un hermano.

¿Qué cosas les encanta hacer juntos? ¿Cómo pueden nutrir su amistad?

Dios, gracias por el regalo de la amistad que es vital para un matrimonio sólido. Acércanos el uno al otro. Necesitamos tu ayuda para que nuestro hogar se mantenga firme durante las tormentas de la vida.

SU SISTEMA DE POSICIONAMIENTO DIVINO

Reconócelo en todos tus caminos, y él allanará tus sendas
PROVERBIOS 3:6, NVI

¿Alguna vez han pensado en la manera en que un matrimonio es como un viaje por tierra? Cuando hacemos nuestros votos matrimoniales, empezamos un largo recorrido sin idea alguna de cómo terminaremos o cómo llegaremos al final. ¿Hay algún mapa? Cuando empacamos a la familia en nuestro vehículo y nos dirigimos al lugar donde pasaremos las vacaciones, tenemos que confiar en nuestro mapa o nuestro GPS para llegar a donde vamos.

La Palabra de Dios es el GPS de nuestra vida, nuestro sistema de posicionamiento divino. Al ir por la vida, este nos lleva por un camino con grandes vueltas y cruces que no tienen sentido para nosotros. Sin embargo, confiamos en Aquel que ya estuvo allí, quien conoce las dificultades y los peligros que hay en el recorrido. Debemos reconocer que Él está a cargo, confiar en Él y seguir el trayecto hacia el futuro que ha preparado para nosotros.

¿Por qué es tan difícil confiar en Dios cuando no sabemos a dónde nos dirige? Como pareja, ¿qué han aprendido acerca de confiar en Dios en situaciones inciertas?

Padre, ayúdanos a confiar en tu GPS y a seguir la ruta que has marcado para nosotros. Ayúdanos a recordar que, aunque no te entendamos, todavía podemos confiar en ti.

UN VASO DE AGUA FRESCA

"Y quien dé siquiera un vaso de agua fresca a uno de estos pequeños por tratarse de uno de mis discípulos, les aseguro que no perderá su recompensa".

MATEO 10:42, NVI

¿Alguna vez has visto a tu cónyuge llevarle comida a un indigente o buscar dinero en sus bolsillos para ayudar a alguien que está pasando aprietos? ¿Alguna vez has visto a tu amado llevarle una comida hecha en casa a alguien que acaba de tener una operación o sostener la mano de alguien mientras ora por la persona? ¿Acaso eso no te hace amarlo más?

Dios dice que Él nos recompensará por nuestras buenas obras, pero nuestro matrimonio también aumenta en amor a causa de esos momentos de bondad. Hay algo acerca de la generosidad, acerca de verse el uno al otro dando compasión, que nos hace amarnos más. ¿Por qué? Porque vemos a nuestro cónyuge reflejando a Jesús. Es incluso más especial cuando podemos compartir juntos esos momentos.

¿Recuerdas alguna vez en que tu esposo haya sido compasivo con alguien? ¿Hay algo que ustedes puedan hacer como marido y mujer para impactar la vida de los demás?

Señor, como fuente de compasión, tú eres muy bueno con nosotros. Ayúdanos a impactar la vida de los demás, a llevar un vaso de agua fresca a quienes la necesitan.

FAVOR INMERECIDO

Y, después de que ustedes hayan sufrido un poco de tiempo, Dios mismo, el Dios de toda gracia que los llamó a su gloria eterna en Cristo, los restaurará y los hará fuertes, firmes y estables.

1 Pedro 5:10, NVI

Gracia es mostrar bondad cuando alguien no la merece. Es un favor inmerecido. Dios nos da el ejemplo perfecto de la gracia cuando, mientras aún éramos pecadores, Él dio a su Hijo para que muriera por nosotros. Merecíamos la muerte, pero Él nos dio vida. La relación sacrificial y llena de gracia de Cristo con su Iglesia muchas veces se compara con el matrimonio.

La gracia en el matrimonio es esencial. Pasar por alto cuando tu cónyuge aprieta el tubo del dentífrico por el medio, es gracia. No enojarte cuando tu pareja habla de manera desagradable después de haber tenido un día difícil, es gracia. Ya que Dios nos muestra su gracia, nosotros podemos seguir su ejemplo y darla gratuitamente a quienes amamos.

¿Cuáles son algunas áreas donde necesitas que tu cónyuge te dé gracia? Agradécele a tu cónyuge por un momento específico en el que te otorgó gracia.

Jesús, gracias por darnos un ejemplo perfecto de lo que es un favor inmerecido. Cuando el momento arde debido a que uno de nosotros comete un error, ayúdanos a mostrarnos gracia mutuamente. Que nuestro ejemplo de un matrimonio lleno de gracia acerque a otros a ti.

BRILLAR A TRAVÉS DE LA REGLA DE ORO

Esteban, hombre lleno de la gracia y del poder de Dios, hacía grandes prodigios y señales milagrosas entre el pueblo.

HECHOS 6:8, NVI

El mundo nos dice que tratemos a los demás como ellos nos tratan a nosotros. Por otro lado, la Biblia dice: "Traten a los demás tal y como quieren que ellos los traten a ustedes" (Lucas 6:31, NVI). A esto se le llama *la regla de oro,* pero las personas de la sociedad actual, tan concentradas en una ecuanimidad rígida, raras veces la aplican. Cuando los cristianos ponemos la otra mejilla, ofreciendo perdón, los demás se dan cuenta.

Un matrimonio, donde tanto el esposo como la esposa practican la regla de oro, es una relación llena de gracia. El nivel de la gracia como Dios manda atrae la atención del mundo y refleja a Cristo. Dios puede usar tu matrimonio de oro para mostrar maravillas y señales, y que las personas se sientan atraídas a Él. A medida que amas con gracia a tu cónyuge, permite que el amor de Dios brille a través de ustedes.

¿Qué es lo que los demás aprenderán sobre Cristo al ver su relación matrimonial? ¿Cómo verán la gracia en ustedes?

Dios, usa nuestro matrimonio para que los demás se acerquen más a ti. Déjanos ver a quienes nos observan. Ayúdanos a mostrar gracia al practicar la regla de oro y, al hacerlo, ayúdanos a reflejarte.

TRANSFORMADOS JUNTOS EN CRISTO

Así, todos nosotros, que con el rostro descubierto reflejamos como en un espejo la gloria del Señor, somos transformados a su semejanza con más y más gloria por la acción del Señor, que es el Espíritu.

2 Corintios 3:18, NVI

"Ella no es la misma mujer con la que me casé".

"Él ha cambiado".

Los consejeros matrimoniales han escuchado estas palabras muchas veces.

La respuesta de los consejeros es casi siempre la misma: "Tienen razón. Su esposa no es la misma persona con la que se casó, y su esposo ha cambiado".

Sus experiencias crecen y los cambia. Imaginen que siembran dos árboles el día de su boda, cada árbol lo representa a uno de ustedes. Ustedes esperarían que crecieran, que sean frondosos y que florecieran. El crecimiento es algo bueno. No esperen que su cónyuge esté igual. Mejor concéntrense en cómo pueden crecer juntos estando arraigados en Cristo.

¿De qué manera ha cambiado cada uno desde el día en que se casaron? ¿Saben qué fue lo que provocó ese cambio? ¿Qué sigue igual?

Padre celestial, ayúdanos a crecer juntos y no separados. Ayúdanos a reconocer que nuestro amor cambia constantemente.

LA PODA DEL MAESTRO JARDINERO

Dejando a un lado las enseñanzas elementales acerca de Cristo, avancemos hacia la madurez. No volvamos a poner los fundamentos, tales como el arrepentimiento de las obras que conducen a la muerte, la fe en Dios, la instrucción sobre bautismos, la imposición de manos, la resurrección de los muertos y el juicio eterno.

HEBREOS 6:1-2, NVI

Cualquier jardinero novato puede hablarles del valor de la poda; la cual implica cortar una porción de una planta para estimular más crecimiento. Dios poda a los cristianos de la misma forma. "Toda rama que en mí no da fruto, la corta; pero toda rama que da fruto la poda para que dé más fruto todavía" (Juan 15:2).

Aunque el Señor nos poda de manera individual, también nos poda como pareja a fin de que nuestro matrimonio crezca. A veces, Él usa circunstancias no deseables, como enfermedad o desempleo, para fortalecer la relación. Cuando confían plenamente en Él y se apoyan mutuamente, Dios poda su unión en una forma que les hará florecer.

¿De qué manera ha usado Dios las circunstancias para podarlos como pareja? ¿Cómo los ha hecho esto más fuertes?

Dios todopoderoso, tú eres el Maestro jardinero. Gracias por podarnos en todo tipo de circunstancias. Ayúdanos a florecer y a crecer bajo tu atento cuidado.

NIÑOS DE CORAZÓN, PERO MADUROS EN AMOR

Cuando yo era niño, hablaba como niño, pensaba como niño, razonaba como niño; cuando llegué a ser adulto, dejé atrás las cosas de niño.

1 Corintios 13:11, NVI

Cuando éramos niños, actuábamos como niños. Éramos inmaduros. Reñíamos por tonterías. Lastimábamos con nuestras palabras sin pensar en las consecuencias. Nuestro razonamiento estaba distorsionado y nos concentrábamos generalmente en nosotros mismos. Pero éramos niños, así que eso era de esperarse.

Desafortunadamente, podemos acarrear los rasgos de inmadurez a nuestro matrimonio, lo que provoca daños y fricciones. Reconocer dichos rasgos en nosotros mismos es el primer paso hacia la madurez; admitirlos es el siguiente. La madurez espiritual y emocional viene de dedicarle tiempo a la Palabra de Dios, orar y pedirle ayuda al Señor, y tener una conversación sincera con nuestro cónyuge.

A medida que maduramos, llegamos a acercarnos más en nuestro matrimonio y en nuestra relación con Dios. Aunque es divertido pasar la vida con alguien que tiene corazón de niño, cuando nos casamos, es necesario que superemos los rasgos infantiles e hirientes. Todo cónyuge merece una pareja madura en la fe y en el amor.

¿Qué comportamientos infantiles afectan su matrimonio? ¿Cómo pueden llegar a ser más maduros espiritualmente como pareja?

Padre, ninguno de nosotros es perfecto, y las malas costumbres son difíciles de dejar. Hazme madurar espiritual y emocionalmente para que pueda ser la ayuda idónea que mi amado necesita y merece.

ARTISTAS, CONSTRUCTORES, ESCRITORES

No descuides el don espiritual que está en ti, que te fue conferido por medio de la profecía con la imposición de manos del presbiterio. Reflexiona sobre estas cosas; dedícate a ellas, para que tu aprovechamiento sea evidente a todos.

1 Timoteo 4:14-15, LBLA

¿Alguna vez han pensado en el hecho de que Dios dio dones y talentos únicos a cada uno de nosotros? Los esposos y esposas sabios buscan esas habilidades en sus cónyuges, y les ayudan a nutrir y a desarrollar esos intereses. ¿Es tu esposa una artista talentosa? Aparta un lugar en tu casa para que ella pinte. ¿Está tu esposo dotado para construir cosas? Cómprale algunas herramientas o acompáñalo a una tienda de artículos de construcción. ¿Tu cónyuge quiere ser un escritor? Ahorra algún dinero y mándalo a una conferencia de escritores.

Anímense mutuamente. Dense elogios sinceros. Oren acerca de la manera en que pueden usar sus talentos para el Señor, y enorgullécete más que nadie cuando los demás admiren las obras de tu amado cónyuge. No desperdicien los dones que tienen en su interior; sino que trabajen juntos, como pareja, para que crezcan y florezcan.

¿Cuáles son los talentos especiales que Dios les ha dado? ¿Cómo pueden animarse mutuamente para usar esos dones?

Dios, gracias por los talentos que nos has dado. No queremos desperdiciarlos. Ayúdanos a animarnos mutuamente para usarlos para tu gloria.

UN MEJOR EQUILIBRIO

Crezcan en la gracia y en el conocimiento de nuestro Señor y Salvador Jesucristo. ¡A él sea la gloria ahora y para siempre! Amén.
2 PEDRO 3:18, NVI

Hay días en que se siente que estamos en un carrusel que cada vez va más rápido. Las responsabilidades pesadas del trabajo, la casa y nuestras familias no tienen atascados; y nosotros luchamos generalmente por cumplir con todo, pero no tenemos éxito. ¿Les suena conocido? Ese estrés nos pasa factura, tanto en nuestro cuerpo como en nuestro matrimonio, y en el tiempo que pasamos con Dios. Los momentos abrumadores son un buen recordatorio de que debemos sentarnos y evaluar la manera en que podamos poner nuestra vida y matrimonio a un equilibrio mejor.

Nadie puede hacerlo todo y hacerlo bien, pero una cosa debe ser prioritaria: dedicarle tiempo a Dios. Las horas que le dedicamos a su Palabra, en oración y en los momentos de quietud donde ustedes están atentos a escuchar su voz tienen un gran impacto en su matrimonio y en todo lo demás en su vida. Conocer a Dios y tener más gracia con su cónyuge le dará un mejor equilibrio a su vida.

¿Está su vida fuera de equilibrio? Oren juntos, como pareja, y pídanle a Dios que sea Él quien cuide del horario de ustedes.

Padre, el tiempo contigo es una buena inversión. Muéstranos como podemos recibir más de ti y conocerte más.

DULZURA DIARIA

Es muy grato dar la respuesta adecuada,
y más grato aun cuando es oportuna.
PROVERBIOS 15:23, NVI

El Día de San Valentín es un tiempo para dar flores o cajas de chocolates en forma de corazón; sin embargo, muchas veces lo que es más significativo son las palabras cuidadosamente elegidas de una tarjeta o una nota de amor escrita a mano. Este día de los enamorados nos da la oportunidad para expresar nuestro amor y aprecio, y decir las cosas que muchas veces se quedan sin decir.

También es un día para reflexionar sobre cómo Dios une dos vidas en matrimonio agradeciendo la relación que nos completa como pareja. Las parejas sabias aprovechan el Día de San Valentín, pero también llevan esa dulzura a los días siguientes. No tenemos que comprar regalos a diario, sino que podemos compartir el regalo de nuestras palabras; los pensamientos que vienen del corazón y que tocarán el alma del cónyuge que Dios nos dio.

¿Qué palabras puedes usar para animar y motivar a tu cónyuge? ¿Cuáles son las palabras que más necesitas escuchar?

Padre, recuérdanos que el verdadero amor proviene de ti. Danos palabras que toquen el corazón, de manera que siempre podamos sentirnos seguros en nuestro amor.

NO MIRAR ATRÁS

No se desvíe tu corazón hacia sus caminos,
no te extravíes en sus sendas.
PROVERBIOS 7:25, LBLA

¿Alguna vez han estado en un parque temático y han visto a un grupo de turistas? Mientras caminan por el parque, el grupo sique al líder que lleva la bandera. Imaginen que la bandera son sus pensamientos, y que su corazón es uno de los turistas. A donde su mente les permitan ir, el corazón la seguirá.

Cuando tu cónyuge te hace enojar, ¿te quedas pensando en eso, haces un listado mental de las cosas que hace para fastidiarte? Si es así, inflamas tu enojo al recordar las ofensas pasadas. Muchas veces, tu reacción se vuelve más grande que el problema. La Biblia nos dice que pongamos "todo pensamiento en cautiverio a la obediencia de Cristo" (2 Corintios 10:5, LBLA). La próxima vez que te enojes con tu amado, no mires atrás. Trata solamente con el problema del momento y, al final, ambos serán más felices.

¿Cuáles son algunas reglas básicas que ustedes pueden establecer acerca de discutir los sentimientos heridos o las ofensas?

Padre, tú olvidas nuestros pecados cuando nos perdonas. Ayúdanos a evitar que las experiencias negativas se arraiguen en nuestra mente. En cambio, reemplaza cualquier pensamiento malo con recuerdos de las veces en que nos hemos bendecido mutuamente.

SABIDURÍA CONCEDIDA

¡Pues el Señor concede sabiduría! De su boca provienen el saber y el entendimiento.

Proverbios 2:6, NTV

Jaime es la persona a quien acudir cuando los amigos necesitan consejo sabio. Él tiene el don de dar consejo amorosa y compasivamente. Su esposa, Margarita, ha apreciado eso desde sus días de novios y siempre habla primero con él sobre sus preocupaciones o decisiones antes de proceder en alguna forma en particular.

Es fácil recibir opiniones sobre las cosas. Todos tienen una y generalmente les complace compartirla contigo, independientemente de si la quieres o no. Sin embargo, el consejo sabio es un don poco común y muy especial. Jaime sería el primero en admitir que su sabiduría no le pertenece; proviene de horas y horas de dedicarle tiempo a la Palabra de Dios. Ninguno de nosotros quiere dar un mal consejo, especialmente en nuestro matrimonio, así que seríamos sabios en recordar a la fuente de todo conocimiento, entendimiento y sabiduría.

¿A quién acudes cuando necesitas un consejo sabio? ¿A otras personas? ¿A tu cónyuge? ¿Cómo pueden ustedes dos buscar juntos la verdadera sabiduría?

Señor, ayúdanos a recordar que el mejor consejo siempre viene de ti.

ENTRETEJIDOS

No dejaban de reunirse en el templo ni un solo día. De casa en casa partían el pan y compartían la comida con alegría y generosidad.
HECHOS 2:46, NVI

Nada afianza mejor a un matrimonio que pasar tiempo juntos con Dios. Es difícil acostarse enojados cuando doblan sus rodillas o se toman las manos y oran antes de dormir. Cuando oramos juntos y el uno por el otro, eso provee un escudo de protección alrededor de nuestro matrimonio y de nuestro hogar. Cuando le dedicamos tiempo a hablar sobre la sabiduría que hemos deducido de la Palabra de Dios, y la manera en que ha tocado nuestro corazón, alimentamos nuestra alma. Cuando vamos juntos a la casa de Dios, Él entreteje nuestras almas con una fortaleza que sobrepasa los lazos del mundo.

Si se acaban de casar, tomen la decisión ahora sobre cómo establecerán sus hábitos de fe. Si han estado casados durante varios años y no lo hicieron antes, nunca es demasiado tarde para empezar. Su corazón y su hogar se beneficiará, y estarán complacidos de haberlo hecho.

¿De qué manera tú y tu cónyuge construyen hábitos de fe? Si tienes hábitos de fe ya establecidos, ¿de qué manera impactan estos su relación?

Padre, queremos que tú seas la cabeza de nuestro hogar. Permite que nuestros hábitos incluyan tiempo juntos contigo a diario. Entretéjenos más cerca de ti y el uno del otro.

CACHORROS Y FRIJOLES REFRITOS

¡Con alegría ustedes beberán abundantemente de la fuente de la salvación!

Isaías 12:3, NTV

¿Saben cuál es la gran diferencia entre la alegría y la felicidad? La alegría dura poco. Uno está alegre cuando hay tacos para cenar. Luego, cuando llegan los frijoles refritos, uno podría no sentirse muy entusiasmado. Uno está alegre cuando tiene un nuevo cachorro, pero cuando este muere, la alegría ya no está.

La felicidad es de largo plazo. Es un deleite profundo en tu corazón. Empieza con Jesús y se desplaza sobre otras áreas de tu vida, como, por ejemplo, tu matrimonio. Hay momentos en que no estás alegre con tu cónyuge. Todos somos humanos y cometemos errores. Sin embargo, recuerden la felicidad profunda que trae su relación y concéntrense en eso. Un buen matrimonio trae una felicidad que brota de adentro. Empieza en el corazón de cada uno y termina en tu rostro.

¿En qué manera trae tu cónyuge felicidad a tu vida?

Jesús, gracias por la felicidad y la alegría en el matrimonio. Despertar al lado de mi mejor amigo es un regalo. En los días cuando las circunstancias no salen como esperaba, ayúdame a recordar el gozo profundo que me da mi cónyuge.

REGOCIJO EN EL SUFRIMIENTO

Alégrense de tener parte en los sufrimientos de Cristo, para que también sea inmensa su alegría cuando se revele la gloria de Cristo.

1 Pedro 4:13, NVI

A nadie le agradan los tiempos difíciles. Pueden ser duros para el matrimonio. Las dificultades financieras impactan todo aspecto de nuestra vida. Las crisis de salud nos desgastan físicamente, y en lo emocional cuando no podemos ayudar a nuestra pareja. A veces, las circunstancias que sobrepasan nuestro control crean caos en el matrimonio.

Sufrir nos afecta fuertemente a todos, pero unirnos en esos momentos es lo que marca la diferencia. Podemos tomar la decisión consciente de no permitir que la amargura nos arruine. Podemos decir: "Dios, no puedo corregir esto. ¡Necesito tu ayuda!". Volcamos nuestro sufrimiento en Él. Caminar juntos, unidos con Dios y el uno con el otro, nos da la fortaleza necesaria. Usemos esos momentos de sufrimiento —y la provisión de Dios a lo largo de ellos— para compartir la gloria de lo que Dios hace por nosotros y a través de nosotros.

¿Qué circunstancias difíciles han atravesado como pareja? ¿Cómo reaccionaron ante el problema y de qué manera los fortaleció?

Señor, tú conoces el sufrimiento más que nosotros. Cuando la lucha nos cueste, ayúdanos a confiar en ti mientras pasamos por circunstancias difíciles y muéstranos tu gloria a través de ellas.

PRESENCIA PLACENTERA

¡Dichosos tus súbditos! ¡Dichosos estos servidores tuyos, que constantemente están en tu presencia bebiendo de tu sabiduría!
2 Crónicas 9:7, NVI

¿Se sienten felices tus amigos y tu familia de estar cerca de ti? Algunas personas son placenteras por naturaleza; todos quieren estar cerca de ellas. La reina de Saba sentía eso por el rey Salomón. Cuando ella lo conoció, estaba sorprendida de su presencia y asumía que la gente que estaba diariamente con él era feliz.

¿Se siente feliz tu cónyuge de estar contigo por la manera en que te conduces por la vida? Decide hacer algo hoy solo para que tu amado sonría. Cuéntale un chiste, llévale una taza de café o dale un masaje en los pies. Desafíate a ti mismo para hacer sonreír a tu cónyuge tantas veces como puedas durante el día. ¡Ustedes se tienen el uno al otro! Eso es bastante para estar felices.

¿Qué puedes hacer para que tu cónyuge sonría? Hablen de algún momento del pasado que les haya hecho sonreír.

Padre Dios, la felicidad viene de ti, así como todas las cosas buenas. Gracias por el regalo de nuestro matrimonio. Sé tú una presencia placentera en nuestra relación y ayúdanos a empezar y a terminar cada día con una sonrisa.

ARMONÍA EN EL HOGAR

Vivan en armonía los unos con los otros. No sean arrogantes, sino háganse solidarios con los humildes. No se crean los únicos que saben.

Romanos 12:16-18, NVI

Vivir en armonía es un excelente objetivo matrimonial. El conflicto provoca un daño verdadero, erosiona nuestro amor y nuestra seguridad. Puede impactar nuestros hogares de muchas maneras. Una de las mejores formas de seguridad que podemos darles a nuestros hijos es una mamá y un papá que se aman mutuamente. Si ellos escuchan peleas frecuentes, eso puede poner temor en su corazón. Ningún padre desea eso.

¿Cómo pueden sacar el conflicto de su hogar? Podemos dejar de enfocarnos en nosotros mismos y concentrarnos en los demás. Podemos poner los intereses de nuestro cónyuge por encima de los nuestros al decir "te amo" más fuerte que las palabras. Podemos deshacernos del síndrome de "yo siempre tengo la razón" que afecta a muchos de nosotros. Solo Dios tiene siempre la razón, y cuando estamos dispuestos a hablar con nuestro cónyuge y admitir que estamos equivocados, le comunicamos que lo valoramos y lo amamos. Armonía. ¡Es algo bueno!

¿Qué te impide a ti y a tu cónyuge vivir en armonía? ¿Cómo puedes poner las necesidades de tu cónyuge por encima de las tuyas?

Señor, queremos que nuestro hogar esté lleno de amor y de paz, y queremos que nuestros hijos se sientan seguros allí, siempre. Muéstranos cómo poner las necesidades del uno y del otro por encima de las propias.

IGUALDAD DE PENSAMIENTOS

En fin, vivan en armonía los unos con los otros; compartan penas y alegrías, practiquen el amor fraternal, sean compasivos y humildes.

1 PEDRO 3:8, NVI

Rut estaba al lado de la estufa, moviendo la sopa. Era la favorita de su familia, pero hoy, ella la preparaba para su vecina, Miriam, que estaba enferma. Rafael entró y, al olerla, hizo un gesto de aprobación. "Mmmm, huele bien", dijo. "Gabriel habló conmigo cuando estaba buscando la correspondencia. Dijo que Miriam acaba de tener una operación. ¿Hay algo que podamos hacer? ¿Tal vez llevarles un poco de sopa?". Rut se dio la vuelta y sonrió.

Esta no era la primera vez que Rut y Rafael tenían la misma idea sobre algo de lo que ni siquiera habían hablado. A medida que se acercaban más a Dios en su matrimonio, descubrían que muchas veces tenían pensamientos similares. El deseo de amar y servir a Dios se manifestaba en un deseo de amar a quienes los rodeaban. El amor de Dios se derramaba en su familia, vecinos y amigos. Permitan que el amor de Dios les acerque mutuamente, y se sorprenderán de los resultados.

¿Alguna vez tú y tu cónyuge han pensado simultáneamente en una reacción a un desafío, una manera para que alcance el presupuesto o un cambio que deben hacer? ¿Qué los llevó a esa decisión?

Padre, gracias por la unidad de nuestra mente y espíritu que solamente proviene de ti. Permite que esa unidad bendiga nuestro matrimonio y se derrame en nuestra relación con los demás.

ABRIR LA ALACENA

Las multitudes preguntaron: —¿Qué debemos hacer?
Juan contestó: —Si tienes dos camisas, da una a los pobres.
Si tienes comida, comparte con los que tienen hambre.
LUCAS 3:10-11, NTV

Juan y su esposa, María, conversaban después de cenar. María dijo: "¿Sabías que Paco perdió su empleo la semana pasada? Su esposa no puede trabajar debido a su salud, y ellos tienen cinco hijos qué alimentar. No sé qué van a hacer".

"Bueno, yo sé lo que vamos a hacer nosotros", respondió Juan. Vamos a ayudarlos. No tenemos mucho, pero podemos compartir lo que tenemos".

No es necesario que vayamos muy lejos para ver cuán abundantemente Dios nos ha bendecido, incluso si no somos ricos y no tenemos casas grandes y vehículos lujosos. Junto con nuestras bendiciones viene la responsabilidad de ayudar a los demás. A veces, es solo una caja de alimentos de lo que tenemos en la alacena. Puede ser un regalo monetario para ayudar con la ropa y otros gastos. Es nuestro privilegio y nuestro gozo ayudar, pero eso también impacta nuestro matrimonio. No hay nada más atractivo que un cónyuge que tiene un corazón generoso y lleno de amor.

¿De qué manera pueden ser de bendición para alguien? Cuéntale a tu cónyuge sobre alguna vez en que lo viste ayudando a alguien más.

Padre, permítenos ser sensibles a las necesidades de los demás. Haz que seamos una bendición para quienes necesitan que se les extienda una mano.

MANOS A LA OBRA

La religión pura y verdadera a los ojos de Dios Padre consiste en ocuparse de los huérfanos y de las viudas en sus aflicciones, y no dejar que el mundo te corrompa.

SANTIAGO 1:27, NTV

Una de las mejores actividades que pueden hacer juntos como pareja es servir. Dios nos llama a cada uno a servir a los demás. Cubrir las necesidades de "el menor de estos" es una manera de entretejer a Cristo en el centro de su matrimonio.

Hagan una lista de las formas en que pueden servir en equipo. Quizá Dios los esté llamando a dar la clase de la escuela dominical. Tal vez podrían ponerse mutuamente delantales y ofrecer su ayuda para alimentar a los indigentes. ¿Hay escuelas locales que necesiten voluntarios para ayudar a los niños en riesgo con sus tareas? Piensen en sus dones y tengan un intercambio de ideas sobre cómo ambos pueden ser las manos y los pies de Jesús.

¿Cuáles son algunos de sus dones o áreas fuertes? ¿Cómo pueden usarlos para servir a los demás?

Señor, abre nuestros ojos para que veamos las formas en que podemos ayudar juntos a los demás. Úsanos, Señor, y muéstranos cómo nuestro servicio te entreteje a ti en nuestro matrimonio.

TIEMPO PARA DIEZMAR

Pero el que tiene bienes de este mundo, y ve a su hermano en necesidad y cierra su corazón contra él, ¿cómo puede morar el amor de Dios en él?

1 JUAN 3:17, LBLA

La necesidad está alrededor de ustedes. Es raro conducir por la ciudad y no ver a un indigente que necesite alimento o ropa. Las parejas jóvenes luchan para tener un equilibrio entre los empleos, los hijos y otras cosas. Los ancianos hallan que las tareas más simples de la vida son más difíciles de manejar. ¿Cuál es su reacción?

La mayoría de los matrimonios tiene lo que necesita, pero no todo lo que quiere. Busquen quién puede estar sufriendo o pasando necesidad. ¿Hay algo que ustedes puedan hacer? ¿Podrían llevarle comida al indigente? ¿Podrían cuidar a los hijos de la pareja joven durante una o dos horas para que ellos puedan tener una comida tranquilos y juntos? ¿Podrían comprar alimentos para su vecino anciano? Cuando hablamos de diezmar, pensamos en dinero. ¿No les bendeciría como pareja diezmar con su tiempo también?

¿Alguna vez han pensado qué podrían hacer como pareja para ayudar a los demás? Tengan un intercambio de ideas y uno de ustedes, tome nota.

Señor, gracias por proveer para nuestra familia. Abre nuestros ojos para que veamos las formas en que podemos compartir nuestras bendiciones con los demás.

APOYAR A LOS DEMÁS

Los que somos fuertes debemos tener consideración de los que son sensibles a este tipo de cosas. No debemos agradarnos solamente a nosotros mismos.

ROMANOS 15:1, NVI

El amigo de Javier y Linda, Alberto, estuvo luchando por un par de años contra su alcoholismo. Trataba de superarlo, pero falló varias veces. Él se sentaba en la sala de Javier y Linda, con lágrimas corriendo por sus mejillas mientras decía: "Necesito ayuda".

"Nunca estuve donde tú estás, ni tampoco luché contra una adicción como esa", respondía Javier, "pero una cosa te aseguro, Linda y yo estamos aquí para apoyarte. Vamos a ir por este recorrido junto contigo, vamos a orar por ti y vamos a ayudarte a recibir la ayuda que necesitas".

A lo largo del año siguiente, Linda vio cómo su esposo ayudaba a su amigo. Vio su carácter piadoso en acción una y otra vez. Y ella cosechó de la situación un beneficio inesperado. Atestiguar la compasión de su esposo en acción la hizo amarlo aún más, afianzó el lazo de su buen matrimonio. Un cónyuge que va la milla extra para ayudar a los demás será un cuidador excepcional de su familia.

¿Pueden ser fuertes en beneficio de los demás? ¿De qué manera los ha ayudado alguien cuando ustedes han sido débiles?

Padre, hay tantas personas que necesitan a alguien fuerte para que les ayuden a pasar los días difíciles. Ayúdanos a ser ese apoyo para aquellos que nos necesitan.

COMUNICACIÓN SINCERA

El amor no se deleita en la maldad, sino que se regocija con la verdad.

1 Corintios 13:6, NVI

Nada marca una brecha entre marido y mujer más rápido que la falta de honestidad. En el matrimonio, eso podría ser la infidelidad, la mentira, las medias verdades, las finanzas y cosas similares. Evitar esto puede ser mucho más fácil si su relación matrimonial está cimentada en la verdad y la confianza.

El matrimonio honesto es sano, y todos queremos matrimonios sanos. Si su matrimonio no lo es, programe sesiones frecuentes, ya sea solos o con un terapeuta, para discutir abierta y sinceramente lo que está sucediendo. Pónganse de acuerdo sobre las reglas para la discusión, tales como no lastimar los sentimientos, no interrumpir, solamente conversar sin estar a la defensiva, etc. La comunicación es una manera excelente de practicar la verdad en su matrimonio. Se requiere esfuerzo, pero bien vale la pena.

¿Necesitas discutir con tu cónyuge algunas áreas en su matrimonio? Tomen un momento ahora mismo para apartar un tiempo para esa discusión.

Padre, gracias porque podemos comunicarnos con nuestro cónyuge de manera que eso fortalezca nuestro matrimonio. Gracias por comunicarte con nosotros y permite que nuestra relación contigo sea más profunda.

MENTIRILLAS BLANCAS

Si afirmamos que tenemos comunión con él, pero vivimos en la oscuridad, mentimos y no ponemos en práctica la verdad.

1 JUAN 1:6, NVI

¿Qué tiene de malo una mentirilla blanca? Si lo que se asegura no es cien por ciento cierto, podrías pensar que no lastimará a nadie. Muchas veces el problema no es si una mentira causará dolor, sino la siguiente o la que viene después. Las mentirillas blancas se amontonan. Cuando mientes, tienes que recordar con exactitud lo que dijiste a fin de que la mentira siga funcionando. Si te equivocas, quizá tengas que decir otra mentira para continuar con la primera y, de repente, hay un poquito de verdad en tu mentira.

La sinceridad es siempre la mejor política. Cuando dices la verdad, no hay que preocuparse de que puedas tropezar más adelante, pero esa no es la mejor razón para que uno sea sincero. Dios nos manda que siempre seamos sinceros, y ese mandamiento incluye nuestro matrimonio. Las parejas casadas que viven de manera sincera y honesta desarrollan relaciones confiables. Cuando ese vínculo está seguro, también pueden edificar relaciones de confianza con los demás, compartiendo el amor de Dios con ellos en verdad.

¿La relación de ustedes es de confianza? Compartan lo que hay en su corazón. ¿Han compartido la bendición de un matrimonio centrado en Cristo con otra pareja?

Señor, gracias porque tú eres la verdad para nosotros en todas las formas. Ayúdanos a vivir esa verdad en nuestro matrimonio y en nuestras relaciones con los demás.

MARZO

"La lluvia y la nieve descienden de los cielos
y quedan en el suelo para regar la tierra.
Hacen crecer el grano,
y producen semillas para el agricultor
y pan para el hambriento.
Lo mismo sucede con mi palabra.
La envío y siempre produce fruto;
logrará todo lo que yo quiero,
y prosperará en todos los lugares
donde yo la envíe".

Isaías 55:10-11, NTV

PEDIR SABIDURÍA

Así de dulce sea la sabiduría a tu alma; si das con ella, tendrás buen futuro; tendrás una esperanza que no será destruida.
PROVERBIOS 24:14, NBV

La sabiduría debería estar presente en todos los matrimonios. Para tomar buenas decisiones, necesitamos analizar las opciones de manera que a Dios le agrade y confiar en la esperanza de nuestro futuro. Desde el primer día de casados hay decisiones que impactarán nuestra vida no solo en el futuro cercano, sino más allá.

Pedirle sabiduría a Dios debería ser parte de la rutina diaria de toda pareja. En su tiempo devocional, pídanle a Dios que aumente su amor mutuo, que provea para ustedes y los proteja como pareja, que puedan acercarse más a Él, y que los guíe a tomar decisiones sabias que lo honren. Aunque la toma de decisiones no siempre es algo divertido, es algo que debe hacerse a diario. Algunas son muy pequeñas; y otras, enormes. Todas requieren sabiduría para estar seguros de que escogieron la voluntad de Dios para su matrimonio y su vida.

Cuando toman decisiones, ¿oran juntos respecto a elegir correctamente? ¿Buscan respuestas en la Palabra de Dios?

Señor, gracias por la sabiduría de tu Palabra y por la oportunidad para pedir tu dirección en nuestra vida. Permite que esa sabiduría nos dé la confianza para seguirte en nuestras decisiones.

FUTUROS ETERNOS

No nos desanimamos. Al contrario, aunque por fuera nos vamos desgastando, por dentro nos vamos renovando día tras día. Pues los sufrimientos ligeros y efímeros que ahora padecemos producen una gloria eterna que vale muchísimo más que todo sufrimiento.

2 Corintios 4:16-17, NVI

Cuando llegan los tiempos difíciles, si perdemos la esperanza, se vuelven devastadores. Esos momentos pueden ya sea destruir nuestro matrimonio o unirnos más. Para sobrevivir, necesitamos pasar tiempo juntos en la Palabra de Dios, orar juntos y animarnos mutuamente.

A veces, nos enredamos tanto en nuestras circunstancias actuales que fallamos en ver hacia adelante, hacia el futuro. Nos concentramos en cosas que no son importantes. Cristo ya ganó la batalla por nosotros. Con la esperanza eterna por delante, podemos mantener esta vida en perspectiva. De vez en cuando, Dios nos permite ver en retrospectiva y darnos cuenta de que lo que una vez pensamos que era una situación terrible, en realidad era una bendición disfrazada que nos enviaron para que Dios fuera glorificado.

¿De qué manera podemos ayudarnos mutuamente cuando las cosas parecen no tener esperanza? ¿Qué podemos aprender de esas situaciones?

Señor, tú ya guardaste nuestra alma para la eternidad. Ayúdanos a no perder la esperanza cuando enfrentemos batallas, sino que luchemos juntos, en pareja, con nuestra fe y nuestros ojos puestos fijos en ti.

LA ESPERANZA DE CRISTO EN EL MATRIMONIO

¡Alabado sea Dios, Padre de nuestro Señor Jesucristo! Por su gran misericordia, nos ha hecho nacer de nuevo mediante la resurrección de Jesucristo, para que tengamos una esperanza viva.

1 PEDRO 1:3, NVI

Esperanza. La vida sin ella es desesperante. Con esperanza, las decepciones se convierten en desafíos; el pesimismo cede y da paso al optimismo, y la tristeza se reemplaza con el gozo.

La esperanza es la diferencia en un matrimonio sin Cristo y uno con Cristo. Cuando se casaron y prometieron amarse mutuamente para siempre, sabían que habría tiempos difíciles. Cuando estaban de pie en el altar ante Dios, sabían que Él estaría presente en su matrimonio. Sabían que siempre podrían encontrar esperanza en Él. Incluso en los momentos más desalentadores, pueden poner su fe, su esperanza y sus sueños en las manos de Dios. A eso se le llama nuestra esperanza bendita.

¿Están conscientes de la esperanza de Dios en su vida? Habla con tu cónyuge sobre las esperanzas que ves para ustedes y su matrimonio.

Señor, gracias por estar presente en el día en que nos casamos. Tú eres la esperanza en nuestro matrimonio. Incluso cuando la vida sea difícil, continúa dándonos esperanza, la esperanza para nuestro futuro y la esperanza de una vida eterna contigo.

TODO SE TRATA DE MÍ

Recompensa de la humildad y del temor del Señor son las riquezas, la honra y la vida.

Proverbios 22:4, NVI

¿Eres culpable de tener una mentalidad de "todo se trata de mí"? Nos gusta pensar que no, pero eso puede invadir sigilosamente nuestra vida. Uno no tiene que estar casado durante mucho tiempo para darse cuenta de que habrá problemas cuando un esposo piensa que él es más importante que su esposa o viceversa. Reflejamos esa actitud en los momentos más sencillos, como cuando el dinero está escaso y uno de los dos va a comprar algo por capricho y deja al otro sin nada. Quizá uno sabe que el otro está muy cansando y, aun así, decide quedarse echado en el sillón reclinable sin ofrecer un poco de ayuda con los platos o los niños.

Cuando nos humillamos y ponemos a Dios o a nuestro cónyuge en primer lugar, cosechamos muchos beneficios. La humildad construye carácter, aprecio y honor. Nos da la certeza de ser valorados y una vida y un matrimonio donde abunda el amor.

¿Cómo puedes poner las necesidades de tu cónyuge antes que las tuyas? ¿De qué manera impacta tu hogar cuando tu sentido de autoimportancia está excedido?

Señor, por favor, quítame esa mentalidad de "todo se trata de mí". Dame un corazón humilde, y ayúdame a honrarte al poner los intereses de mi cónyuge antes que los míos.

ORGULLO PIADOSO

El altivo será humillado, pero el humilde será enaltecido.

PROVERBIOS 29:23, NVI

Existen clases de orgullo que son buenas y otras, no muy buenas. Cuando tu cónyuge recibe un ascenso, termina un proyecto laboral o es un buen papá o buena mamá, tú tienes razón en enorgullecerte de eso. Tal orgullo es el resultado del amor que Dios nos da. Si te enorgulleces de los logros con alarde y altivez, entonces ese orgullo no es bueno.

¿Acaso no se siente bien salir en público del brazo de tu amado? ¿Se preguntan los demás cómo lograste pescar a una pareja tan maravillosa? Vas con la cabeza en alto, sabiendo que era parte del plan de Dios que ustedes dos estuvieran juntos. Ese es el orgullo bueno, porque surge de la confianza de saber que puedes confiar en el plan de Dios en todo.

¿Cuándo fue la última vez que le dijiste a tu cónyuge que estabas orgulloso de él? Si ha pasado mucho tiempo ya, cambia eso de inmediato.

Señor, protégenos del orgullo malo. En cambio, llénanos de un orgullo sano que atraiga a los demás hacia ti.

ARROGANCIA APLASTADA

Vivan en armonía los unos con los otros. No sean arrogantes, sino háganse solidarios con los humildes. No se crean los únicos que saben.

ROMANOS 12:16, NVI

Arrogancia no es una palabra bonita; hasta suena siniestra. Nadie debería pensar tan alto de sí mismo que haga sentir inferiores a los demás. En el matrimonio no cabe la arrogancia. Muchos de los votos matrimoniales tienen una frase acerca de uno amando más al otro. Esas palabras mandan a volar a la arrogancia. Fuera del matrimonio, la arrogancia puede crear desdén por los demás.

Cuando el matrimonio se basa en el amor piadoso, eso coloca a los demás en primer lugar; la arrogancia no es un problema dentro ni fuera de la relación. Permitan que su matrimonio rebose del amor de Dios, y superará las barreras financieras, sociales y profesionales en otras áreas de su vida. Esfuércense por vivir en armonía, tanto en su matrimonio como en el mundo.

Si hay áreas de arrogancia en su matrimonio, hablen de ellas y pídanle a Dios que las elimine. Si no tienen esas áreas, agradézcanle juntos a Dios.

Señor, sabemos que tú hiciste a todos tus hijos diferentes; sin embargo, los amas a todos por igual. Ayúdanos a que nos brindemos mutuamente este amor, y que también lo extendamos a todos los que conozcamos.

ENFOQUE EN "NOSOTROS"

No sean egoístas; no traten de impresionar a nadie. Sean humildes, es decir, considerando a los demás como mejores que ustedes.
FILIPENSES 2:3, NTV

El egoísmo es un rasgo de carácter que ninguno de nosotros quiere, pero que todos tenemos. Estamos dedicados a nosotros mismos, lo que nos hace felices, y lo que beneficia a nuestros intereses. Si eso no fuera suficiente, a veces, tratamos de parecer más de lo que somos a fin de impresionar a los demás. Si somos sinceros, todos hemos pasado por eso de vez en cuando. Nuestro enfoque está en nosotros mismos. ¿Qué pasaría si usáramos todo ese esfuerzo en poner a los demás en primer lugar, especialmente a nuestro cónyuge? ¿Pueden imaginar la diferencia que eso marcaría en nuestro hogar y matrimonio?

Dios nos ha dado un gran ejemplo a seguir. El enfoque de Dios siempre ha sido en nosotros, porque somos el amor de su vida. ¿Cuál es la gran bendición que recibimos al seguir su dirección? Cuando nuestro enfoque está en los demás, no hay egoísmo ni culpa.

¿Recuerdas alguna vez cuando fuiste egoísta o cuando trataste de impresionar a alguien? ¿De qué manera impactó eso en tu relación con tu cónyuge?

Señor, quita mi enfoque sobre mí y ponlo en ti, mi cónyuge y los demás. Abre mis ojos para que pueda ver aquello tan especial que hay en los demás.

LÁGRIMAS DE ALEGRÍA

Nuestra boca se llenó de risas; nuestra lengua, de canciones jubilosas. Hasta los otros pueblos decían: «El SEÑOR ha hecho grandes cosas por ellos».

SALMOS 126:2, NVI

Marcos y Elena reían hasta que se les salían las lágrimas y les dolía el estómago. Uno de los regalos de su matrimonio era que compartían el mismo sentido del humor poco convencional. Y cuando Marcos pensaba que algo era gracioso, todo lo que tenía que hacer era mirar a Elena, y la risa empezaba.

Siempre que venían las fotografías de los muchos años que llevaban casados, el gozo atrapado en las páginas de los álbumes era un recordatorio tangible de cuánto les había ayudado la risa para atravesar tantos tiempos difíciles cuando se toparon con el desempleo, la enfermedad u otras circunstancias dolorosas o desconcertantes. Dios les mandaba momentos divertidos para iluminar sus días.

Hoy, agradezcamos a Dios por el don de la risa, por el gozo que Él pone en nuestro matrimonio y por la manera en que une nuestro corazón.

¿Cuándo fue la última vez que reíste con tu cónyuge? ¿Cómo puedes brindarle gozo al corazón de tu amado?

Padre, gracias por el don de la risa y por el gozo que llena nuestro hogar. Tú has hecho grandes cosas por nosotros, y te damos gracias por bendecirnos más allá de lo que merecemos.

PERSONAS ÍNTEGRAS

En esto sabré que te he agradado: en que mi enemigo no triunfe sobre mí. Por mi integridad habrás de sostenerme, y en tu presencia me mantendrás para siempre.

SALMOS 41:11-12, NVI

Quizá ustedes no hablen de integridad todos los días. Sin embargo, están conscientes si está presente. Conocen personas en sus relaciones, su iglesia y su trabajo que son íntegras. Pueden confiar en ellas en cualquier circunstancia, sabiendo que harán lo correcto.

Así debería ser en su matrimonio. Sin importar la circunstancia, deberían poder siempre contar el uno con el otro para tomar decisiones que le agraden a Dios, ya sean personales o para su matrimonio. Si surge una duda sobre qué hacer o decir, ustedes están seguros de que uno hablará por el otro de la manera que este último quisiera que lo hiciera. La integridad granjea el cariño del uno por el otro.

Tomen un momento para hablar de integridad. ¿Cuán importante es para cada uno de ustedes y para su matrimonio?

Señor, en nuestro matrimonio y en la vida, ayúdanos a ser personas con las que se puede contar. Únenos el uno al otro y acércanos a ti.

SÍ Y NO

No juren ni por el cielo ni por la tierra ni por ninguna otra cosa. Que su "sí" sea "sí", y su "no", "no", para que no sean condenados.

SANTIAGO 5:12, NVI

Algunos son insípidos. Se les dificulta tomar decisiones: cuándo comprar un vehículo nuevo, si deben o no salir de vacaciones o qué hacer para cenar. A veces, es difícil elegir entre una y otra cosa.

Ser un cónyuge insípido puede provocar discordia e inestabilidad en su matrimonio. Ustedes han tomado el voto matrimonial, lo que significa que prometieron ser parte de una pareja que está al frente de una familia. Tú y tu pareja tendrán que tomar muchas decisiones. Orar por ellas, discutirlas y sopesar los riesgos y los beneficios. Luego, toman una decisión firme y la respetan, sin arrepentirse. Tener un proceso unificado y seguro para tomar decisiones en su matrimonio les permitirá vivir sin desperdiciar el tiempo dudando de sí mismos, y les dará más oportunidades para disfrutar su familia.

¿Eres tibio? ¿Lo es tu cónyuge? ¿Qué pueden hacer para mejorar su proceso de toma de decisiones?

Señor, ayúdanos a confiar siempre en ti para que nos ayudes a tomar decisiones, y que una vez tomadas, nos ayudes a mantenernos firmes en el resultado.

SÍGANME

Vengan, síganme, ¡y yo les enseñaré cómo pescar personas!
MATEO 4:19, NTV

El llamado para nuestra vida puede ser muy sencillo. Jesús les dijo a sus discípulos: "¡Síganme!", y ellos dejaron sus vidas para obedecer el llamado de Jesús. De la misma manera, Dios nos llama a trabajar en maneras que no esperaríamos. Afortunadamente, Dios también une a las parejas en matrimonio.

Con nuestro cónyuge, juntos, podemos procurar una vida en pos de Jesús. El matrimonio se enriquece y es más satisfactorio cuando llevamos a cabo el llamado compartido que tenemos como cristianos: ser pescadores de personas. Podemos combinar nuestras fortalezas individuales en una fuerza poderosa para la obra de Dios.

¿Qué fortalezas tienen que pueden funcionar unidas para seguir a Jesús? ¿A quiénes de las personas que conocen pueden juntos revelarles a Jesús?

Jesús, gracias por marcar el camino y pedirnos que te sigamos. Reconocemos que nos has llamado, y te rogamos que juntos podamos seguir tu llamado y difundir las buenas nuevas para quienes las necesitan.

MUCHOS CONSEJEROS

Los planes fracasan por falta de consejo;
muchos consejeros traen éxito.

PROVERBIOS 15:22, NTV

Planear una boda requiere mucha organización. Ya sea la ocasión grande o sencilla, nos apoyamos en una cantidad de expertos para que nos ayuden a lograr la meta. Después de ese día especial, no dejamos de necesitar consejeros; lo mismo sucede con nuestro matrimonio.

Con nuestro cónyuge, planificamos nuestra vida con la esperanza de alcanzar nuestros sueños para el futuro. Los objetivos son magníficos, e incluso son mejores cuando invitamos al consejo sabio al proceso de planificación. Debemos dejar el orgullo a un lado y pedir consejo de una variedad de personas. Dios, nuestro máximo consejero, nos dice que este es el camino al éxito.

¿Qué planes han discutido, tú y tu cónyuge, para su futuro? ¿Quién puede darles el mejor consejo para cada plan?

Señor, gracias por las esperanzas y los sueños que has puesto en nuestro corazón para nuestra familia y nuestro futuro. Te pedimos consejeros que te conozcan y sirvan para ayudarnos a planear nuestros pasos según tu voluntad.

HABITAR ENTRE LOS SABIOS

Si escuchas la crítica constructiva, te sentirás en casa entre los sabios. Si rechazas la disciplina, solo te harás daño a ti mismo, pero si escuchas la corrección, crecerás en entendimiento.

PROVERBIOS 15:31-32, NTV

Dios nos ha dado una comunidad de creyentes para que tengamos una riqueza de conocimiento de dónde sacar cuando necesitemos dirección.

A veces, debemos dejar de lado nuestro orgullo y pedir consejo sobre nuestras relaciones. No importa cuánto tiempo llevemos casados, cada etapa tiene sus desafíos. Nuestro matrimonio será bendecido al buscar sabiduría divina de aquellos que ya han pasado por nuestras circunstancias.

¿Conocen a algunas personas que puedan darles consejo sólido sobre el matrimonio? ¡Reconozcan la necesidad de recibir consejo sano de vez en cuando y siéntanse cómodos entre los sabios!

Señor, reconocemos que no podemos andar solos por el sendero del matrimonio. Gracias por las personas sabias que has puesto en nuestro camino. Ayúdanos a buscar consejo y corrección para que podamos ser mejores en la comprensión mutua y en nuestro matrimonio.

MUESTRAS DE AFECTO

Ámense unos a otros con un afecto genuino y deléitense al honrarse mutuamente.

ROMANOS 12:10, NTV

¿Los demás te describen como alguien a quien le gusta dar abrazos? El afecto se les facilita más a unos que a otros. Sin embargo, es importante recordar que el afecto genuino no se limita al toque físico. El versículo de arriba es de Romanos y se trata más bien de una profunda atención mutua, y ese tipo de amor se nota al momento en que colocas a los demás en primer lugar.

En el matrimonio, ser auténtico en tu afecto significa que tomas en consideración lo que tu cónyuge necesita para que sientas su amor. Cada persona tiene distintas necesidades afectivas, y tú la honras al darle ese afecto abierta y sinceramente.

¿De qué manera aprecian más el afecto? Compartan esto mutuamente para que ambos puedan compartir el amor que alcanzará al otro donde se necesite.

Padre, gracias por darnos el uno al otro en matrimonio. Ayúdanos a comunicar nuestro afecto con sinceridad y gratitud, y guíanos para descubrir un afecto renovado y profundo del uno por el otro.

MARCADO POR TU HACEDOR

¡Ay del que contiende con su Hacedor! ¡Ay del que no es más que un tiesto entre los tiestos de la tierra! ¿Acaso el barro le reclama al alfarero: "¡Fíjate en lo que haces! ¡Tu vasija no tiene agarraderas!"?

ISAÍAS 45:9, NVI

¿Alguna vez han visto trabajar a un alfarero? El barro empieza como una masa que no parece servir de mucho hasta que el tiempo y el moldeado cuidadoso le da forma. El proceso es sucio durante mucho tiempo, y el producto final no se parece en nada a como era al principio.

Lo mismo sucede en nuestra vida. A veces, se preguntan cómo los está moldeando Dios. Podrían preguntarse por qué sus vidas parecen enredadas, por qué su matrimonio está un poco complicado y dónde está Dios en medio de todo esto. Recuerden que ustedes son el barro, y el maestro alfarero sabe lo que está haciendo. Él hace que todo sea hermoso en su tiempo.

¿Se preguntan en dónde está Dios en este momento y por qué su vida está como se ve? Hablen de lo que está enredado en su matrimonio.

Maestro Alfarero, gracias por tomarte el tiempo de moldearnos y convertirnos en algo hermoso. Permítenos ver tu obra en nuestro matrimonio y confiar continuamente en tu plan para nosotros.

CELEBRAR CON FRECUENCIA

Vive feliz junto a la mujer que amas, todos los insignificantes días de vida que Dios te haya dado bajo el sol. La esposa que Dios te da es la recompensa por todo tu esfuerzo terrenal.

ECLESIASTÉS 9:9, NTV

A las personas les gustan las fiestas. Celebramos todas las épocas, los días festivos, los cumpleaños, los logros, etc. Sin embargo, podemos quedar tan atrapados en el trabajo duro de la rutina diaria que no hallamos tiempo para celebrar. La Escritura nos dice que mucho de todo eso que queremos alcanzar terrenalmente no tiene sentido. Las partes más relevantes de la vida son las personas que te rodean, y ellas merecen sentirse como una recompensa para nosotros.

Tu cónyuge es una parte inmensamente relevante de tu vida, y ¿qué mejor razón para celebrarlo? Las celebraciones son importantes en tu matrimonio. Estas reconocen su compromiso mutuo y renuevan el aprecio y el gozo que tienen el uno por el otro. Celébrense mutuamente, y ¡háganlo con frecuencia!

¿Han celebrado recientemente su matrimonio? ¿Hay alguna manera en que puedan celebrarse el uno al otro esta semana?

Dios, te agradecemos por nuestro matrimonio. Reconocemos el gozo y la bendición que trae consigo. Ayúdanos a encontrar maneras para celebrar nuestro amor.

BENDICIÓN ETERNA

"Que el Señor te bendiga y te proteja.
Que el Señor sonría sobre ti y sea compasivo contigo.
Que el Señor te muestre su favor y te dé su paz".

Números 6:24-26, NTV

¿Cómo es realmente la bendición? Tratamos de encontrar la bendición de Dios en nuestras finanzas, en sentirnos cómodos o en sentir felicidad en nuestras relaciones, pero esas son bendiciones de este mundo. Las cuentas de banco pueden vaciarse, y las discusiones son parte de la vida. ¿Qué podemos hacer cuando las bendiciones de este mundo nos fallan?

Las Escrituras dicen que la bendición de Dios se encuentra en su protección, en su gracia y en su paz. Aunque sus bendiciones pueden hallarse en nuestro hogar y en nuestro trabajo, siempre se encuentran en su Palabra. Acudan a Dios, ya sea por cuenta propia o como pareja, y Él les dará la paz verdadera.

¿Ves cada día las bendiciones de Dios a tu alrededor? Compártelas con tu cónyuge.

Amado Señor, tú ya nos has bendecido con gracia eterna. Continúa bendiciéndonos con tu protección, tu gracia y tu paz. Déjanos ver tus bendiciones y danos un corazón agradecido.

BUENA OBRA

Porque somos hechura de Dios, creados en Cristo Jesús para buenas obras, las cuales Dios dispuso de antemano a fin de que las pongamos en práctica.

EFESIOS 2:10, NVI

Pasamos muchísimo tiempo soñando con nuestro futuro y lo que Dios quiere que hagamos con nuestra vida. Como pareja, muchas veces podemos hallarnos haciendo las mismas preguntas una y otra vez. ¿Cuál es el siguiente paso de Dios para nosotros? ¿Cuál es su llamado para nuestra vida? ¿Cómo podemos avanzar juntos?

La carta a los Efesios es muy clara; fuimos creados para hacer buenas obras. Aunque podemos trabajar para Dios individualmente, también podemos aplicar esto a nuestro matrimonio. Dios diseña a los cónyuges como una herramienta, cada persona trae talentos diferentes a la mesa. Como pareja, pueden hacer juntos buenas obras para Dios que no podrían hacerlas solos.

¿Qué significa "buenas obras" para ustedes como pareja? ¿Están involucrados en hacer estas cosas?

Jesús, todo lo podemos hacer por medio de ti. Traemos nuestras esperanzas y sueños ante ti. Moldéalos a tu llamado para que hagamos buenas obras juntos.

EJERCER BIEN SUS DONES

Dios, en su gracia, nos ha dado dones diferentes para hacer bien determinadas cosas. Por lo tanto, si Dios te dio la capacidad de profetizar, habla con toda la fe que Dios te haya concedido. Si tu don es servir a otros, sírvelos bien. Si eres maestro, enseña bien.

ROMANOS 12:6-7, NTV

En el matrimonio, no podemos fingir que somos algo o alguien que no somos. Se dice muchas veces que nuestro cónyuge ve lo mejor y lo peor de nosotros, y que hay consuelo en eso. Necesitamos ser nosotros mismos ante aquel que es quien más nos ama. Nuestro cónyuge nos anima y aconseja con el conocimiento total de nuestros dones y debilidades.

De la misma manera, no podemos ocultarnos de nuestro Creador. Él diseñó nuestros dones, y Él sabe dónde debemos usarlos. Tengan confianza en su diseño. Haciendo una paráfrasis de este versículo: ¡ejerzan bien sus dones!

Conversen de sus dones. ¿Están haciendo lo que los representa como realmente son? Hagan un intercambio de ideas sobre de qué manera pueden usar sus talentos individuales para Dios.

Espíritu Santo, gracias por los dones que nos das para usarlos para tu gloria. Ayúdanos a ser sinceros sobre lo que verdaderamente somos, y guía nuestras decisiones y nuestro esfuerzo.

PERMITIR QUE DIOS TOME EL CONTROL

«Mi gracia es todo lo que necesitas; mi poder actúa mejor en la debilidad». Así que ahora me alegra jactarme de mis debilidades, para que el poder de Cristo pueda actuar a través de mí. Es por esto que me deleito en mis debilidades, y en los insultos, en privaciones, persecuciones y dificultades que sufro por Cristo. Pues, cuando soy débil, entonces soy fuerte.

2 CORINTIOS 12:9-10, NTV

Tenemos dos formas de enfrentar los desafíos; podemos permitir que nos desanimemos, o podemos permitir que Dios tome el control de nuestra debilidad. Cuando reconocemos nuestros errores, le damos espacio a Dios para que se dé a conocer. Ya no funcionamos en nuestras propias fuerzas; nos apoyamos incondicionalmente en Él. Es en estos momentos cuando Dios es glorificado a través de nosotros.

Uno de los regalos más grandes del matrimonio es que nunca enfrentamos retos solos. Apóyense mutuamente, tomen tiempo para orar juntos. En vez de pedirle a Dios que les dé fuerzas, quizá sea el momento de pedirle que esté presente en su debilidad.

¿Estás enfrentando algún desafío aparentemente infranqueable en este momento? ¿Te desaniman tus errores? Comparte esto con tu cónyuge y anímense mutuamente.

Jesús, tú eres todopoderoso. Eres todo lo que nosotros no podemos ser. Gracias por tu fortaleza, pero aún más por nuestras debilidades, que tu poder pueda exhibirse a través de nosotros.

APOYO FAMILIAR

Los hijos son una herencia del Señor, los frutos del vientre son una recompensa. Como flechas en las manos del guerrero son los hijos de la juventud. Dichosos los que llenan su aljaba con esta clase de flechas. No serán avergonzados por sus enemigos cuando litiguen con ellos en los tribunales.

Salmos 127:3-5, NVI

Ya sea que tengan hijos o no, es bueno que los reconozcan como una bendición. A veces, ser padres es un trabajo poco fructífero. Las horas son largas, y nadie aprecia siempre las cosas. Dios, sin embargo, creó a la familia como un sistema de apoyo.

Si están dedicados a sus hijos, lo más probable es que ellos les retornen esta devoción. Serán fieles porque ustedes han sido fieles. A veces, cuando uno más lo necesita, recibe el apoyo de su familia. Esa es una recompensa maravillosa de ser padres, y ¡vale la pena!

En su vida, ¿quiénes son los hijos? ¿Hay alguna manera en que pueda mostrarles su aprecio?

Amado Señor, gracias por el regalo de la familia. Fortalece a nuestra familia y ayúdanos a crecer en tus caminos para que podamos apoyarnos unos a otros en todo.

CONTINUO

Se mantenían firmes en la enseñanza de los apóstoles, en la comunión, en el partimiento del pan y en la oración.

HECHOS 2:42, NVI

La iglesia primitiva parece un estándar imposible para la comunidad. Un compañerismo continuo nunca podría funcionar en la sociedad moderna. Raramente vivimos como vecinos, y nuestra vida está cada vez más ocupadas con cosas externas a la iglesia.

El uso de la palabra *continuo* se encuentra allí para enfatizar. Dios quiere confrontarnos con la fuerte dedicación que los creyentes iniciales tenían entre sí hacia la enseñanza y la oración. Estas cosas son importantes para nosotros como cristianos y vitales para un matrimonio sano y santo. No se queden atrapados en el mundo; lo más importante es aprender de Dios y hablar con Él en oración.

¿Conocen a otros cristianos que estimulen su fe? ¿Debes volver a la iglesia o invitar a algunos amigos cristianos a compartir una comida?

Jesús, gracias por hacernos parte del cuerpo de Cristo. Gracias por poner a otros creyentes en nuestro camino. Danos conexiones más fuertes con estos creyentes y permítenos motivar a quienes nos rodean. Ayúdanos a dedicarnos a la enseñanza, la oración y el compañerismo.

EN LA UNIÓN ESTÁ LA FUERZA

Uno solo puede ser vencido, pero dos pueden resistir. ¡La cuerda de tres hilos no se rompe fácilmente!

ECLESIASTÉS 4:12, NVI

La unidad está en el centro de la naturaleza de Dios. Él existe como tres en uno y nos creó para vivir en comunidad unos con otros. Este versículo de Eclesiastés no recuerda lo que Dios dijo desde el principio: no es bueno que los humanos estén solos.

Cuando nos tenemos el uno al otro, no nos vencen fácilmente. Su lazo matrimonial puede superar muchos desafíos. Cuando somos más de dos, somos aún más fuertes. Cuando invitan a otros creyentes a conocer sus dificultades, ustedes están edificando su resistencia. Acérquense a sus amigos cristianos para pedirles consejo y consuelo; hay fortaleza en los números.

¿De qué manera tu cónyuge es un aliado en tiempos difíciles? ¿Qué pueden ustedes hacer para edificarse mutuamente, y de qué manera pueden unir fuerzas con otros creyentes para fortalecer su vida espiritual?

Señor, gracias por bendecirnos. Somos más fuertes porque estamos juntos. Ayúdanos a que tú permanezcas como nuestro eje, y danos a otros que puedan ayudarnos en nuestras batallas para que también nosotros podamos ayudarlos a ellos en las suyas.

PALABRAS DE ALIENTO

La preocupación agobia a la persona;
una palabra de aliento la anima.
PROVERBIOS 12:25, NTV

La vida familiar está llena de tensiones. Nos preocupamos por nuestras finanzas, nos preocupamos por nuestra salud, nos preocupamos de si elegimos correctamente nuestro empleo, nuestra ciudad o nuestra casa. Cuando añadimos a los hijos en la ecuación, la preocupación muchas veces aumenta. Nuestro amor es paralelo a nuestra preocupación; mientras más amamos, más podríamos preocuparnos.

La Biblia reconoce que las palabras tienen poder. Las palabras de aliento animan al alma. La próxima vez que sientan que la preocupación ha tomado el control, usen la Palabra de Dios para darse palabras de aliento. Su Palabra está llena de promesas y esperanza, y esto traerá paz a sus circunstancias estresantes.

¿Está uno de ustedes sintiéndose tenso o preocupado acerca de algo hoy? Tomen un tiempo para compartir el uno con el otro y luego dense palabras de aliento.

Padre celestial, gracias por estar atento a nuestras necesidades. Tu Palabra dice que echemos todas nuestras cargas sobre ti, así que lo hacemos en este momento. Concédenos paz y esperanza para nuestro corazón abatido y tranquilízanos con tu presencia en nuestra vida.

PALABRAS HIRIENTES

Pero, si siguen mordiéndose y devorándose, tengan cuidado, no sea que acaben por destruirse unos a otros.

GÁLATAS 5:15, NVI

La crítica hacia nuestro cónyuge es como palabras que hieren; son dolorosas y requieren tiempo para sanar. Desafortunadamente, muchas veces es demasiado fácil hacer comentarios desagradables por aquí y por allá, especialmente si nos estamos vengando de palabras similarmente ásperas.

La Escritura dice que tales batallas llevan solamente a la destrucción. Si sientes una falta de amor hacia tu cónyuge, lleva tu actitud hiriente ante el Señor. Arrepiéntete de las palabras desagradables, y permite que su gracia te dé las palabras adecuadas para hablar.

¿Necesitan arrepentirse de las palabras desagradables? Si lo necesitan, tomen un momento para pedirse perdón mutuamente y decirse nuevas palabras de amor.

Padre celestial, gracias por tu gracia. Perdónanos cuando hayamos sido groseros el uno al otro, y ayúdanos a domar nuestra lengua destructiva. Ayúdanos a vernos mutuamente en amor y a comportarnos misericordiosamente, así como lo has hecho tú por nosotros.

¿QUÉ ES MEJOR?

¿Qué le agrada más al SEÑOR: que se le ofrezcan holocaustos y sacrificios, o que se obedezca lo que él dice? El obedecer vale más que el sacrificio, y el prestar atención, más que la grasa de carneros.
1 SAMUEL 15:22, NVI

Podríamos decir que trabajamos largas horas para que nuestra familia pueda tener una vida cómoda. Podríamos decir que mantenemos la casa meticulosamente limpia para garantizar un ambiente lleno de paz. Ambas cosas son ciertas, pero muchas veces nosotros fijamos nuestras propias ideas de lo que significa el sacrificio por nuestra familia, y hacemos alarde cuando pensamos que ya hemos sacrificado lo suficiente.

Cada persona ve el sacrificio de manera distinta. Lo que podría ser un sacrificio para ti, no lo es para tu cónyuge o tu hijo. Ante todo, deberíamos buscar la apreciación de Dios. Cuando estés frustrado, toma un momento. Podría ser que el Señor quiera que obedezcas su mandamiento de amar, en vez de esforzarte por ello. El trabajo es bueno, pero el amor es más grande.

¿Qué crees que sacrificas por tu familia? Hablen de esto juntos y analicen si es un requerimiento de Dios o de ustedes. ¿De qué manera quiere el Señor que ustedes sirvan?

Señor, perdónanos cuando presumimos sobre lo que sacrificamos por nuestra familia. Ayúdanos a escucharte y a obedecerte. Danos sabiduría para saber cuándo nos pides sencillamente que seamos amorosos.

NUESTRO LUGAR SEGURO

La gente chismosa revela los secretos;
la gente confiable es discreta.
PROVERBIOS 11:13, NVI

El matrimonio debe ser un lugar seguro para que los cónyuges puedan sincerarse en asuntos del corazón y discutir abiertamente sus ideas acerca de cualquier cosa, ya sea seria o absurda. Cada cónyuge debe ser esa persona en la que el otro pueda confiar.

Quizá somos muy buenos en mantener nuestras conversaciones íntimas en privado, pero hay veces en que podríamos compartir las intimidades que conocemos con personas que están fuera de nuestro matrimonio. Sea que nos guste conversar o no, a cualquiera de nosotros se le puede escapar algo y revelar lo que no debe. El propósito de Dios para el matrimonio es que sea un lugar seguro para nuestro corazón, y hay muchas discusiones que no se deben compartir más allá de ese espacio. Trabajemos activamente para mantener nuestro matrimonio íntimo.

¿Pueden sincerarse el uno con el otro acerca de la mayoría de los temas? ¿Sienten que pueden confiarse mutuamente lo que se dicen? Asegúrense de que su matrimonio sea un lugar seguro para cada uno.

Jesús, gracias por nuestro matrimonio. Gracias por crear un espacio donde nuestro corazón pueda ser privado y estar protegido. Ayúdanos a respetar la sinceridad que tenemos el uno con el otro, y ayúdanos a mantener esa confianza. Si fallamos, ayúdanos a perdonarnos mutuamente.

MANTENER LA REPRESA CERRADA

Comenzar una pelea es como abrir las compuertas de una represa, así que detente antes de que estalle la disputa.

PROVERBIOS 17:14, NTV

¿Alguna vez han escuchado el dicho: "Elijan sus batallas?". Nos ahorra una cantidad de pleitos sin sentido cuando dejamos de evaluar si el problema es digno de que tengamos una pelea. Desafortunadamente, las disputas pueden volverse frecuentes en un matrimonio. Los problemas pequeños pueden llegar a ser grandes si ustedes se los permiten.

Por eso, la Escritura advierte que se detengan incluso antes de empezar. Esto requiere un autocontrol de la lengua, y se empieza por tomar un momento para reflexionar en su enojo e irritación. Si la discusión o el problema no es digno de la represa de emoción que piensan que viene después, deje el asunto como está. En la medida en que practiquen el autocontrol, se volverá más fácil de hacer, y tú y tu pareja, ambos, estarán felices por ello.

¿Sienten como si con mucha frecuencia riñen por algo? ¿Cuáles son algunas de las estrategias que pueden adoptar para detenerse antes de que estalle la represa?

Padre, tú eres la paciencia perfecta. Te pedimos sabiduría cuando nos irritemos el uno con el otro. Ayúdanos a revisar nuestro corazón y a controlar nuestra lengua, de manera que podamos evitar las riñas innecesarias. Danos una medida adicional de gracia mutua hoy y siempre.

CONQUISTAR LA SED DE PODER

Mejor es ser paciente que poderoso; más vale tener control propio que conquistar una ciudad.

PROVERBIOS 16:32, NTV

La nación de Israel esperaba que su Mesías viniera como un rey: un rey que derrotaría a sus enemigos y los haría a ellos la nación reinante. En cambio, Jesús vino al mundo a través de los medios más humildes y dijo que si ellos querían ser grandes en el reino de Dios, tenían que servir a todos.

En nuestras relaciones, nos involucramos en luchas de poder, aunque muchas veces no las reconocemos. Cuando batallamos contra nosotros como pareja, incluso si la batalla es silenciosa, nuestras ciudades se desmoronan, y tendremos que aprender por el camino difícil que tomar el poder lastima nuestro matrimonio.

Cuando están luchando por tomar el poder en su matrimonio, ¿de qué manera pueden procurar la paciencia y el autocontrol sobre su necesidad de poder? Conversen entre ustedes sobre las formas en que pueden evitar las luchas de poder.

Señor, te pedimos perdón por las veces en que perdemos nuestro autocontrol y batallamos por el poder en nuestro matrimonio. Ayúdanos a reconocer las veces en que debemos rendirnos y permítenos trabajar juntos para edificar nuestra familia en vez de destrozarla.

EQUIPAJE ACUMULADO

Entrégale tus cargas al Señor, y él cuidará de ti; no permitirá que los justos tropiecen y caigan.
Salmos 55:22, NTV

Un hombre hizo un largo viaje llevando consigo un costal vacío sobre su hombro. A lo largo de la ruta vio una roca en el camino. Se agachó para recogerla y la puso en su costal. Halló otra roca y luego, otra más. En el camino fue llenando aquel costal, y el peso de este lo hacía tambalear. Apenas podía caminar, y su destino parecía estar más lejos que cuando empezó. ¿Necesitaba esa pesada carga? ¡No! Las rocas le habían bloqueado el camino y el nombre necesitaba quitarlas para llegar a su destino.

¿Está su matrimonio sufriendo bajo tanto equipaje acumulado? Dios quiere llevar sus cargas. Él quiere que ustedes dos sean libres de las dificultades y el dolor de las pruebas y los problemas que enfrentan. No se castiguen a sí mismos llevando la carga por sí solos. Permitan que el Señor les dé paz y felicidad. Él se deleita en bendecirlos con su ayuda cuando ustedes necesitan asistencia.

¿Se aferran ustedes a sus cargas? ¿Pueden permitirle a Dios que se haga cargo de sus problemas? ¿Pueden compartir sus quejas con Dios?

Señor, ayúdanos a ver cuando estamos tratando de llevar al hombro nuestros problemas. Necesitamos ayuda. Alivia nuestros pesares y llénanos de gozo. Queremos depender solamente de ti.

ANHELOS PROFUNDOS

Por este niño oraba, y el Señor me ha concedido la petición que le hice. Por lo cual yo también lo he dedicado al Señor. Todos los días de su vida estará dedicado al Señor". Y adoró allí al Señor.

1 Samuel 1:27-28, LBLA

Ana era estéril. Ella anhelaba profundamente tener un hijo. En su cultura, tener hijos era fundamental para una mujer. Elcana, su esposo, tenía otra esposa que le daba hijos año tras año, pero Ana era estéril. Ella veía esto como un gran fracaso personal y una vergüenza. Ana se acercó al Señor e hizo el voto de que, si Él le concedía su petición, ella le dedicaría el niño a Él. Sin duda, ustedes recordarán que Ana dio a luz a Samuel y cuando él fue destetado, ella lo llevó para que fuera criado en el templo.

¿Añoran tener un hijo, anhelan una casa propia o desean participar en el campo misionero? El voto de Ana fue devolver al hijo, así que ella ansiaba corresponder la bondad del Señor. Oró durante años. Dios quiere responder las oraciones de ustedes. Díganle al Señor cuán profundamente aprecian la bendición que Él les ha dado.

¿Comparten sus anhelos más profundos con el Señor? ¿Qué oraciones han quedado sin respuesta? ¿Cómo se sienten al respecto?

Dios, queremos reconocer que todo lo que tenemos y todo lo que somos se debe a ti. Te agradecemos y alabamos por las muchas bendiciones que nos has dado. Ayúdanos a aprender a ser pacientes para ver las respuestas a nuestras oraciones.

ABRIL

Conozcamos, pues, esforcémonos
por conocer al SEÑOR.
Su salida es tan cierta como la aurora,
Y Él vendrá a nosotros como la lluvia,
Como la lluvia de primavera
que riega la tierra.

OSEAS 6:3, LBLA

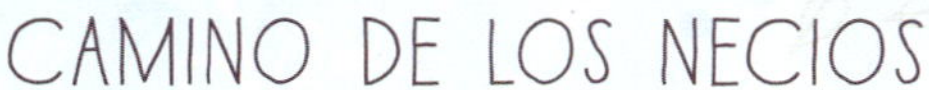

CAMINO DE LOS NECIOS

El camino del necio es recto a sus propios ojos,
mas el que escucha consejos es sabio.

PROVERBIOS 12:15, LBLA

¿Les prestan atención a los "bustos parlantes"? ¿Siguen cada enlace de autoayuda en Facebook: por quién votar, qué comer, qué no comer, cómo deshacerse del estampado masculino de la calvicie o cómo tonificar el área abdominal? De todas las esquinas vienen los consejos. ¿Deben escuchar la argucia más reciente sobre cómo hacerse ricos o deben poner sus finanzas al corriente? ¿Realmente necesitan obtener otra tarjeta de crédito? ¿Deben acceder a ser parte de una estratagema de pirámide para obtener productos de limpieza con descuento o deben comprar membresías para ahorrar dinero?

Tengan cuidado de escoger la ruta que deben seguir. Como matrimonio y equipo, ustedes deben liderar el hogar. Es su deber señalar la dirección en la que su casa debe ir. No se dejen persuadir por cualquier concepto que lean. Analicen todo bajo la luz de la Palabra de Dios. Encuentren consejeros sabios. Pregúntenle a su pastor. Investiguen. Como dice una canción: "Los necios se apresuran a entrar a donde los sabios temen poner un pie". No se apresuren a tomar decisiones importantes.

¿Están listos para tomar decisiones importantes en un abrir y cerrar de ojos? ¿Pueden acudir a alguien que sepa más del tema que ustedes? ¿Pueden juntos investigar las respuestas a sus preguntas?

Jesús, queremos tu ayuda para encontrar las respuestas a los dilemas de la vida. Ayúdanos a tomar decisiones sabias basadas en el conocimiento y los hechos. Ayúdanos a buscar consejeros sabios cuando tengamos preguntas.

HABLAR BIEN, HACER EL BIEN

Pensemos en maneras de motivarnos unos a otros a realizar actos de amor y buenas acciones.

Hebreos 10:24, NTV

Uno de los muchos deleites del matrimonio es que tu pareja te conoce bien. Ambos entienden lo que la otra persona necesita, ya sea una taza de café o apoyo durante una transición de la vida.

Usen su entendimiento de cada uno para animarse mutuamente con efectividad. Piensa en lo que motiva a tu cónyuge para seguir adelante, manténganse fuertes y no pierdan la esperanza. Quizá sea una larga caminata, una noche fuera de la casa o una carta pare recordarle las promesas de Dios. Tenemos nuestra esperanza en un Dios que merece nuestra confianza, y podemos comunicar esta esperanza el uno al otro cuando más se necesite.

¿Has estado tú o tu pareja desanimado recientemente? ¿En qué formas pueden animarse mutuamente a confiar en Dios y continuar amando y haciendo el bien a quienes les rodean?

Señor, confiamos en tus promesas inquebrantables. Ayúdanos a animarnos mutuamente con actos de amor y buenas obras.

¡PIDAN INDICACIONES!

Presten atención, ustedes que dicen: «Hoy o mañana iremos a tal o cual ciudad y nos quedaremos un año. Haremos negocios allí y ganaremos dinero». ¿Cómo saben qué será de su vida el día de mañana? La vida de ustedes es como la neblina del amanecer: aparece un rato y luego se esfuma. Lo que deberían decir es: «Si el Señor quiere, viviremos y haremos esto o aquello».

SANTIAGO 4:13-15, NTV

Es fácil llegar a estar insatisfecho con sus circunstancias actuales. La vida está llena de discusiones sobre "¿qué sigue?". Aspiramos a tener mejores empleos, casas y oportunidades de esparcimiento. Estos deseos no son malos ni deben desecharse. La Escritura sencillamente nos advierte contra tratar de tomar el control de nuestra vida fuera de las manos de Dios al planear nosotros mismos cada paso del camino.

Antes de que te pongas ansioso sobre el futuro, toma un momento para orar con tu cónyuge y pídanle indicaciones a Dios. Él podría no mostrarles el destino final, pero sí les guiará hacia el siguiente paso.

¿Qué planes han hecho últimamente acerca de su futuro? ¿Han recordado entregárselos a Jesús para descubrir lo que Él quiere para ustedes?

Padre Dios, gracias porque tú tienes grandes planes para nuestra vida juntos. Gracias por bendecirnos como familia y llevarnos a profundizar en tu voluntad. Ayúdanos a saber que tú nos estás guiando, y danos la confianza en tu liderazgo para que tengamos un futuro bendecido.

HOGARES DE MISERICORDIA

Y el Verbo se hizo hombre y habitó entre nosotros. Y hemos contemplado su gloria, la gloria que corresponde al Hijo unigénito del Padre, lleno de gracia y de verdad.

JUAN 1:14, NVI

Como parte de la Trinidad, Jesús existía antes del tiempo, y compartía la gloria de Dios. En vez de venir a la tierra como un rey exaltado, él se vistió de misericordia por los pecadores, los pobres y los oprimidos.

Cuando decimos que Jesús es el camino y la verdad y la vida, estamos reconociendo que su vida es digna de ser imitada. En nuestro matrimonio, podemos rápidamente volvernos críticos y ásperos el uno al otro. La gracia empieza por la casa, y tiene éxito solamente cuando dejamos que Jesús obre a través de nosotros. Anímense por la gracia que hay en Cristo y dejen que Él trabaje en sus acciones diarias.

¿Necesitan perdonarse mutuamente por no tener misericordia el uno con el otro? Dejen que la verdad y la gracia de Jesús esté presente en sus conversaciones.

Señor Jesús, gracias por enseñarnos humildad y por guiarnos con tu gracia. Perdónanos por las veces en que no hemos reflejado tu misericordia. Ayúdanos a caminar juntos, con la confianza de que somos amados y que podemos amar a plenitud.

LOS HÁBITOS DE JESÚS

Jesús fue a Nazaret, el pueblo donde se había criado.
El sábado entró en la sinagoga, como era su costumbre,
y se puso de pie para leer las Escrituras.

LUCAS 4:16, DHH

Jesús fue a la sinagoga durante el *sabbat*. Era un hábito que Él tenía, pero no era solo para cumplir con algunas reglas a fin de impresionar a Dios; ¡Él *era* Dios! En cambio, Él vivió sentando un ejemplo para nosotros.

Así como Jesús lo demostró, nosotros debemos elegir algunos hábitos piadosos en nuestras relaciones y actividades diarias. Quizá tu cónyuge y tú necesiten establecer algunas horas consistentes para orar o para tener encuentros espirituales. Quizá deban ir más a menudo a la iglesia. Ustedes encontrarán libertad al tener algunos hábitos buenos. No es necesario que se obsesionen tratando de ser mejores; ¡ustedes simplemente lo serán!

¿Cuáles hábitos son importantes para que ustedes los establezcan en su familia como los líderes espirituales que son? Pregúntense si están siguiendo el ejemplo de Jesús.

Jesús, gracias por vivir en la tierra y mostrarnos la importancia de andar diariamente con Dios. Ayúdanos a establecer hábitos que nos den vida en nuestra relación y nuestra vida familiar, y danos la determinación para ponerlos en práctica.

MANTENER LA PAZ

"Todo reino dividido contra sí mismo quedará asolado, y toda ciudad o familia dividida contra sí misma no se mantendrá en pie".

MATEO 12:25, NVI

La división puede empezar siendo pequeña. Podría ser algunas diferencias en la manera en cuanto a cómo se conduce un amigo en cierta situación, o quizá podría surgir de unos comentarios de descontento que les dijiste a tus compañeros de trabajo. Es probable que le hayas aclarado a tu cónyuge que estas divisiones te molestan.

Si los hijos viven en la casa, hay más oportunidades de desacuerdo, ya sea entre los hermanos o en sus estilos de paternidad. Deben procurar activamente tener una postura en común y tener siempre presente cuál es la voluntad de Dios para su familia. Anímense, Dios no los hizo exactamente iguales; Él los creó para que se complementaran mutuamente.

¿Le estás permitiendo a tu cónyuge o a tus hijos que saquen a relucir lo mejor de ti? Hay áreas donde se necesita algún ajuste; ambos pueden llevarlas en oración ante el Espíritu Santo.

Padre celestial, gracias porque tú juntaste esta familia para ser una unidad de fortaleza en un mundo necesitado. Trae sanidad donde ha habido división, y guíanos para traer paz a nuestro hogar.

PRACTICAR EL AMOR

Queridos hijos, no amemos de palabra ni de labios para afuera, sino con hechos y de verdad.
1 JUAN 3:18, NVI

Todos tenemos maneras en las que damos y recibimos amor naturalmente. Para muchos, las palabras son relevantes, pero se vuelven vacías si no hay una acción que le dé sinceridad a las palabras. Podrías decirle a tu cónyuge que lo respetas, pero tus palabras sobre el respeto no significarán nada si constantemente te niegas a apoyarlo o te comportas de manera egoísta.

La Escritura nos dice que amar es una cualidad activa. Hay muchas maneras tangibles para dar y sentir amor, y estas deben ser más que solo palabras vacías.

¿Hay alguna manera en que puedas esta semana mostrarle amor a tu cónyuge con acciones relevantes? Pregúntense mutuamente qué demostraría su amor de la mejor manera.

Amado Señor, ayúdanos a amarnos mutuamente con hechos y en verdad. A medida que pongamos en práctica el amor del uno por el otro, permite que esto se desborde en nuestras interacciones con los demás, y que ellos también puedan sentir tu amor por medio de nosotros.

DISCORDIAS HUMILDES

Con el orgullo viene el oprobio; con la humildad, la sabiduría.
PROVERBIOS 11:2, NVI

¿Cuál es su respuesta natural en una discusión? ¿Van tan lejos como puedan para probar que tienen razón? ¿Se van, y no están dispuestos a ceder cada uno y llegar a un acuerdo mutuo? Todos exponemos nuestras debilidades cuando se trata de discusiones, y la mayoría de nosotros no reacciona como debería.

La Palabra de Dios habla sobre la actitud de nuestro corazón y las consecuencias de aferrarse al orgullo en vez de aceptar el camino de la humildad. Si estamos dispuestos a entender las cosas desde el punto de vista de la otra persona, podríamos aprender algo el uno del otro y de nosotros mismos.

¿Hay algún desacuerdo reciente del cual debas disculparte? ¿Cómo pueden comprometerse a abordar la próxima discusión con humildad en lugar de orgullo?

Padre, te pedimos perdón por permitir que el orgullo gobierne nuestros desacuerdos. Por favor, danos tu sabiduría para encararnos mutuamente con humildad. Permite que el amor que nos tenemos mutuamente brille a través de nuestros momentos difíciles.

SOBREVIVIR A LAS SEQUÍAS

Aunque la higuera no florezca, ni haya frutos en las vides; aunque falle la cosecha del olivo, y los campos no produzcan alimentos; aunque en el aprisco no haya ovejas, ni ganado alguno en los establos; aun así, yo me regocijaré en el Señor, ¡me alegraré en Dios, mi libertador!

Habacuc 3:17-18, NVI

Las sequías son una parte real y natural de cualquier relación duradera. Podemos hallarnos enfrentando épocas de la vida que parecen infructuosas, desalentadoras y simplemente secas. En estas temporadas su amor podría sentirse dormido.

Si están pasando por algo parecido en este momento, cobren ánimo para hallar la profundidad de carácter que viene con perseverar durante las sequías. Si ambos están de acuerdo en enfrentar las épocas secas juntos, descubrirán que su amor llegará a una nueva temporada. Alaben a Dios y encuentren el gozo del Señor en cada circunstancia.

¿Están pasando por una época seca en su relación? ¿Sienten que no hay fruto en su vida? Tomen un momento para analizar en qué época de la vida están y hagan un plan para las sequías futuras.

Señor, perdónanos por culparnos mutuamente en tiempos de sequía. Ayúdanos a reconocer la época de la vida en que estamos y amar lo que tenemos. Danos paciencia en la sequía y ayúdanos a mantenernos fieles el uno al otro, animándonos mutuamente hasta que venga el fruto.

CONVERSACIONES CONSIDERADAS

Grábate en el corazón estas palabras que hoy te mando. Incúlcaselas continuamente a tus hijos. Háblales de ellas cuando estés en tu casa y cuando vayas por el camino, cuando te acuestes y cuando te levantes.

DEUTERONOMIO 6:6-7, NVI

¿Qué tema domina las conversaciones entre tu cónyuge y tú? ¿Es acaso la siguiente compra, la Navidad o alguna tarea? ¿Es el trabajo o los hijos? Quizá pasan mucho tiempo discutiendo sobre las finanzas o sobre personas que conocen. Está bien decir lo que tienes más presente, pero ¿piensas mucho en las Escrituras y la manera en que Dios podría estar hablándote durante el día?

Si tienen hijos, es posible que ellos vayan a captar mucho de su diálogo. Cuando la Palabra de Dios está en nuestro corazón, pasamos tiempo hablando naturalmente de Jesús en nuestro hogar, cuando salimos y cuando nos acostamos. Pásales a tus hijos tu amor por los caminos de Dios. Dialoga sobre ellos con tu familia. Cuando compartes lo que hay en tu corazón, tus hijos y tu cónyuge podrán compartir el de ellos.

¿Recientemente, de qué has pasado hablando la mayor parte del tiempo? ¿Puedes pensar en qué forma traerías a colación temas de Jesús en tus conversaciones entre ustedes y con tus hijos?

Señor, a veces nos quedamos estancados en las necesidades diarias y pasamos poco tiempo reflexionando en tu Palabra. Entra en nuestras conversaciones, y llénanos, tanto a nosotros como a nuestros hijos, de tu influencia.

MIOPÍA

¿Cómo puedes decir: «Amigo, déjame ayudarte a sacar la astilla de tu ojo», cuando tú no puedes ver más allá del tronco que está en tu propio ojo?

LUCAS 6:42, NTV

Este versículo muestra que la miopía espiritual es universal. Nuestra visión hipermétrope mira fácilmente los defectos de otro mientras que es ciega respecto a los propios. Muchas veces, el defecto que vemos en alguien más es un reflejo de nosotros mismos.

Es fácil señalar engreídamente los errores de nuestro cónyuge sin ver nuestros defectos garrafales. ¿Y cuántas veces nos autodefendemos cuando nos señalan nuestros errores? (Pueden escuchar el eco del huerto del Edén). Antes de criticar a tu cónyuge, toma un momento para analizarte a ti mismo.

¿Qué es lo que yo puedo hacer para ser menos miope? ¿Soy lo suficientemente maduro para pedirle a mi cónyuge que señale mis errores?

Padre, voltea el espejo hacia mí cuando trato de justificarme a mí mismo. Concédeme oídos y labios humildes para aceptar la crítica de mi cónyuge. Permíteme ser pronto para escuchar y tardo para hablar.

RECIBIDOS

"El que los recibe a ustedes me recibe a mí, y el que me recibe a mí recibe al Padre, quien me envió".

MATEO 10:40, NTV

La gente se casa con la mejor intención de no repetir los errores que sus padres cometieron. Luego, llega la realidad. La esposa se enoja porque su esposo no recoge su ropa y deja bellos faciales en el lavamanos, y el esposo se molesta porque su esposa es quisquillosa y difícil de complacer. Cuando están tranquilos y no se señalan mutuamente, los cónyuges amorosos se escuchan el uno al otro y piden perdón humildemente prometiendo cambiar. ¿Qué pasa si eso funciona solo durante una semana?

El versículo de hoy nos impulsa a ver por encima de nosotros mismos y de nuestros problemas. Jesús dice que recibamos a nuestro cónyuge como si lo estuviéramos recibiendo a Él. ¡Guau! En otras palabras, que vean más allá de los defectos de su cónyuge y lo reciban como reciben a Cristo.

¿De qué manera podemos reconocer la presencia de Cristo cada mañana cuando empezamos nuestro día y vemos por encima de nuestras faltas?

Padre, te invitamos a ser parte integral de nuestro matrimonio. Ayúdanos a darnos cuenta cuando empezamos a culparnos el uno al otro. Ayúdanos a aceptarnos mutuamente como somos en este momento, simplemente de la misma manera en que nos aceptas tú.

USAR SUS DONES

¿Quién eres tú, oh hombre, que le contestas a Dios? ¿Dirá acaso el objeto modelado al que lo modela: «Por qué me hiciste así»?

ROMANOS 9:20, LBLA

Una creencia popular que se le ha repartido a la juventud de hoy es que pueden ser cualquier cosa que aspiren ser. El gran defecto en esta motivación es la capacidad. Siempre se requiere trabajo arduo y práctica, pero ¿qué sucede si sus dones no están alineados con sus deseos? A veces, todos caemos presas del anhelo de talentos distintos.

Estamos conformes cuando aceptamos nuestros dones, y debemos aceptar los de nuestro cónyuge también. Quizá tu esposo no sea hábil en reparar cosas del hogar, pero identifica rápidamente los errores en un argumento teológico. Tal vez tu esposa no se sienta a gusto en la cocina, pero le encanta pintar y crea hermosas piezas de arte. Alégrense y animen a su cónyuge para que sobresalga en sus dones.

¿Cómo puedes aceptar los dones únicos que Dios les dio a ti y a tu cónyuge? Tengan un intercambio de ideas sobre las formas en que pueden usar esos dones en las próximas semanas.

Padre, tú nos diste sabiamente diferentes aptitudes y talentos a cada uno de nosotros, y tus decisiones siempre son correctas. Danos gracia para aceptar mutuamente los dones de cada uno.

CAMBIOS DE HORARIO

Hagan todo lo posible por mantenerse unidos en el Espíritu y enlazados mediante la paz.

EFESIOS 4:3, NTV

Julio y Alina eran como dos barcos que se cruzan en la noche. Él trabajaba el turno nocturno. Ella trabajaba durante el día. Ambos estaban involucrados en distintos proyectos de servicio en la iglesia, y ambos eran voluntarios en distintas obras benéficas en su ciudad. Añadan las responsabilidades familiares y las tareas de la casa, y ellos apenas se ven. Estaba impactando su matrimonio ya que lo que una vez fue una relación cercana, se volvió distante y fría.

Estaban haciendo cosas buenas. Eran responsables. Incluso pasaban tiempo sirviendo al Señor. Sin embargo, habían permitido que sus horarios empezaran el proceso de destrucción de lo que alguna vez había sido un matrimonio triunfante. Una pareja sabia recordará esta simple ecuación: pongan a Dios en primer lugar, a su cónyuge y a sus hijos después de eso y, luego, a las demás personas. Sean un frente unido mientras le piden a Dios que se convierta en el guarda de su horario y, luego, siéntense juntos a ordenar su calendario y poner primero lo primero.

¿Se están yendo a la deriva debido a sus horarios? Siéntense juntos y vean qué pueden hacer para cambiar las cosas.

Señor, mantén la unidad en nuestro hogar. Ayúdanos a preguntarte a ti antes de que nos comprometamos con tareas que nos quitarán tiempo con nuestro cónyuge y nuestra familia.

ATENCIÓN

El que es sabio e inteligente, los escucha,
y adquiere así más sabiduría y experiencia.
PROVERBIOS 1:5, DHH

Las estadísticas demuestran lo que todos sospechábamos: en general, las mujeres hablan más que los hombres. Las cifras varían de quince mil a treinta mil palabras al día; sin embargo, la mujer promedio habla tres veces más que el hombre promedio. ¿Han observado a las parejas que van caminando, ya sea en la calle, por el sendero o en la playa, y muchas veces la mujer es quien está hablando mientras el hombre escucha? La necesidad de hablar es parte del ADN de una mujer, y eso no ha cambiado desde el principio de los tiempos.

Cuando una esposa se acerca a su esposo para preguntar algo, ella no siempre está buscando una solución. Ella solo necesita decirlo, y al decirlo, muchas veces encuentra la respuesta. Si un esposo no sabe eso, saca su caja de herramientas mental para sugerir un remedio. La esposa sabia introducirá su conversación diciendo: "No estoy buscando una solución. Solo quería compartirlo contigo". Entonces, el esposo sabio escuchará atentamente, sin ofrecer tres pasos para resolver los problemas de ella.

¿De qué manera pueden ustedes mejorar su diálogo? Conversen sobre comunicarse con claridad.

Amado Señor, ayúdanos a resolver nuestras diferencias. No debemos intentar cambiarnos el uno al otro; necesitamos paciencia para escuchar y sabiduría para saber cuándo hablar. Gracias por darnos a tu Espíritu Santo para que nos ayude.

ENTENDIMIENTO

Así como no sabes por dónde va el viento ni cómo se forma el niño en el vientre de la madre, tampoco entiendes la obra de Dios, creador de todas las cosas.

ECLESIASTÉS 11:5, NVI

¿Pueden predecir hacia dónde soplará el viento la próxima vez? Incluso a los meteorólogos se les dificulta, y ellos tienen equipos que los ayudan. O cuando han estado esperando el nacimiento de un niño, ¿han pensado alguna vez en cómo ese bebé es formado en el vientre? Los sonogramas proveen una preciada ventana al vientre, mostrando los bracitos y las piernitas moviéndose, una voltereta de vez en cuando y hasta la oportunidad de ver a un niño no nacido chupándose el pulgar. La manera en que Dios hace que un niño crezca es sublime y está muy por encima de nuestra comprensión.

Nuestra mente no es lo suficientemente grande como para entender algo tan complejo y milagroso. Lo mismo sucede sobre la manera en que Dios obra en nuestro matrimonio. Analicen la manera en que Él toma a dos personas y las convierte en una unión de amor. No podemos entender la profundidad de eso; pero sí podemos estar agradecidos por todo eso y quedarnos sorprendidos de un creador que todo lo hace bien.

¿Se quedan atónitos al pensar cuán grande es Dios? ¿Qué pueden hacer para entenderlo más a Él?

Padre, no podemos entender todo lo que haces, pero ¡nos sorprendes!

CAUSA Y EFECTO

El corazón contento alegra el rostro; el corazón quebrantado destruye el espíritu.

PROVERBIOS 15:13, NTV

Causa y efecto. Un corazón gozoso causa un rostro alegre. Y un corazón triste produce un espíritu quebrantado. ¿Qué sucedería si decidimos siempre estar gozosos, incluso en circunstancias difíciles? ¿Eso es posible? Fanny Crosby, una famosa escritora de himnos, quedó ciega cuando tenía seis semanas de edad. Ella escribió su primer poema cuando tenía ocho años. Empieza así: "Oh, qué alma tan feliz tengo, a pesar de que no puedo ver..."; y termina: "Llorar y suspirar porque estoy ciega ¡no puedo y no lo haré!".

Como pareja, podemos ayudarnos el uno al otro a vivir gozosamente, incluso cuando no sintamos gozo. Es difícil ser objetivos cuando estamos sufriendo. Allí es cuando nuestro cónyuge juega un papel esencial en ayudarnos a ver la situación a través de un filtro distinto, dándonos una perspectiva nueva sobre la situación. Podemos decidir estar felices a pesar de nuestras circunstancias.

¿Tu cónyuge te ha animado durante algún desafío reciente? Agradézcanse mutuamente.

Padre celestial, haznos motivadores el uno del otro y guíanos para elegir estar siempre gozosos.

TOCAR A LA PUERTA DEL CIELO

Por boca de los infantes y de los niños de pecho has establecido tu fortaleza, por causa de tus adversarios, para hacer cesar al enemigo y al vengativo.

SALMOS 8:2, NVI

Una madre se perdió mientras conducía a casa, con sus dos hijos, después de visitar a una amiga en una gran ciudad. Después del primer cruce equivocado, ella no pudo orientarse. Condujo colina arriba y abajo, alrededor de un lago, y pasó por calles desconocidas sin hallar a quién pedirle ayuda. Empezó a sentir que nunca encontraría su camino a casa. En medio de la desesperación, dijo en voz alta, al aire: "¿Dónde estoy?". Una vocecita vino del asiento trasero respondiendo de inmediato: "Dios sabe".

La percepción de un niño sobre los asuntos espirituales puede asombrar a los adultos. Con su inocencia y su confianza, los niños abren las puertas del cielo por nosotros, y así podamos echar un vistazo al interior que silencia la voz de nuestras propias dudas. Las dos palabras dichas por esa vocecita trajeron paz al corazón afligido de esa madre, y finalmente, encontró una carretera conocida que los llevó a casa.

Ya sean propios o de alguien más, ¿de qué maneras han sido los niños la voz de Dios para ustedes?

Padre celestial, gracias por los niños y por la facilidad con la que ellos creen. Danos un corazón como de niños que confían en ti, ya que hemos de ser como niños para poder entrar al reino de los cielos.

ESCRITO EN PIEDRA

Todos deben estar listos para escuchar, y ser lentos para hablar y para enojarse.

SANTIAGO 1:19, NVI

"Culpable, su señoría". Todos somos culpables de revelar información que prometimos mantener en secreto. Todos le hemos reprochado a alguien por ofendernos, o interrumpimos para contar nuestra historia cuando nos aburrimos de las anécdotas de los demás. Somos culpables de lanzar palabras de enojo contra nuestro cónyuge y de no escuchar instrucciones, consejos o críticas. Somos culpables de decir verdades a medias, exageraciones y mentiras descaradas.

Tristemente, no podemos retirar lo dicho. Una vez que sale de nuestra boca, se incrustan en el corazón y el alma de alguien más. Pedimos perdón, aunque lo que se ha dicho queda escrito en piedra. ¡Cuánto mejor sería que nunca hubiéramos expresado esas palabras! La buena noticia es que nuestro Dios santo está en nuestro interior, y Él está esperando que lo invitemos a ayudarnos.

¿Le cederías a Él tu lengua cada mañana? Pídele perdón a tu cónyuge por todas las palabras malas que le has dicho y juntos renueven sus votos de bondad y gracia mutua.

Padre, gracias por habitar en nosotros. Ayúdanos a estar atentos a la voz apacible del Espíritu Santo, quien nos dice cuándo dejar de hablar y escuchar. Rendimos a ti nuestra lengua hoy con la esperanza de que tú nos ayudarás en este recorrido diario.

COMBATIR LA SOLEDAD

Más valen dos que uno solo, pues tienen mejor remuneración por su trabajo. Porque si uno de ellos cae el otro levantará a su compañero; pero ¡ay del que cae cuando no hay otro que lo levante!

ECLESIASTÉS 4:9, LBLA

La soledad es tóxica. Los estudios demuestran que no solo lesiona nuestro bienestar emocional y físico, sino que también es dañino para nuestro cerebro, porque provoca la pérdida de la memoria y acorta la vida.

El antídoto para la soledad es tener relaciones sanas, y el matrimonio es uno de los mejores.

El salmista David dice que Dios usa la familia para combatir la soledad. Dios planeó que los cónyuges fueran no solo compañeros sexuales, sino los mejores amigos. Se trata de compartir una buena broma, disfrutar una comida, salir a caminar, ver su programa favorito de televisión, leer en silencio o practicar algún deporte o juego. Es conocer el cuidado que alguien tiene por ti y que disfruta compartir la vida contigo mientras ambos estén vivos.

¿Han tomado tiempo para disfrutarse el uno al otro? ¿Qué pueden hacer esta semana para fortalecer su relación?

Gracias, Padre, por darnos el uno al otro. Ayúdanos a valorar nuestra relación y a proteger nuestro tiempo de calidad juntos del ajetreo de la vida. Muéstranos maneras para fortalecer nuestro vínculo y edificar recuerdos hermosos juntos.

LA PASIÓN EN COMPASIÓN

Entonces, como escogidos de Dios, santos y amados, revestíos de tierna compasión, bondad, humildad, mansedumbre y paciencia.
COLOSENSES 3:12, LBLA

Nosotros asociamos la pasión con el matrimonio, ¿y la compasión? También. Compasión significa literalmente *con pasión*. Es más que una emoción fuerte; nos empuja a la acción para aliviar el dolor o sufrimiento de alguien más.

Algunas personas son compasivas por naturaleza. Sin embargo, la mayoría de nosotros descubrimos que nuestro termómetro de compasión a veces anda cerca de cero. En el matrimonio, tenemos un sinfín de oportunidades para practicar la compasión. Cuando nuestro cónyuge tiene dolor de cabeza o cae en cama con una gripe, la respuesta natural es salir a comprar un analgésico y asegurarnos de que descanse sin molestias. Pero ¿qué pasa cuando nuestro cónyuge contrae una enfermedad debilitante? ¿Puede la compasión andar por un camino largo, día tras día, año tras año? Si ese día llega, podemos contar con que la gracia capacitante de Dios nos llene de su compasión. Dios no espera que nosotros sirvamos solamente con nuestras fuerzas, y esa es nuestra motivación más grande.

¿Hemos mostrado compasión cuando uno de nosotros ha tenido un mal día? ¿Qué cosas prácticas podemos hacer para aliviar las aflicciones el uno del otro?

Padre, gracias por tu compasión perfecta y eterna. A veces, nos hallamos careciendo de compasión verdadera y generosa. Nos sentimos incapaces de caminar la milla extra. Por favor, llénanos de tu compasión y tu deseo de amar incondicionalmente. Muéstranos cómo hacerlo.

FUERZAS ENYUGADAS

No formen yunta con los incrédulos. ¿Qué tienen en común la justicia y la maldad? ¿O qué comunión puede tener la luz con la oscuridad? ¿Qué armonía tiene Cristo con el diablo? ¿Qué tiene en común un creyente con un incrédulo?

2 Corintios 6:14-15, NVI

¿Es un yugo algo positivo o negativo? Algunos podrían verlo como una sumisión forzada a la voluntad de alguien más. Otros lo verían como un facilitador que une fuerzas para hacer algo que uno no podrá nunca hacer solo. En la antigüedad, si un buey no podía jalar una carreta solo, necesitaba un compañero enyugado con él y su doble fuerza podía jalar la carreta.

En el matrimonio, nos sometemos mutuamente a un yugo, tanto legal como sagrado, solamente un compañero de entre todos los billones de personas, para formar un núcleo único. Nos sometemos al yugo de la interdependencia, y juntos jalamos como un equipo. Ya no se trata de hallar una satisfacción solitaria, sino de facilitarse el uno al otro para alcanzar juntos nuestros sueños.

¿Estoy dispuesto a someterme a mí mismo a mi cónyuge para facilitar que sea todo lo que Dios quiere? Pregúntense el uno al otro qué podrían hacer para ayudar a jalar su carreta hacia adelante.

Padre, con tu conocimiento infinito, tus planes siempre son correctos. Tú entiendes cómo dos personas independientes pueden activarse el uno al otro a través de un sencillo acto de sumisión mutua. Ayúdanos a ver nuestro matrimonio a través de tus ojos y a darnos cuenta de todas las posibilidades maravillosas para la realización mutua.

ELEGIR EL CONTENTAMIENTO

No que hable porque tenga escasez, pues he aprendido a contentarme cualquiera que sea mi situación.
FILIPENSES 4:11, LBLA

¿No sería lindo que el contentamiento fuera automático? La vida sería más agradable, ¡y nosotros también lo seríamos! La dura verdad es que el contentamiento es una elección, pero todos podemos hacerla. Incluso el apóstol Pablo admitió que había tenido que aprender a estar contento.

El contentamiento es un subproducto de aceptar lo que uno no puede cambiar. No significa estar de acuerdo con la manera como están las cosas o que a uno le guste, así como están. Más bien, es una declaración de fe. Uno reconoce sus circunstancias mientras confía en que Dios cambiará lo que uno no puede cambiar, y acepta lo que Él considera bueno para cambiar. Luego, uno descansa y los conflictos internos se detienen.

¿Hay alguna circunstancia en la vida de ustedes que no pueden cambiar, pero les gustaría? ¿Pueden elegir contentarse en esta situación?

Padre, danos gracia para elegir el contentamiento incluso en las situaciones que no podemos cambiar. Tú puedes cambiar lo que nosotros no podemos, y confiamos en que tú harás lo que es bueno para nosotros. Concédenos paciencia y perseverancia.

MEDIDORES DE MERECIMIENTO

No se enojen unos con otros, más bien, perdónense unos a otros. Cuando alguien haga algo malo, perdónenlo, así como también el Señor los perdonó a ustedes.

COLOSENSES 3:13, PDT

El perdón nunca es por méritos. No perdonamos a nuestro cónyuge porque merezca gracia. Perdonamos porque Cristo nos perdonó a nosotros. Parece que todos tenemos incrustado en nuestro cuerpo un "medidor de merecimiento", y este empieza a titilar cuando alguien nos hace algo malo.

Para que podamos entender las dimensiones del perdón de Cristo por nuestros pecados, y por qué debemos perdonar a los demás, Jesús contó la parábola de un hombre que tenía una deuda cuantiosa. Habiendo sido liberado de su deuda, el hombre da la vuelta y se niega a perdonar a una persona que le debía una suma ridícula. Él no dio de la gracia y el perdón que había recibido. Nosotros somos los que teníamos una cuantiosa deuda que Cristo perdonó. Como resultado, deberíamos ser igual de prestos en perdonar a nuestro cónyuge por una palabra de enojo, un acto egoísta o una falla moral. Cualquier cosa que otro ser humano pudiera hacer contra nosotros, a la vista de Dios, es una suma ridícula en comparación a la gran deuda que nosotros le debemos a Dios.

¿Estoy dispuesto a perdonar a mi cónyuge por un daño que me hizo? ¿Cómo le parece a Dios mi falta de perdón?

Padre celestial, tú eres el ejemplo perfecto del perdón: dispuesto, inmerecido y completo. Destruye nuestros "medidores de merecimiento" y ayúdanos, como pareja, a ser diariamente ejemplo mutuo de tu perdón.

LIBERARSE DE SU PASADO

Olviden las cosas de antaño;
ya no vivan en el pasado.
Isaías 43:18, NVI

Nuestra capacidad para recordar es un magnífico regalo de Dios. La vida no tendría significado si no pudiéramos traer a la memoria lo que hicimos hace una hora, hace una semana o el año pasado.

Los buenos recuerdos nos dan energía, pero los malos pueden desanimar. Los recuerdos hirientes forman eslabones en una cadena pesada que arrastramos a donde vamos, son eslabones de resentimiento, de envidias y de lo malo que nos hicieron o que nosotros hicimos. Dios nos invita a soltar. A través del arrepentimiento y el perdón, los grilletes en nuestros tobillos se abren y podemos dejar atrás esos recuerdos, somos libres. Cuando regresan para burlarse de nosotros, Dios tiene la clave para mantener alejadas las cadenas.

¿Están acarreando a donde vayan cadenas pesadas de recuerdos incapacitantes? ¿Pueden entregárselas a Dios en este momento?

Padre celestial, gracias por perdonar nuestros pecados y lanzarlos a las profundidades del mar. Te entregamos los malos recuerdos que se burlan de nuestra relación y la lastiman. Danos una vida nueva de perdón y libertad en Cristo.

SUBLIME UNIDAD

Mi amado es mío, y yo soy suya.

CANTARES 2:16, NTV

Esas ocho palabras resumen brevemente al matrimonio. *Te pertenezco. Tú me perteneces.* Nos pertenecemos mutuamente. Es la esencia de la vida matrimonial. "Ningún hombre es una isla", dijo el poeta John Donne, y tenía razón. Dios vio que no era bueno que el hombre estuviera solo, y Él nos hizo vivir en comunidad.

No hay una relación más cercana en la tierra que aquella donde dos son marido y mujer. En unidad sexual, comprendemos completamente cómo se siente pertenecer. Es un abandono lleno de alegría del uno al otro, la unidad del cuerpo y el alma que es una aceptación total de quienes somos. Nuestras palabras y caricias son tiernas, nuestra consideración recíproca es dulce y agradecida. En los momentos sublimes saboreamos la eternidad, pero esos momentos no duran. La vida diaria empaña los momentos pasados, y pronto olvidamos ser tiernos y gentiles. La intimidad sexual nos puede regresar a "te pertenezco, y tú me perteneces".

Conversen sobre la forma en que pueden apreciar completamente la bendición de pertenecerse el uno al otro.

Padre, en tu sabiduría y tu amor nos diste el uno al otro. Tú creaste el sexo para hacer nuestra relación gratificante. Cuida de nosotros y de nuestra relación, y ayúdanos a protegerla como un valioso regalo.

UN MANDATO Y UNA PROMESA

Así que no temas, porque yo estoy contigo; no te angusties, porque yo soy tu Dios. Te fortaleceré y te ayudaré; te sostendré con mi diestra victoriosa.

ISAÍAS 41:10, NVI

El mensaje de Isaías a Israel era tanto un mandato como una promesa. Ellos tenían razón de estar atemorizados; vivieron durante un periodo tormentoso cuando sus pecados los guiaba por un camino rápido hacia el juicio y el cautiverio. Sin embargo, Dios no los había abandonado. Su juicio se acercaba, pero también su misericordia. Un día Él los liberaría de la misma forma en que lo hizo con sus antepasados mucho tiempo atrás.

Este mandato y promesa es también para nosotros. Nuestro país y nuestra cultura está siendo espiritualmente secuestrada. La desobediencia descarada a la Palabra de Dios nos está llevando más lejos de Él y nos acerca al enemigo. Estos son tiempos tumultuosos y potencialmente terribles. No debemos temer porque Dios está con nosotros, y Él nos dará la fuerza que necesitamos para superarlos.

A medida que ven la nación apartarse cada vez más de Dios, ¿tienen temor? Tomen un momento para buscar en las Escrituras más promesas sobre la protección, la ayuda y la fuerza de Dios.

Señor, es difícil ver a nuestro país apoyando las cosas que precisamente tú detestas, y se rehúsa a reconocer tu presencia. Por favor, ayúdanos cada día a confiar en ti y saber en el núcleo de nuestro corazón que tu brazo fuerte y justo nos sostendrá firmemente.

REBOSANTES

«Den, y se les dará: se les echará en el regazo una medida llena, apretada, sacudida y desbordante. Porque con la medida que midan a otros, se les medirá a ustedes».

LUCAS 6:38, NVI

La imagen de Cristo derramando bendiciones sobre nuestro regazo viene del mercado de granos del antiguo Oriente Medio. La gente iba al mercado y literalmente ¡compraba un regazo lleno de grano! Una parte de su atuendo se doblaba hacia arriba y quedaba sujetado por una faja, y el bolso que se creaba sostenía el grano, llenando su regazo. La multitud que escuchaba a Jesús debe haber entendido totalmente su ilustración.

Hace muchos años, una joven pareja descubrió este versículo y decidió ponerlo a prueba. Sin tener nada que perder, oraron para que Dios canalizara algo de dinero hacia ellos para que pudieran pasarlo a otra persona. En cuestión de una semana más o menos, un amigo les dio quince dólares sin ninguna razón, solo como un obsequio. Ellos se lo pasaron rápidamente a otra persona. En el lapso de tres semanas, recibieron el equivalente a 630 dólares de varias fuentes. Sorprendidos y agradecidos, aprendieron una lección de vida que nosotros también podemos aprender. Dios quiere derramar sus bendiciones sobre nosotros, pero nuestra propia generosidad es el desencadenante. No damos para recibir, ¡pero tampoco podemos superar a Dios en dar! Él nos bendecirá en la medida en que bendigamos a los demás.

¿Se consideran a sí mismos una pareja generosa? ¿Están dispuesto a probar a Dios y dar sacrificialmente?

Señor, ayúdanos a convertirnos en dadores alegres. Muéstranos la manera en que podemos derramar bendiciones sobre los demás, con el conocimiento de que nuestra inversión tendrá un retorno multiplicado.

UN GUARDIA A LA PUERTA

Señor, ponme en la boca un centinela;
un guardia a la puerta de mis labios.
Salmos 141:3, NVI

"Los palos y las piedras podrían quebrar mis huesos, pero las palabras nunca me harán daño", asegura un adagio conocido. Cierto, las palabras no pueden provocar daño físico, pero pueden hacer un daño similar al espíritu como una pieza de madera le haría al cuerpo. David, nuestro salmista, lo entendió. Santiago, el hermano de Jesús, también. Ambos conocían la imposibilidad de controlar la lengua. "Ningún ser humano puede domar a la lengua", dijo Santiago. David le suplicaba a Dios que pusiera un centinela en la boca de manera que, incluso cuando sus enemigos lo provocaran, él no pronunciaría ninguna palabra cruel.

Piensen en la boca como una puerta solo para salir. Si hubiera un guardia de turno, estaría parado adentro, evitando cualquier escape no autorizado. David le rogaba a Dios que fuera un centinela para él, para impedirle que dijera cualquier cosa que desagradara a Dios y lastimara a los demás. ¿Acaso no deberíamos hacer nosotros lo mismo?

Piensen en sus conversaciones. Las palabras que usan, ¿son inspiradoras o dañinas? Sean sinceros el uno al otro, y prepárense para hacer algunos ajustes a su manera de hablar.

Pon un centinela en nuestra boca, Señor. Coloca un guardia a la puerta de nuestros labios, para que no pequemos contra ti y nos lastimemos mutuamente.

ACEPTACIÓN TOTAL

Por tanto, acéptense mutuamente, así como Cristo los aceptó a ustedes para gloria de Dios.

ROMANOS 15:7, NVI

En el corazón humano hay una necesidad profunda de aceptación. El anhelo de pertenecer es un factor poderoso y relevante en nuestras decisiones. Fuera de Cristo, esto puede llevarnos por el camino equivocado. En Cristo, la necesidad de aceptación está satisfecha, no solo por nuestro esfuerzo, sino a través de la relación que tenemos con Aquel que nos acepta completamente.

En Romanos 15, Pablo les habló a los judíos y a los gentiles, dos grupos a quienes la cultura y el trasfondo los habían puesto en contra. Los judíos, el pueblo escogido de Dios, creía que Cristo vino exclusivamente para ellos, y se les dificultaba aceptar en su hermandad a los cristianos gentiles. ¡El mensaje para nosotros es el mismo! Como creyentes, ¿podemos amar y aceptar a aquellos en el Cuerpo de Cristo que son radicalmente distintos a nosotros? Jesús dijo que nuestro amor mutuo haría que las personas se acercaran a Él.

¿Les cuesta aceptar a los que se ven diferentes, tienen trasfondos distintos o expresan gustos atípicos? ¿Tienen dificultad en aceptarse mutuamente tal como Dios los creó, o están intentando cambiarse el uno al otro?

Antes que nada, Señor, ayúdanos a aceptarnos completamente el uno al otro. Perdónanos por todos los juicios que hemos hecho hacia los demás, y danos la gracia para amarlos y aceptarlos de manera que tu nombre sea glorificado.

MAYO

Porque he aquí ha pasado el invierno,
Se ha mudado, la lluvia se fue;
Se han mostrado las flores en la tierra,
El tiempo de la canción ha venido,
Y en nuestro país se ha oído la voz
de la tórtola.

Cantares 2:11-12, RVR1960

ANDAR EN INTEGRIDAD

El que anda en integridad será salvo, mas el que es de camino torcido caerá de repente.

PROVERBIOS 28:18, LBLA

Andar de la mano con tu cónyuge trae una seguridad reconfortante; andar de la mano con Dios trae confianza espiritual. Idealmente, las parejas se toman de la mano y colocan sus manos unidas firmemente en la mano de Dios. La fe trae integridad y mantendrá tu matrimonio centrado en Dios y lleno de su amor.

Andar por el camino recto y angosto no es fácil, y tener un cónyuge a quien rendirle cuentas es una bendición. Los cónyuges hacen un pacto mutuo donde a medida que avanzan por la vida, ellos se seguirán rindiendo cuentas mutuamente y ayudando a andar de cerca con Dios.

¿Recuerdas alguna vez cuando debías rendirle cuentas a tu pareja por una acción? Agradéceselo.

Dios, gracias porque nos tenemos el uno al otro. Ayúdanos a rendirnos cuentas mutuamente para llevar la vida que tú has planeado para nosotros.

SER CONSTRUCTORES

Por lo tanto, esforcémonos por promover todo lo que conduzca a la paz y a la mutua edificación.

ROMANOS 14:19, NVI

En la época de Pablo había desacuerdos entre los cristianos acerca de cosas que, en el esquema general, eran más bien insignificantes. Unos sentían que ser vegetarianos era mejor y que ciertos días debían celebrarse como feriados religiosos. Otros sentían de manera distinta. Pablo sabía que no había nada intrínsecamente malo acerca de la carne que no era *kosher* y que ciertos días no deberían ser más santos que otros. El conflicto sobre tales cosas era desalentador, especialmente para los nuevos creyentes. Pablo los exhortaba a dejar de insistir en sus propios caminos y a animarse mutuamente en la fe.

A veces, nosotros nos volvemos crueles y quisquillosos el uno con el otro sobre cosas sin importancia. Debemos recordar que Dios no nos ha llamado a transformarnos mutuamente, sino a animarnos y a edificarnos el uno al otro.

¿Se enojan fácilmente por las costumbres y peculiaridades que ambos tienen? ¡Sean sinceros! Hagan un pacto para animarse mutuamente.

Señor, queremos trabajar en edificarnos el uno al otro. Queremos vivir con la paz gobernando nuestra vida y nuestro hogar. Danos gracia para pasar por alto nuestras faltas, y ayúdanos a edificarnos en vez de desanimarnos mutuamente.

SER FUERTES Y VALIENTES

«Ya te lo he ordenado: ¡Sé fuerte y valiente! ¡No tengas miedo ni te desanimes! Porque el Señor tu Dios te acompañará dondequiera que vayas».

Josué 1:9, NVI

Debe haber sido un momento aterrador. Moisés, el líder israelita, estaba muerto, e Israel se dirigía a una gran batalla. La tierra prometida estaba allí para quien la conquistara, y ellos debían prepararse bajo un nuevo liderazgo. "Deberán prepararse para cruzar el río Jordán y entrar a la tierra que les daré", le dijo Dios a Josué. "Así como estuve con Moisés, también estaré contigo; no te dejaré ni te abandonaré. Recita siempre el libro de la ley y medita en él de día y de noche" (versículos 2, 5, 8).

¡Sean fuertes! ¡Sean valientes! ¿Era esto realmente posible? Sí, porque Dios estaría allí. Mientras el pueblo meditara en la ley y tuvieran cuidado de obedecerla, la presencia de Dios sería constante. Desde esa protección, la fortaleza y la valentía podían surgir. Tomen como ejemplo la fuerza y la valentía de Josué; Dios puede hacer lo mismo por su matrimonio en este siglo.

¿Están tú y tu cónyuge experimentando la presencia de Dios a diario? ¿Están constantemente en la Palabra, dejando que sature su ser y haciendo de la obediencia un hábito?

Señor, gracias por la magnífica promesa de su presencia. Gracias porque no debemos temer ni desanimarnos, ya que tú nunca nos dejarás ni nos abandonarás. Danos la seguridad de esa promesa y mantennos protegidos en ti.

LLEGAR A SER COMO JESÚS

La actitud de ustedes debe ser como la de Cristo Jesús, quien, siendo por naturaleza Dios, no consideró el ser igual a Dios como algo a qué aferrarse. Por el contrario, se rebajó voluntariamente, tomando la naturaleza de siervo y haciéndose semejante a los seres humanos... se humilló a sí mismo y se hizo obediente hasta la muerte.

FILIPENSES 2:5-8, NVI

Un rey muy rico estaba triste. Él anhelaba compartir su vida con alguien. Un día, vio a la mujer más hermosa que jamás haya visto. Se enamoró, pero ella era una campesina. ¿Cómo podía él enamorarla? Él podría escribir un edicto, pero ella se casaría con él solo por obediencia. Él podía cortejarla, pero ella podría casarse con él solo por su dinero y posición. Él decidió que se acercaría a ella como un campesino, y al hacerlo, dejó su palacio real y toda su riqueza y se convirtió en alguien como ella para poder ganarse su corazón.

Esto es lo que Cristo hizo por nosotros. Él tenía el mismo estatus que Dios; sin embargo, lo dejó a un lado y se convirtió en humano. Llevó una vida abnegada y obediente, sacrificándose a sí mismo en una cruz para salvarnos. Cristo guio con el ejemplo, abnegada y sacrificialmente. Su amor nos inspira a amar de la misma manera.

¿Se sirven mutuamente con gusto, dejando de lado sus deseos en deferencia a las necesidades del otro? Hablen sobre las maneras en que pueden ayudarse mejor el uno al otro.

Señor, gracias por tus sacrificios. Ayúdanos a seguir tu ejemplo de amor y abnegación.

ESCUCHAR Y OBEDECER

«Dichosos más bien —contestó Jesús— los que oyen la palabra de Dios y la obedecen».

LUCAS 11:28, NVI

Jesús dijo estas palabras cuando presentó el modelo de la oración: el Padre nuestro. Él instó a su audiencia a que continuaran pidiendo, buscando y llamando a la puerta; Dios, como buen Padre, responderá con dones buenos.

Jesús demostró la autoridad de su Palabra y su poder sobre Satanás al echar fuera a un demonio. En la multitud, una mujer, quizá abrumada por la admiración y el gozo, gritó: "¡Dichosa la mujer que te dio a luz y te amamantó!" (Lucas 11:27, TLA). Jesús cambió rápidamente su perspectiva de temporal a espiritual y respondió: "¡Dichosa más bien la gente que escucha el mensaje de Dios, y lo obedece!" (v. 28).

Escuchar y obedecer. A veces, hay una brecha entre lo que escuchamos, y sabemos que es verdad, y la manera en que vivimos. Como cristianos necesitamos estar escuchando la Palabra de Dios con regularidad, pero escuchar y obedecer son polos opuestos. Obedecer es el camino a la bendición.

¿Están leyendo juntos la Palabra de Dios? ¿Están obedeciendo lo que dice? Encuentren un momento para la Palabra, y hablen de cómo rendirse cuentas mutuamente.

Señor, gracias por tu Palabra; es la verdad que nos liberta. Danos la disciplina para leerla y concédenos tener un corazón obediente.

JACTARSE EN EL SEÑOR

Los que desean jactarse, que lo hagan solamente en esto: en conocerme verdaderamente y entender que yo soy el Señor quien demuestra amor inagotable y trae justicia y rectitud a la tierra, y que me deleito en estas cosas. ¡Yo, el Señor, he hablado!

Jeremías 9:24, NTV

Jactarse acerca de los logros de uno es generalmente desagradable para los demás. Se nos dice muchas veces en la Escritura que debemos ser humildes, tengamos deferencia con los demás y los valoremos más que a nosotros mismos. Dios nos da permiso para alardear solamente una cosa, y ¡es acerca de Dios! Nuestros triunfos palidecen en comparación a su justicia, amor constante y justificación.

Pablo debe haber tenido este pasaje en mente cuando les escribió a los corintios: "'Si alguien quiere jactarse, que se jacte solamente del Señor'. Cuando la gente se alaba a sí misma, ese elogio no sirve de mucho. Lo importante es que los elogios provengan del Señor" (2 Corintios 10:17-18). Estén confiados en la grandeza de Dios y en su amor por ustedes.

Habla con tu cónyuge sobre todo lo que Dios ha hecho en ti y a través tuyo. Agradezcan a Dios y tomen un momento para jactarse de Él.

Gracias, Señor, por ser nuestro Dios. Gracias por las múltiples bendiciones que derramas sobre nuestra vida. ¡Cuán grande eres!

ACERCARSE CONFIADAMENTE

Así que acerquémonos con toda confianza al trono de la gracia de nuestro Dios. Allí recibiremos su misericordia y encontraremos la gracia que nos ayudará cuando más la necesitemos.

HEBREOS 4:16, NTV

Nuestro Padre celestial nos invita a entrar a su presencia. "¡Vengan a mí! Acérquense confiadamente, sin reservas ni temor. ¡Yo tengo lo que necesitan!".

Cuando eran niños, probablemente batallaban con las cintas de sus zapatos o subir el cierre de la chaqueta y, ya frustrados, corrían hacia su mamá o papá para pedir ayuda. Como adolescentes, quizá tuvieron problemas con los amigos o las clases y acudían a sus padres para recibir consuelo. Como adultos, han tomado grandes decisiones. Ha habido momentos de tristeza y desánimo. Sus necesidades no tienen fin, pero de igual manera es la gracia de Dios. Así que acérquense.

Como pareja, ¿cuáles son sus necesidades hoy? ¿Pueden acudir al trono de la gracia ahora mismo y recibir la ayuda que necesitan?

Gracias, Señor, por invitarnos a entrar en tu presencia en este momento para recibir misericordia y gracia. Te pedimos humildemente tu ayuda, y esperamos ansiosamente lo que harás en nuestra vida.

CONTENTAMIENTO ETERNO

Manténganse libres del amor al dinero, y conténtense con lo que tienen, porque Dios ha dicho: «Nunca te dejaré; jamás te abandonaré».

HEBREOS 13:5, NVI

La promesa de nunca dejar ni abandonar se le dio por primera vez a la nación de Israel en Deuteronomio. Moisés pronto iba a entregarle su liderazgo a Josué, y la batalla para poseer la Tierra Prometida estaba a punto de empezar. La desobediencia y el descontento les había costado cuarenta largos años en el desierto. Pablo citó la misma promesa para los judíos convertidos, quienes necesitaban un recordatorio distinto: mantener sus ojos en el panorama completo y no ser atrapados por el materialismo. La verdadera tierra prometida, una eternidad con Jesús, está por venir.

No sean codiciosos, estén conformes. La presencia de Dios habita en un espíritu contento porque, cuando tenemos a Jesús, tenemos todo lo que necesitamos.

¿Están tú y tu cónyuge contentos con lo que tienen? ¿Pasan demasiado tiempo apuntando por más no estando agradecidos por lo que Dios les ha dado?

Señor, perdónanos por nuestra falta de contentamiento; sabemos que lo que tenemos es realmente lo que necesitamos. Gracias por tu abundancia misericordiosa. Danos una perspectiva eterna y la paz y el contentamiento que la acompaña.

CONSEGUIR EL CONSEJO

Consigue todo el consejo y la instrucción que puedas, para que seas sabio por el resto de tu vida.
PROVERBIOS 19:20, NTV

Proverbios es el libro al que acuden los cristianos por instrucciones prácticas y de sentido común para navegar por la vida. Según el versículo de arriba, prestar atención y recibir consejo nos lleva a la sabiduría. Buscarlo en el lugar correcto es, claro está, fundamental. La historia de dos reyes en 1 Reyes 12 es un buen ejemplo.

Roboam y Jeroboam reinaban simultáneamente en el reino dividido de Israel. Jeroboam y toda la comunidad le pidieron a Roboam que aliviara los trabajos pesados y los impuestos tan altos que su padre, Salomón, había puesto sobre ellos, prometiendo que serían sus fieles súbditos si lo hacían. Rechazando el consejo sabio de los consejeros de su padre, él hizo eco a los deseos de sus amigos jóvenes e insensatos y amenazó al pueblo con una carga aún más pesada. Su necedad le costó la mayor parte del reino.

El buen consejo y la instrucción nos llevará a la sabiduría. Primero, tomamos la Palabra diariamente, y luego, escuchamos a los que nos pueden explicar, exponer y desafiar para que vivamos según ella nos indica.

¿Están dispuestos a pedir consejo cuando lo necesitan? ¿Pueden humildemente recibir el consejo sabio de un hombre devoto o una mujer piadosa, ya sea su cónyuge o alguien más?

Señor, tú eres la sabiduría, la justificación y la redención. Ayúdanos a recibir tu sabiduría, ya sea que venga directamente de tu Palabra o de la boca de un cónyuge sabio o de un amigo.

DAR GENEROSAMENTE

Comparten con libertad y dan con generosidad a los necesitados; sus buenas acciones serán recordadas para siempre. Ellos tendrán influencia y recibirán honor.

SALMOS 112:9, NTV

El salmo 112 es un poema hermoso que enumera las características de aquellos que, llenos de gozo, temen al Señor y se deleitan en obedecer sus mandamientos. Sus hijos tendrán éxito; toda una generación de justos será bendecida. Sus buenas acciones durarán para siempre; su luz brilla en la oscuridad. Son generosos y compasivos; a ellos les va bien. El mal no los vencerá; no tienen temor de malas noticias. Ellos confían plenamente en el Señor; enfrentan triunfantes a sus enemigos. Y, por último, pero no menos importante, son generosos y comparten libremente con los necesitados. A causa de su generosidad, sus buenas acciones serán recordadas; tendrán honor e influencia.

Estas son las hermosas características de un cristiano. Al amar a Dios, se nos dan estas bendiciones, no solo para alabar y honrar a Dios, sino también para bendecir a los demás. Ciertamente, Dios es generoso.

¿Son ustedes una pareja generosa por naturaleza o tienen que esforzarse para serlo? Conversen sobre las formas en que ustedes pueden bendecir a los necesitados.

Señor, tú eres más que generoso con tu pueblo. Tus bendiciones no conocen límites. De esa abundancia, ayúdanos a dar con libertad y a compartir con gozo con los demás.

DIOS ESTÁ A SU FAVOR

¿Qué podemos decir acerca de cosas tan maravillosas como estas? Si Dios está a favor de nosotros, ¿quién podrá ponerse en nuestra contra? Si Dios no se guardó ni a su propio Hijo, sino que lo entregó por todos nosotros, ¿no nos dará también todo lo demás?

ROMANOS 8:31-32, NTV

Dios está a su favor. Está de su lado. ¿Cómo pueden estar seguros? Según Romanos 6, la cruz es la prueba. Dios no escatimó a su propio Hijo, sino que lo entregó por ustedes, para que pudieran ser completamente perdonados y adoptados en su familia. Él los ayuda en su debilidad. El Espíritu Santo intercede por ustedes según la propia voluntad de Dios. Dios hace que todo coopere para su bien y ¡Él los ha escogido! Nada puede separarlos de su amor.

Teniendo en cuenta eso, ¿importa realmente si los demás están en contra suya, o si tomaron una decisión terrible? Las consecuencias vendrán, pero Dios sigue estando de su lado. Él está esperando a enmendar las roturas y a perdonar su pecado. Si tienen a Jesús, ¡lo tienen todo!

¿Necesitan que se les recuerde hoy que Dios está de su lado? ¿Están ustedes al lado el uno del otro, apoyándose y animándose mutuamente?

Señor, es sorprendente saber que el Dios del universo está verdaderamente de nuestro lado. Ayúdanos a vivir en esa realidad y a extendernos la misma afirmación amorosa el uno al otro.

EN CRECIMIENTO

El que se alimenta de leche sigue siendo bebé y no sabe cómo hacer lo correcto. El alimento sólido es para los que son maduros, los que a fuerza de práctica están capacitados para distinguir entre lo bueno y lo malo.

HEBREOS 5:14, NTV

Ser un bebé en Cristo no tiene nada de malo. Todos empezamos por el principio. Sin embargo, cuando uno permanece en estado de infante o tiene una regresión debido a la desnutrición, allí hay un problema. Pablo estaba frustrado por la falta de entendimiento mientras enseñaba sobre los temas sustanciosos de la fe. Él dijo que tenían oídos sordos. Su inmadurez espiritual era aparente. A juzgar por la cantidad de tiempo que habían seguido a Jesús, ellos deberían haber sido maestros en vez de estudiantes de primaria.

Es bueno evaluar nuestro crecimiento espiritual recordando que es nuestra responsabilidad. Crecemos en la madurez espiritual al alimentarnos de la comida sólida de la Palabra y al confiar en Dios para que nos enseñe a través de ella. No podemos quedarnos en espera de alguien más para asegurarnos de que crecemos en Dios.

Como pareja, ¿están satisfechos de sí mismos o desinteresados en profundizar con Dios? ¿Están más enamorados de las cosas de este mundo de lo que lo están con la búsqueda de las cosas de arriba?

Señor, realmente sí queremos llegar a la madurez en nuestro andar contigo. A veces, la vida se interpone en nuestro camino. Danos lo necesario para dedicarnos a ti y para buscarte con todo nuestro corazón.

HUMILDE ARMONÍA

Vivan en armonía unos con otros. No sean tan orgullosos como para no disfrutar de la compañía de la gente común. ¡Y no piensen que lo saben todo!

ROMANOS 12:16, NTV

En muchas de sus cartas, Pablo recalca a fondo la importancia de la armonía y la humildad. Se los repite a los romanos, los filipenses y a los corintios, y el mensaje repercute en los cristianos de todas partes y en todas las etapas de la vida.

En esencia, dice: "No cortejen al rico y al poderoso mientras descuidan a los humildes, porque al hacerlo se exaltan a sí mismos a una posición más alta". Él nos hace un llamado a la paz, la unidad, teniendo un mismo sentir: una armonía de amor y aceptación que entiende nuestra unidad en Cristo.

¿Es difícil para ustedes asociarse con aquellos que son quizá menos bendecidos que ustedes? ¿Por qué no invitan a una pareja a su casa que necesite ánimo y amistad?

Señor, ayúdanos a recordar que cualquier cantidad de éxito que tenemos no se debe a nuestra propia sabiduría, sino que viene de ti. Ayúdanos a ver entre quienes nos rodean a los que necesitan una amistad, y muéstranos cómo darles amor y aceptación.

BARRAS DE HIERRO

Restaurar la amistad de un amigo ofendido es más difícil que conquistar una ciudad amurallada. Los pleitos alejan las amistades como si fueran las rejas de las puertas de un palacio.
PROVERBIOS 18:19, PDT

Nuestro versículo de hoy esboza una imagen vívida de lo que puede suceder cuando un desacuerdo entre los miembros de la familia se convierte en una ofensa. Las barras de hierro del resentimiento son casi imposibles de quitar. Los temas pequeños se multiplican convirtiéndose en grietas profundas entre aquellos a quienes una vez amamos y les tuvimos confianza. Pues en lugar de ofrecer siempre todo nuestro amor, muchas veces tenemos menos misericordia para quienes están mucho más cerca que para los que son simples conocidos o incluso extraños.

Mediten en las ofensas entre hermanos que muestra la Escritura. Caín mató a Abel por envidia. Esaú procuró matar a Jacob por haberle robado su bendición. Los envidiosos hermanos de José lo vendieron como esclavo. Incluso Pablo y Bernabé tuvieron un desacuerdo intenso sobre llevar a Marcos consigo en un viaje misionero. Sanar este tipo de relaciones destruidas es tan difícil como conquistar una ciudad amurallada. Esta es la moraleja: Protejan cuidadosamente su matrimonio. Eviten el conflicto y contienda, y cuando suceda, reconcíliense rápidamente. No permitan que los resentimientos germinen.

¿Están dejando germinar algún desacuerdo que no han traído a la luz? Si es así, hablen del tema, y arreglen las cosas.

Señor, ayúdanos a andar en la luz el uno con el otro. Ayúdanos a evitar que los problemas pequeños se vuelvan muros de amargura que nos separan.

RAPHAH

«Quédense quietos, reconozcan que yo soy Dios. ¡Yo seré exaltado entre las naciones! ¡Yo seré enaltecido en la tierra!»

SALMOS 46:10, NVI

Imagine a un padre caminando a la orilla del mar con su pequeñita en brazos. Las olas rompen en la arena, y el agua salpica mientras la resaca los jala firmemente. Eso podría ser una experiencia aterradora, pero esta niña está completamente en paz, segura en los brazos de su protector. Está relajada, porque sabe quién la sostiene.

Quédense quietos. El término en hebreo es *raphah,* y significa soltar, relajarse, dejar de esforzarse. Moisés sabía cómo hacer eso. ¿Recuerdan cómo faraón tenía acorralados a los israelitas entre su ejército y el Mar Rojo? Moisés le dijo al aterrado pueblo de Dios: —No tengan miedo. Solo quédense quietos y observen cómo el SEÑOR los rescatará hoy (Éxodo 14:13, NTV). Él estaba quieto y tranquilo porque conocía a su Dios. Él conocía a quien lo sostenía en sus brazos.

Hablen de las veces en que Dios ha intervenido a su favor. ¿De qué manera ambos responden típicamente a las dificultades? ¿Pueden estar quietos, o están esforzándose?

Gracias, Señor, por ofrecernos paz y tranquilidad cuando tenemos problemas. Tú has sido fiel desde el principio de los tiempos, y nosotros tomamos la decisión de estar quietos y confiar en ti.

AMOR INEXTINGUIBLE

Las muchas aguas no pueden extinguir el amor, ni los ríos lo anegarán; si el hombre diera todos los bienes de su casa por amor, de cierto lo menospreciarían.

CANTARES 8:7, LBLA

Hay cosas que el dinero no puede comprar. El amor genuino es uno de ellos. Es un regalo incalculable, y cuando es puro, ninguna adversidad puede apagarlo.

El tipo de amor que se muestra en 1 Corintios 13 es un amor que las aguas no pueden extinguir o que los ríos no pueden anegar. La riqueza no puede estar a la altura del valor del amor genuino. Practiquen ese amor en su matrimonio, y podrán vencer cualquier adversidad.

Hablen por un momento sobre el invaluable regalo que tienen mutuamente. El amor de ustedes es difícil de hallar y debe ser atesorado por encima de todo lo demás.

Gracias, Jesús, por el regalo del amor que proviene de ti y que sentimos el uno por el otro. Protege ese amor y concédenos gozarnos continuamente el uno en el otro.

AMOR DURADERO

...siempre humildes y amables, pacientes, tolerantes unos con otros en amor. Esfuércense por mantener la unidad del Espíritu mediante el vínculo de la paz.

EFESIOS 4:2-3, NVI

La boda es un evento hermoso, tanto de experimentar como de observar. La novia y el novio están cautivados por el amor mutuo y las emociones están por todo lo alto. Ellos intercambian sus anillos como un símbolo de sus votos de amor y fidelidad para toda la vida. Los anillos no tienen principio ni final, y en ese momento todos están convencidos de que este matrimonio también será eterno. Sin embargo, después de la boda viene la vida real y habrá desafíos al tratar de poner en práctica el amor que se juraron.

La palabra griega para amor en este pasaje es *agape,* la cual lo menos que se trata es de una emoción y más de hacer cosas para el beneficio de la otra persona. ¿Cómo es eso? Pablo nos dice que es humildad, gentileza, paciencia y autocontrol, todo empacado con un lazo de paz. Esta es la substancia del amor.

¿Va a durar el amor de ustedes? ¿Qué están haciendo para asegurarse de que así sea? Hablen acerca de las maneras en que ustedes pueden edificar paz y unidad en su relación.

Señor, te pedimos que nos ayudes a preservar nuestro amor con humildad, gentileza y paciencia. Ayúdanos a pasar por alto las faltas mutuas y a amarnos de todo corazón.

AMAR AL MUNDO

No amen al mundo ni nada de lo que hay en él. Si alguien ama al mundo, no tiene el amor del Padre. Porque nada de lo que hay en el mundo —los malos deseos del cuerpo, la codicia de los ojos y la arrogancia de la vida— proviene del Padre, sino del mundo.
1 JUAN 2:15-16, NVI

La tentación de amar al mundo no es un fenómeno nuevo; así ha sido la condición humana desde la creación del hombre. Los versículos de hoy traen a la memoria la historia de Eva y su tentación de satisfacer sus deseos de una manera equivocada. El fruto prohibido se veía delicioso y era bueno para comer, y ella pensó que la haría sabia. El deseo de satisfacerse superaba su amor por Dios y ella, junto con Adán, sucumbieron ante la tentación.

El mundo en el que vivimos no es esencialmente malo, pero sí sus habitantes. Querer que las cosas se hagan como nosotros queremos, querer cosas para nosotros, querer aparentar que somos importantes; ninguno de estos deseos proviene de Dios. Llegará el día en que el mundo y sus pasiones pasarán, pero quien siga a Dios vivirá para siempre.

¿Qué es lo que quiere decir Juan 15:19 cuando nos dice que estemos "en el mundo, pero que no seamos del mundo"? ¿Anhelan ustedes al mundo más de lo que anhelan a Dios? Habla con tu cónyuge sobre tus tentaciones.

Señor, aumenta nuestro deseo de conocerte. Perdónanos por gastar tanta energía en las cosas temporales y no la suficiente en lo eterno.

NECESITAR AYUDA

Donde no hay buen consejo, el pueblo cae, pero en la abundancia de consejeros está la victoria.

PROVERBIOS 11:14, LBLA

Salomón, el hombre más sabio que haya vivido, todavía necesitó ayuda y él no dejó que su orgullo se interpusiera. Cuando Salomón construyó el templo, necesitó más talento y materiales de lo que Israel podía proveer, incluyendo maestros carpinteros, cortadores de piedra y una gran cantidad de madera de cedro. Él reclutó la ayuda del rey Hiram, y después de siete años y medio, el proyecto completado era una de las maravillas del mundo.

Se requiere humildad para pedir ayuda. Muchos matrimonios no duran porque la pareja sencillamente no está dispuesta a admitir ante nadie que necesita ayuda. El orgullo puede interponerse en el camino para aprovechar los recursos de sabiduría que Dios ha colocado en otras personas.

¿Necesitan ayuda con su matrimonio, finanzas o criar a los hijos? Evalúen sus necesidades y hablen sobre de quién pueden obtener apoyo y consejo sabio. No permitan que el orgullo se entrometa.

Señor, reconocemos que no siempre tenemos todas las respuestas. Por favor, guíanos a personas a quienes les has dotado con el consejo que necesitamos.

SIN SACRIFICIO NO HAY BENEFICIO

Ninguna disciplina, en el momento de recibirla, parece agradable, sino más bien penosa; sin embargo, después produce una cosecha de justicia y paz para quienes han sido entrenados por ella.

HEBREOS 12:11, NVI

Disciplinar a los niños es probablemente la parte menos favorita de la responsabilidad de una pareja, pero debido a que conocemos los beneficios maravillosos, hacemos lo que debemos hacer. La disciplina es en realidad una prueba del amor paternal; los padres aman a sus hijos demasiado como para permitirles naufragar en camino el egoísmo y la obstinación.

Como hijos de Dios, nosotros también necesitamos disciplina. Cuando Dios permite que caigamos como consecuencia de una decisión tonta, Él está siendo un buen Padre para nosotros. Su deseo es transformarnos a la imagen de Cristo. Si nos deja andar en nuestra propia sabiduría e inclinaciones naturales, podríamos no alcanzar ese objetivo. A veces, necesitamos sentir su mano pesada empujándonos para volver al camino correcto. Al final, los frutos hermosos y los frutos de justificación y paz abundarán, dignos de todo el dolor que costaron.

Hablen sobre alguna vez cuando tuvieron que sentir la disciplina del Señor en su vida. Quizá ustedes están en una época así en este momento. ¿Dónde ven el amor de Dios en esta disciplina?

Señor, gracias por amarnos demasiado como para dejarnos en nuestro pecado. Necesitamos tu disciplina amorosa en nuestra vida. Ayúdanos a cooperar contigo y a acatar tu corrección.

NUESTRO REFUGIO

El Señor es refugio de los oprimidos;
es su baluarte en momentos de angustia.
Salmos 9:9, NVI

En nuestro peligroso mundo, la gente necesita lugares seguros. Si a ustedes les gusta vivir donde los desastres naturales son comunes, entonces necesitan un refugio fuerte. En época de guerras, persecución, opresión y tiranía tener un santuario es una necesidad. Incluso cuando hay paz en el exterior, los problemas y la confusión pueden arrasar internamente si hay dificultades financieras, muerte, enfermedad o frustración.

Dios es un refugio para nosotros. Él es la fortaleza más fuerte de todas, nuestra mejor defensa. Cuando somos débiles, Él es nuestro baluarte y nuestro protector infalible contra el enemigo. La puerta está abierta. Entren; Dios los mantendrá a salvo.

Vivimos en tiempos turbulentos, tanto política como socialmente. ¿Tienen temor de lo que el futuro pueda traerles a ustedes y las siguientes generaciones?

Gracias, Señor, por ser nuestro refugio. Ayúdanos a acudir rápidamente a ti cuando tengamos problemas. Cuando seamos tentados por el temor y la preocupación, recuérdanos que tú estás con nosotros, listo para protegernos del peligro.

DE LA BOCA DE LOS NIÑOS

Él llamó a un niño y lo puso en medio de ellos. Entonces dijo: —Les aseguro que a menos que ustedes cambien y se vuelvan como niños, no entrarán en el reino de los cielos.

MATEO 18:2-3, NVI

"De la boca de los niños", decimos cuando un niño nos sorprende con sabiduría poco común o con un entendimiento de adulto. El señor Pedroza y su esposa estaban discutiendo calladamente en la cocina cuando su hija de siete años entró en la escena. "¡Ustedes deberían recibir consejería!", dijo. A pesar de ser pequeña y no tener experiencia, ella les suplicó a sus padres que dejaran de pelear y fueran amigos. Un niño tiene cualidades que nosotros perdemos en la edad adulta, y que tenemos que recuperar.

¿Qué cualidades infantiles debemos imitar? Bueno, los niños son francos, confiados, sencillos, amorosos, persistentes, gozosos adoradores de Dios. Ellos confían por instinto. Las frustraciones de la vida y el escepticismo no los han echado a perder. A menos que cambiemos nuestro pensamiento cínico y sencilla y humildemente confiemos en Dios, no entraremos en el reino de los cielos. Él no quiere que nos volvamos inmaduros, ¡solo que seamos como los niños!

¿Han notado y apreciado la confianza natural innata de un niño? Hablen sobre las áreas de su vida en que se han vuelto cínicos, y arrepiéntanse humildemente.

Señor, gracias por la maravilla que son los niños. Ayúdanos a ser más como ellos, confiando en tu Palabra y sin dejar que la incredulidad nos haga desviar.

RAÍCES

Cuídense unos a otros, para que ninguno de ustedes deje de recibir la gracia de Dios. Tengan cuidado de que no brote ninguna raíz venenosa de amargura, la cual los trastorne a ustedes y envenene a muchos.

HEBREOS 12:15, NTV

Lo que vemos está muchas veces determinado por lo que no vemos. Mientras que solo vemos los tallos y las hojas de las plantas, oculto —bajo la tierra— se halla un sistema de raíces complejo y fértil. Las raíces son las anclas de la planta; estas absorben agua y nutrientes de la tierra y las empujan a los tallos y las hojas. Las raíces sanas hacen que una planta esté saludable y produzca buen fruto.

En la cultura hebrea, a una planta venenosa se le llamaba planta amarga. El escritor de Hebreos usa esta metáfora para advertir a la iglesia contra el veneno de la amargura en el corazón. Odio, hostilidad, cinismo, resentimiento e ira pueden convertirse en prósperos sistemas de raíces en el corazón, alimentando al espíritu con amargura y envenenando a los demás. Debemos estar observando cuidadosamente que no tengamos raíces venenosas. Las raíces amargas producen frutos amargos.

¿Han dejado que la amargura se haya arraigado en su corazón? ¿Hay alguien a quien deban perdonar o una ofensa que necesiten entregarle a Dios? ¿Están enojados el uno con el otro? Hablen sobre todas estas raíces amargas.

Oh, Dios, ayúdanos a no tolerar las actitudes pecaminosas del corazón que puedan convertirse en amargura. Haznos sensibles, perdonadores, personas que no se aferran a los males recibidos; y mantén puro nuestro corazón hacia ti y hacia los demás.

SAZONADOS CON SAL

Eviten toda conversación obscena. Por el contrario, que sus palabras contribuyan a la necesaria edificación y sean de bendición para quienes escuchan.

EFESIOS 4:29, NVI

Cuando eran niños, quizá uno de sus padres les puso jabón en la boca por haber dejado pasar ciertas palabras por sus labios. Aunque el jabón no puede lavar su corazón, ese fue un gran recordatorio de que la lengua debía ser controlada. En el versículo de hoy, Pablo habla de la comunicación corrupta, o de una manera de hablar que es profana, inútil, vulgar e insípida sin la sal de la gracia. Ese tipo de expresión contamina el alma de quien la usa, ofende a nuestro Dios puro y peca contra los demás al denigrarlos en vez de edificarlos.

¡Las palabras tienen poder! Pueden reanimar o destruir. Piensen en la transformación que podría suceder en su relación si sus palabras mutuas estuvieran siempre sazonadas con gracia. Su matrimonio sería más fuerte; sus hijos, más felices; y su hogar, un lugar de paz.

¿Cómo calificarían sus conversaciones diarias? ¿Necesitan mejorar? ¿Necesitan una renovación radical? Desafíense mutuamente a añadir gracia en sus diálogos.

Señor, hoy nuestra oración es Colosenses 4:6: Que nuestra conversación sea siempre con gracia, sazonada como con sal, para que sepamos cómo debemos responder a cada persona (LBLA).

BRILLAR COMO LAS ESTRELLAS

Háganlo todo sin quejarse ni pelearse, para que nadie pueda reprocharles nada y sean hijos de Dios sin culpa en medio de gente mala y perversa. Entre esa gente ustedes brillan como estrellas en el firmamento.

FILIPENSES 2:14-15, NBV

¿Quieren estar libres de reproches y ser inocentes, un faro para Jesús en nuestro mundo oscuro? Entonces, aprendan la lección de los israelitas. Tres días después de que Dios los libertó poderosa y milagrosamente de faraón, ellos empezaron con el pecado persistente y atacante de la queja. No había agua fresca, no había comida, no había carne. Dios suplió fielmente sus necesidades, pero ellos nunca estaban satisfechos. Era un mal testimonio para las naciones que los rodeaban.

Quejarnos y discutir por nuestras circunstancias, por nosotros o por nuestra suerte en la vida es ofensivo para nuestro Salvador. Eso le comunica a Él que lo que ha provisto no es lo suficientemente bueno. Para honrar a Cristo y dar un buen ejemplo a los demás, ¡hagamos todo sin murmurar!

¿Eres quejoso? ¿Tiendes naturalmente a lo negativo y expresas tu disgusto? Hablen sobre cómo pueden compartir pensamientos positivos y ser responsables el uno con el otro.

Señor, confesamos nuestras quejas. Por favor, perdónanos. Queremos influenciar a quienes nos rodean con actitudes que reflejen a Cristo; otórganos la paz y la audacia para hacerlo.

SEIS VERBOS CORTOS

Solamente al Señor tu Dios debes seguir y rendir culto. Cumple sus mandamientos y obedécelo; sírvele y permanece fiel a él.

DEUTERONOMIO 13:4, NVI

Dios tiene una forma concisa de hablar, sin desperdiciar palabras ni provocar incertidumbre. Usando solo seis verbos, Dios les enseña a los israelitas cómo evitar el engaño. Los falsos profetas tienen una retórica convincente y señales milagrosas que dicen: "Vayan en pos de otros dioses y sírvanlos". No te tragues ese cuento, Israel. Mejor sigue, rinde, cumple, obedece, y sirve al verdadero Dios, y permanece fiel a Él con todas tus fuerzas.

Cualquiera puede ser engañado, incluso el más sabio entre nosotros. Por eso, el mensaje de Dios para Israel hace tanto tiempo es el mismo para nosotros hoy día. El enemigo está activo hoy, tal como lo estuvo entonces. El antídoto de Dios es el mismo. Seguir y rendirle culto a Dios, cumplir y obedecer sus mandatos, servirle y permanecer fiel a Él con todas nuestras fuerzas.

Hablen sobre algunas de las mentiras que se están aceptando actualmente en nuestra cultura. ¿Cuáles son algunas de las cosas que ustedes, como pareja, pueden hacer para protegerse contra el engaño?

Señor, gracias por darnos indicaciones claras e infalibles para mantenernos protegidos de las argucias del enemigo. Aumenta nuestra percepción y sabiduría para que no caigamos presas de sus mentiras.

ALIMENTO ESPIRITUAL

Deseen con ansias la leche pura de la palabra como niños recién nacidos. Así, por medio de ella, crecerán en su salvación.
1 PEDRO 2:2, NVI

Si son padres, conocen las exigencias de un recién nacido, especialmente en lo que se refiere a la alimentación. Las comidas cada dos o tres horas hacen que los días sean muy cansados y que no puedan dormir en la noche. No es difícil saber cuándo es tiempo de alimentar; el llanto insistente es muy claro. Aunque es una tarea difícil, la alimentación consistente hace que el niño crezca sano y fuerte. De manera similar, si ustedes son nuevos en Cristo, necesitan nutrirse diariamente para crecer.

El alimento espiritual para el crecimiento espiritual se halla en la Biblia. Es una alimentación integral de verdad que les dará la sabiduría, la fortaleza y la dirección necesaria para llevar una vida que glorifique a Dios.

¿Cómo está su alimentación espiritual en estos días? ¿Necesitan leche o carne? ¿Están apartando cada día un momento para la Palabra?

Dios, danos hambre y sed por tu Palabra, y úsala para transformar nuestra vida. Ayúdanos a ser estudiantes disciplinados de la Palabra de Dios.

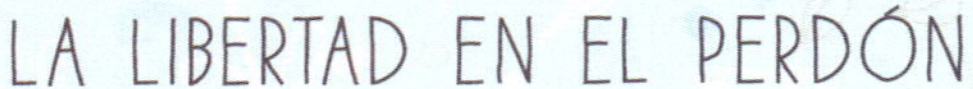

LA LIBERTAD EN EL PERDÓN

—Señor, ¿cuántas veces tengo que perdonar a mi hermano que peca contra mí? ¿Hasta siete veces? —No te digo que hasta siete veces, sino hasta setenta y siete veces —le contestó Jesús—.

MATEO 18:21-22, NVI

Según las leyes judías, una persona podía pedir perdón tres veces a la persona que ofendió. Si el perdón no se le extendía, entonces Dios mismo lo ofrecería. Teniendo esto presente, parece muy generoso de parte de Pedro el extender esa oferta a siete veces. La respuesta de Jesús fue incluso más lejos; implica que no hay límite para la cantidad de veces que debemos perdonar.

Quizá han experimentado la maravilla de ser perdonados, y la libertad al otorgar perdón. El resentimiento encadena el corazón a la amargura, lo cual nos destruye inevitablemente. El perdón liberta. Si el perdón es genuino, la relación es igual de fuerte como lo era antes de la ofensa, y la bondad olvida que el pecado sucedió. Debemos perdonar para ser perdonados.

¿Están reteniendo el perdón hacia alguien? Hablen sobre los resultados duraderos de nutrir a un corazón que no perdona.

Gracias, Señor, por perdonar nuestros pecados. Concédenos la gracia para extender perdón a los demás cuando pecan contra nosotros.

EL GRAN INTERCAMBIO

Ustedes conocen la gracia generosa de nuestro Señor Jesucristo. Aunque era rico, por amor a ustedes se hizo pobre para que mediante su pobreza pudiera hacerlos ricos.

2 Corintios 8:9, NTV

Los libros de historia están llenos de relatos de grandes hombres y mujeres que se sacrificaron por amor a otros. Sin embargo, nunca ha habido una historia que se acerque a lo que Cristo hizo por nosotros. Ciertamente, hay personas que tuvieron muertes crueles e inmerecidas, pero solamente Cristo cargó el peso del pecado del mundo sobre sí mismo y lo llevó a la cruz por nosotros.

¿Cómo puede uno seguir a Cristo en esto? ¿Es posible hacer el más grande de todos los intercambios, el uno por el otro? A costa de su vida, Cristo nos cubrió con su bondad, generosidad misericordiosa y favor inmerecido. ¿De qué manera podríamos nosotros imitarlo? Quizá de maneras pequeñas todos los días. Podemos poner nuestros propios deseos a un lado para darle preferencia a los de otros. Podemos considerar las necesidades de otros por encima de las nuestras. Podemos soltar nuestros planes y tomar los de alguien más. En todas esas formas, ponemos a los demás antes que nosotros y los amamos sacrificialmente.

Tomen un momento para aplicar estas generalidades a su relación como marido y mujer. ¿Apartan sus deseos individuales para servirse mutuamente?

Señor, nos has hecho ricos por medio de tu sacrificio. Tenemos vida eterna porque tú entregaste la tuya. Ayúdanos a entregar a diario nuestra vida el uno por el otro.

EL HÁBITO DE ORAR

Muy de madrugada, cuando todavía estaba oscuro, Jesús se levantó, salió de la casa y se fue a un lugar solitario, donde se puso a orar.

MARCOS 1:35, NVI

Era el lanzamiento del ministerio de Jesús. Después de ser bautizado por Juan en Galilea y reconocido por su Padre, Él fue llevado al desierto para luchar con el enemigo durante cuarenta días. A su regreso, Jesús estaba listo para estar en los intereses de su Padre. "El tiempo ha llegado", proclamó. "¡Arrepiéntanse y crean en las buenas nuevas!". Rápidamente llamó a sus primeros cuatro discípulos y viajaron a Capernaum para predicar, echar fuera demonios y sanar a los enfermos. Se quedó largas horas por las multitudes que llegaban para que los tocara. Sin embargo, después de un día y una noche largos y extenuantes, se levantó temprano en la mañana, mientras todavía estaba oscuro, y oró a su Padre.

Es increíble cuando nos damos cuenta de que Jesús, completamente Dios y completamente humano, necesitaba escabullirse para que la unidad con su Padre lo refrescara. Si Jesús necesitaba guía, fortaleza y paz de Dios a diario para cumplir todo lo que Dios lo había enviado a hacer, ¿cuánto más nosotros?

¿Tienen el hábito de pasar tiempo a diario hablando con su Padre celestial? Analicen las maneras en que pueden sacar tiempo todos los días para encontrarse con Él.

Jesús, gracias por mostrarnos la importancia de la oración diaria y la unidad con nuestro Padre celestial. Ayúdanos a desarrollar el hábito de pasar tiempo contigo.

EL OÍDO ATENTO

Todos deben estar listos para escuchar, y ser lentos para hablar y para enojarse.

SANTIAGO 1:19, NTV

No hay nada más frustrante que tratar de comunicarle algo importante a una persona que no esté atenta. Que estén viendo el teléfono, volteando a todas partes y que las manos no están quietas son señales seguras de que sus palabras están rebotando en el espacio y no logran hacer la conexión. Los buenos oyentes no esperan un leve arrullo para empezar su propio monólogo. Ellos mantienen contacto visual, se muestran interesados y reaccionan adecuadamente.

Santiago habla extensamente en su libro sobre el poder y la destructividad de la lengua. Allí, su primer mandato para la lengua es ¡callarla! En vez de hablar, escuchen. Bajen el ritmo y escuchen sin anticiparse a la conclusión.

¿Se escuchan entre ustedes? ¿Se prestan toda su atención el uno al otro para poder entender? ¿Se anticipan a las conclusiones con facilidad o se apresuran a juzgar? Tengan una conversación sobre dónde tienen buena atención y dónde pueden mejorar.

Padre que estás en el cielo, concédenos la gracia para reducir la velocidad tanto para hablar como para reaccionar. Ayúdanos a respetarnos mutuamente y a escuchar pacientemente, con la mente y el corazón abiertos.

JUNIO

Por eso el hombre deja a su padre y a su madre, y se une a su mujer, y los dos se funden en un solo ser.

GÉNESIS 2:24, NVI

EL ESCRUTINIO

El Señor ha mirado desde los cielos sobre los hijos de los hombres para ver si hay alguno que entienda, alguno que busque a Dios.

Salmos 14:2, LBLA

Imagine al rey del universo en su trono, inclinado ligeramente hacia adelante, haciendo un escrutinio de la escena de abajo. Él ve a su amada creación, sus hijos corriendo de un lado a otro, ocupados con su vida. Él hace un acercamiento sobre aquellos que no tienen amistad con Él; ellos niegan cualquier deidad y dicen: "¡No tengo ningún dios!". Algunos se esfuerzan arduamente trazando estrategias malvadas. En otra esquina, la gente se niega a aceptar y van en busca de sus deseos egoístas. "¿Hay alguien allá abajo que me busque?". Él llega a esta conclusión: "No hay nadie que haga el bien, ni siquiera uno". Qué momento tan triste para un padre.

Cuando Dios los observa a ustedes, ¿ve Él a una pareja que está comprometida a amarlo y servirlo? ¿Ve un matrimonio que lo glorifica mostrándole a un mundo perdido cuán amorosa puede ser una relación? Cristo nos hizo buenos ante los ojos de Dios; podemos corresponderle dándole gozo a Él.

¿Qué ve Dios cuando los ve a ustedes dos? ¿Está orgulloso de sus hijos? Analicen cómo pueden ser un mejor modelo de un matrimonio cristiano ante sus vecinos.

Jesús, queremos que estés orgulloso de nosotros. Gracias Dios por ser un Padre bueno y amoroso. ¡Ayúdanos a mostrarle tu amor al mundo!

LA ESCUELA DE LA VIDA

Sé lo que es vivir en la pobreza, y lo que es vivir en la abundancia. He aprendido a vivir en todas y cada una de las circunstancias, tanto a quedar saciado como a pasar hambre, a tener de sobra como a sufrir escasez. Todo lo puedo en Cristo que me fortalece.

FILIPENSES 4:12-13, NVI

La conformidad es una habilidad que se aprende. La flexibilidad también lo es. Hay quienes viven con suficiencia, estabilidad y bendiciones que no han adquirido estas habilidades. Otros tienen muy poco y soportan las dificultades y cambian; ellos ejemplifican estas cualidades. Pablo experimentó ambas situaciones, y él pudo avanzar entre las dos con satisfacción.

Han escuchado el dicho popular: "La vida es la mejor escuela". Se refiere a la educación a veces dolorosa que recibimos de las experiencias negativas de la vida. Pablo asistió a esta escuela durante todo su ministerio, pero en vez de reprobar, su confianza en Dios creció. El secreto para lograrlo fue su relación con Dios, la cual le dio la fortaleza para aprender a golpes.

¿Se describirían a sí mismos como una pareja conforme? ¿Son flexibles o se mantienen aferrados a su estilo? ¿Se sienten verdaderamente cómodos con lo que Dios ha provisto para ustedes en un momento dado?

Señor, enséñanos a estar conformes. Queremos aprender lo que aprendió Pablo: cómo estar en paz con lo que sea que traiga cada día.

TIEMPO DE BUSCAR AL SEÑOR

¡Siembren para ustedes justicia! ¡Cosechen el fruto del amor, y pónganse a labrar el barbecho! ¡Ya es tiempo de buscar al Señor!, hasta que él venga y les envíe lluvias de justicia.

OSEAS 10:12, NVI

En los días de los primeros colonizadores, preparar la tierra para sembrar era un trabajo matador. Las herramientas eran primitivas; la tierra, dura; y era necesario limpiar y quitar rocas, arbustos y árboles. Sin la preparación de la tierra, no habría cosecha, así que los granjeros se ponían a trabajar. Oseas comparó el estado del corazón de la gente a una tierra no labrada, seca y renuente al Señor. El versículo 13 dice que ellos "habían sembrado perversidad y levantado una abundante cosecha de pecados" (NTV). Era tiempo de que ellos araran la tierra dura de su corazón y empezaran a buscar al Señor. Era tiempo de sembrar justicia y cosechar amor y misericordia.

Lo mismo es cierto para nosotros. Si nuestro corazón se ha enfriado, endurecido y está estéril, es tiempo de desenterrar nuestras rocas de pecado y prepararnos para la suave lluvia de justificación de Dios. Su matrimonio puede ser duradero, amoroso y fructífero cuando su corazón está sensible hacia el uno con el otro y hacia Dios.

¿Qué tipo de fruto produce un corazón duro? ¿Hay algo que deban cultivar en su vida y en su matrimonio?

Señor, ayúdanos a romper cualquier tierra no labrada en nuestra vida de manera que podamos recibir tu lluvia de bendición. Es tiempo de buscarte más.

DOS PATRONES

«Ningún sirviente puede servir a dos patrones. Menospreciará a uno y amará al otro, o querrá mucho a uno y despreciará al otro. Ustedes no pueden servir a la vez a Dios y a las riquezas».

LUCAS 16:13, NVI

Las palabras de Jesús concluyen la palabra del mayordomo deshonesto así: el administrador que no manejó bien los bienes de su patrón. Bajo la amenaza de ser despedido se hizo amigo de los deudores de su jefe, reduciéndoles sus deudas con la esperanza de que ellos un día lo protegerían. Si él hubiera sido un sirvo fiel, habría hecho su trabajo con integridad. En cambio, él se comprometió con sus propias ambiciones egoístas y las sirvió a ellas en vez de a su jefe. Él descubrió que no podía hacer ambas cosas.

Muchos cristianos podrían decir que ellos aman y sirven a Dios, pero su pasión por las cosas materiales dice lo contrario.

¿Creen que es posible ser un esclavo del dinero aun cuando no tengan riquezas? ¿Dónde invierten su tiempo y energía? ¿Para quién o por qué están dispuestos a hacer sacrificios?

Señor, queremos estar totalmente dedicados a ti. Gracias por proveer para nuestras necesidades. Ayúdanos a recordar que las cosas materiales son temporales. Queremos mantener nuestros ojos abiertos en lo eterno.

DISFRUTAR DIARIAMENTE

Cada vez que pienso en ustedes, le doy gracias a mi Dios.
FILIPENSES 1:3, NTV

Apreciar es simplemente disfrutar el verdadero valor de algo o de alguien. Cuando el apóstol Pablo pensaba en sus queridos amigos en la iglesia de Filipo, él se llenaba de aprecio. Él reconocía su gran valor para con Dios y el papel integral que jugaba su asociación en la divulgación de las buenas nuevas de Jesucristo. Él no se quedaba solo en aprecio, Pablo daba gracias por ellos con frecuencia.

En el matrimonio, el aprecio intencional desactiva la crítica, y hace un corto circuito en nuestro quisquilloso cónyuge. Nos ayuda a valorar su contribución. Darle gracias a Dios por él o ella refuerza nuestra necesidad del uno por el otro y finalmente fortalece nuestro vínculo mutuo.

Cuando piensan el uno en el otro, ¿se valoran como hijos amados del Altísimo, como compañeros en la aventura de la vida matrimonial del evangelio compartido? ¿Estás dando constantemente gracias por tu cónyuge? ¿Qué pueden hacer hoy para agradecerle a Dios por cada uno de ustedes?

Señor, te damos gracias porque nos tenemos el uno al otro. Gracias por las fortalezas que nos has dado para este recorrido. Gracias por juntarnos como compañeros en esta misión del matrimonio mientras compartimos juntos de la gracia de Dios.

LA BODA DEL CIELO

Me darás a conocer la senda de la vida;
en tu presencia hay plenitud de gozo;
en tu diestra, deleites para siempre.

SALMOS 16:11, LBLA

Este salmo revela la intimidad que nuestro Señor desea tener con nosotros, su prometida. Él podría simplemente decirnos qué camino seguir, y sería bueno. Sin embargo, podríamos ser tentados a enfocarnos en la *dirección* y olvidarnos del *director*. En cambio, Él nos invita a la corte del rey, a su presencia misma. Una persona no puede olvidar un encuentro como ese, pero nosotros somos más que visitantes. Se nos invita a sentarnos a su *diestra*: un lugar de honor, un lugar de dignidad, de unión; el lugar de la novia en ese gran día de bodas.

No se conformen solo con saber en cuál camino deben andar; procuren estar cerca de Él. Disfruten la presencia de su majestad, y anhelen más. ¡Vayan danzando por el pasillo, unidos en propósito y pasión con su prometido celestial!

¿Cómo celebraron su boda? ¿A quién invitaron a celebrar con ustedes? ¿Cómo pueden tú y tu cónyuge invitar a los demás a entrar en el gozo de su relación con Jesús?

Gracias, Señor, por tu invitación maravillosa para disfrutar la vida al máximo sentados a tu diestra. Independientemente de nuestras circunstancias en este camino de la vida, acércanos a ti, fortalece nuestro corazón y anímanos a invitar a otros a entrar en esta relación maravillosa contigo.

MODELOS AUTÉNTICOS

Pero el Señor le dijo a Samuel: —No juzgues por su apariencia o por su estatura, porque yo lo he rechazado. El Señor no ve las cosas de la manera en que tú las ves. La gente juzga por las apariencias, pero el Señor mira el corazón.

1 Samuel 16:7, NTV

Este versículo es tanto temible como reconfortante. Cuán delicioso es que no tengamos que estar a la altura de los estándares de este mundo para ser escogidos de Dios para su propósito. Y, sin embargo, cuán aleccionador es saber que nuestro verdadero ser está expuesto completamente desnudo ante el Rey del universo.

Esta es la relación a la que Él nos ha llamado: conocerlo a Él incluso de la misma manera en que Él nos conoce. El pacto matrimonial es la representación terrenal más cercana de esa realidad celestial. Esta es la autenticidad a la que estamos llamados a modelar en nuestro matrimonio. No hay ninguna otra interacción donde podamos conocer y ser conocidos tan íntimamente por otro ser humano.

¿Eres completamente transparente con tu cónyuge, o te encuentras tratando de cubrirte? Cuando se sinceran el uno al otro, ¿son gentiles en el manejo de su corazón? Hablen sobre las formas que pueden practicar para volverse más auténticos el uno con el otro.

Dios, danos tu gracia para alimentar una relación auténtica. Que podamos ser lo suficientemente valientes para revelar nuestros pensamientos, sueños, luchas y fallas, y lo suficientemente delicados para tratarnos gentilmente el uno al otro.

OÍDOS ABIERTOS Y CORAZONES SINTONIZADOS

Ayúdense unos a otros a llevar sus cargas,
y así cumplirán la ley de Cristo.
GÁLATAS 6:2, NVI

A veces hay pesadez en nuestro andar por la vida. Las circunstancias pueden agobiar, ya sean que estén fuera de nuestro control o sean el resultado de nuestras decisiones. Si andamos solos, las cargas se vuelven insoportables. Pablo nos instruye a cumplir la ley de Cristo y a ayudar a quienes están presionados. Habiendo definido esta ley unos versículos antes como "amen a sus semejantes como a sí mismos" (Gálatas 5:14), él nos muestra cómo cuidarnos mutuamente.

Cuidarse no significa tener la solución. Cuidarse no insiste en que se pudieron evitar las cargas, "si tan solo hubieras...". Cuidarse requiere solamente conciencia, un corazón sintonizado con las necesidades de los demás y oídos para escuchar sus preocupaciones.

Esposo: ¿está tu corazón sintonizado con lo que pesa sobre tu esposa? Esposa: ¿están tus oídos abiertos para escuchar el estrés del día que tuvo tu esposo? Hoy en día, ¿cómo se ve llevar la carga de tu cónyuge?

Señor, aparta nuestra atención de nuestro propio listado de cosas por hacer, y ayúdanos a ver las necesidades de los demás. Permite que seamos el apoyo que nuestro cónyuge necesita para ayudarle a llevar las cargas que hoy están sobre sus hombros. Danos la fortaleza del Espíritu para cuidar verdaderamente el uno del otro.

ENTREGARSE

Por lo tanto, ahora ustedes entréguense al Señor y sírvanle fielmente. Deshåganse de los dioses que sus antepasados adoraron al otro lado del río Éufrates y en Egipto, y sirvan solo al Señor.

Josué 24:14, NVI

El compromiso sincero requiere entrega. Nosotros apartamos intencionalmente todo lo que distrae nuestra atención y dejamos atrás conscientemente las conductas que dominaron nuestra manera de vivir anterior.

El matrimonio requiere la misma firmeza. Tenemos que abandonar el estar atento de uno mismo. Los cónyuges se unen en una sola carne, en un solo propósito. Las rutinas que dominaban la vida de solteros deben ceder el paso a las necesidades del otro. Mientras empujamos hacia adelante para lograr nuestros objetivos, nuestro compromiso también se demuestra por medio de lo que dejamos atrás.

¿De qué manera las prioridades de su vida cambiaron cuando entraron en una relación con Jesús? ¿De qué manera cambiaron las prioridades de su vida cuando se comprometieron mutuamente?

Amado Dios, es nuestro deseo ponerte en primer lugar en nuestro matrimonio. Ayúdanos a abandonar toda distracción y patrón de vida que nos aparte de ti. Acércanos para que tengamos una misma manera de pensar como marido y mujer a fin de servirte a ti y servirnos el uno al otro total y sinceramente.

UN JESÚS PERSONAL

Les anunciamos lo que nosotros mismos hemos visto y oído, para que ustedes tengan comunión con nosotros; y nuestra comunión es con el Padre y con su Hijo, Jesucristo.

1 JUAN 1:3, NTV

Nuestra vida predica con más poder lo que hemos hallado personalmente. Se puede decir que Juan era el acompañante terrenal más cercano de Jesús durante sus tres años y medio de ministerio. Él estaba entre los primeros escogidos de los doce. Junto con Pedro y Santiago, él era parte del círculo de los tres íntimos de Jesús, y él era el mejor amigo de Jesús.

Juan no les enseña a los demás sobre Jesucristo como si se tratara de cualquier lección de historia. Él presenta a Dios el Padre y al Hijo, a quienes él conoce personalmente. Este es el compañerismo que Juan nos invita a todos a encontrar: el verdadero Dios viviente y su real y amorosa familia.

¿Es evidente el compañerismo cercano que tienen tú y tu cónyuge para los demás? ¿De qué manera? ¿En qué formas tu vida matrimonial anima a los demás a tener una relación personal con Jesús?

Amado Jesús, nuestro deseo es que nuestra relación contigo sea muy evidente en nosotros, tanto individualmente como en pareja, que la gente que encontremos pueda ser atraída a tu familia. Queremos ser una invitación a un compañerismo con Dios.

LO PEQUEÑO Y LO GRANDE

«El que es honrado en lo poco también lo será en lo mucho; y el que no es íntegro en lo poco tampoco lo será en lo mucho».
LUCAS 16:10, NVI

Es muy fácil perder de vista lo que es verdaderamente importante en nuestra vida ocupada. En nuestra cultura, esforzarse para lograr grandes cosas, independientemente de las víctimas, se recompensa con mayores responsabilidades.

Tenemos grandes aspiraciones para nuestro matrimonio y familia, ¡y así debe ser! Dios desea lograr grandes cosas en nosotros y por medio de nosotros. Su prueba para nuestra capacidad para administrar grandes cosas para su reino es nuestra responsabilidad en las cosas sencillas. Él observa nuestro tiempo y atención para las tareas pequeñas.

¿Qué "pequeñeces" han acortado en su vida familiar a fin de alcanzar las "grandezas"?

¿De qué maneras podrían volver a priorizar lo que realmente importa en esta etapa de su matrimonio?

Amado Dios, queremos ser responsables con las cosas pequeñas que nos has dado. Concédenos sabiduría para aquellas cosas en las cuales debemos ocuparnos y las que debemos dejar, y paz en saber que tú otorgas todo a tus hijos en el tiempo perfecto.

UNIDOS EN UN PROPÓSITO

Ya no hay judío ni griego, esclavo ni libre, hombre ni mujer, sino que todos ustedes son uno solo en Cristo Jesús.
GÁLATAS 3:28, NVI

La familia de Dios es la única institución en la humanidad donde todos estamos en la misma base sin importar nuestra nacionalidad, nuestra etnicidad, nuestra posición social, nuestros ingresos, nuestro género o nuestra edad. Todos estamos irremediablemente perdidos sin Jesús.

En Dios, todos somos hermanos y hermanas, ya no estamos perdidos, sino unidos en un propósito. No hay jerarquía ni favoritos, solamente familia. Aunque somos parte de una vasta variedad, estamos unidos en Jesucristo. Nuestras diferencias sirven para reflejar más plenamente la naturaleza de Dios.

¿De qué manera pueden las diferencias en su matrimonio reflejar la naturaleza de Dios más plenamente de lo que cualquiera de ustedes dos podría hacerlo por sí solo?

Gracias, Jesús, porque en ti compartimos en partes iguales tu eterna herencia de vida perpetua. Gracias por tu gran amor por todas las personas, lo cual nos demostraste al entregar tu vida, permite que podamos vivir en armonía contigo y en unidad el uno con el otro.

FE Y FRACASO

Mantengamos firme la esperanza que profesamos, porque fiel es el que hizo la promesa.

HEBREOS 10:23, NVI

¿Qué nos da derecho a esperar algo de Dios? La confianza inamovible que tenemos como cristianos no está basada en ningún logro propio ni en ningún sacrificio que hayamos hecho. El cimiento de nuestra gran esperanza es la persona y la promesa de Jesucristo mismo. Gracias a su sacrificio en la cruz, de una vez por todas, podemos acudir a Dios confiadamente llevando todas nuestras preocupaciones y nuestras celebraciones.

¿Cómo desarman a Satanás, a la sociedad e incluso a sí mismos, cuando escuchan susurros que les dicen que no pueden acudir a Dios? ¿Están demasiado atribulados? ¿Son un fracaso? Solamente concuerden. "Sí, soy un fracaso, ¡pero Jesús no lo es!". Debido a que Él es fiel, ustedes pueden estar seguros de que Él los acepta, los perdona y los liberta para que puedan seguirlo a Él con un gozo sin restricciones.

¿Tienen fracasos personales a los que ustedes les han permitido apagar su esperanza? ¿Cómo pueden animarse mutuamente hoy para aferrarse a la promesa de Dios en Cristo Jesús?

Amado Dios, confesamos que somos pecadores. Te pedimos que nos limpies completamente. Perdónanos, Señor, por permitir que nuestros propios fracasos interrumpan la libertad del perdón que se haya en ti. Gracias, Jesús, por tu fidelidad infinita y tu promesa de vida eterna.

CHALECOS A PRUEBA DE BALAS

Por sobre todas las cosas cuida tu corazón,
porque de él mana la vida.
PROVERBIOS 4:23, NVI

Hay una razón por la que la policía y las tropas de primera línea usan chalecos a prueba de balas. Nuestro corazón suple vida a cada extremidad. Literalmente, todo lo que hacemos fluye de nuestro corazón. La sabiduría dice que protejamos nuestro corazón espiritual, el centro de nuestro ser que nos conecta con los demás y con Dios.

Al saturarnos de la Palabra de Dios, protegemos nuestro corazón del ataque del enemigo. Eso no significa que no seremos atacados, sino que estaremos preparados. En nuestro mundo actual, el matrimonio cristiano está constantemente bajo ataque. Ustedes son un blanco, y su corazón necesita estar blindado.

¿Están protegiendo intencionalmente su matrimonio? ¿Está la Palabra de Dios en su corazón, en su mente y en sus labios? ¿De dónde pueden ustedes apartar diez minutos del día para leer juntos la Escritura?

Amado Jesús, reconocemos que nuestro corazón está constantemente bajo ataque, y que sin ti somos vulnerables. Ayúdanos a darle prioridad a tu Palabra en nuestro hogar y en nuestro matrimonio, y que tu vida fluya a través de todo lo que hacemos.

NO PIERDAN LA ESPERANZA

«Porque yo sé muy bien los planes que tengo para ustedes —afirma el Señor—, planes de bienestar y no de calamidad, a fin de darles un futuro y una esperanza».

Jeremías 29:11, NVI

Hay veces en nuestra vida cuando no podemos ver la mano de Dios en acción. No podemos escuchar su voz. No podemos discernir sus propósitos. No podemos comprender la historia más grande que Dios está elaborando y tampoco podemos entender nuestro papel en ella. Nos sentimos abandonados y olvidados, a merced de la casualidad y la catástrofe.

Tal era el caso de Israel cuando Jeremías les habló. Dios los había llevado al exilio como resultado de su pecado, pero aun en la disciplina, Dios tuvo misericordia. Él no abandonó a su pueblo. Sus planes estaban intactos. Aunque ellos no podían verlo, su propósito todavía estaba en acción. A través de Jeremías, Dios declaró esperanza para Israel.

¿Qué circunstancias han nublado su visión de los propósitos de Dios en su matrimonio o en su familia? ¿Qué es lo que este pasaje le dice, en su corazón, sobre los mayores propósitos de Dios en las épocas de dificultad?

Amado Dios, te pedimos que la esperanza se encienda en nuestro corazón. Ayúdanos a ver tus planes y propósitos mayores en acción en nuestro matrimonio y en nuestra familia. Cuando nuestra visión esté nublada, ayúdanos a confiar en que el futuro de tu pueblo está en tus manos.

ALEGRÍA MEDICINAL

El corazón alegre es buena medicina,
pero el espíritu quebrantado seca los huesos.
PROVERBIOS 17:22, LBLA

No hay duda de que Dios tiene el mejor sentido del humor. Solo vean su creación. ¿Alguna vez han visto un ornitorrinco? ¿Han observado a una jirafa recogiendo algo del suelo? ¿Han visto retozar a un cabrito? ¡La creación debe haber sido un acto de hilaridad santa!

Las revistas médicas y los estudios de investigación están repletos de los beneficios que tiene la risa. Desde salud del corazón y reducción de la presión sanguínea hasta beneficios en la memoria de corto plazo, todo indica que el adagio es cierto: *La risa es la mejor medicina.*

La Palabra de Dios profundiza más que el adagio. El gozo verdadero es una certeza intensa en cuanto al carácter de Dios y su bondad hacia sus hijos. El gozo nos libera para subir más allá de las circunstancias y deleitarnos en nuestro Creador. La vida puede ser seriamente dura, pero un corazón alegre admite que la felicidad no consiste en nuestras circunstancias. El buen humor eleva nuestra alma.

¿Tú y tu cónyuge toman tiempo (o hacen tiempo) para reír? ¿Cuáles son algunas actividades que pueden compartir juntos para que el buen humor regrese a su rutina?

Amado Jesús, a medida que santificas nuestro corazón en este matrimonio, por favor, guarda también un poco de buen humor. Ayúdanos a deleitarnos en ti, a disfrutarnos mutuamente y a caminar este recorrido juntos con santa hilaridad.

AMBIENTE DE DESORDEN

Oí una fuerte voz que salía del trono y decía: «¡Miren, el hogar de Dios ahora está entre su pueblo! Él vivirá con ellos, y ellos serán su pueblo. Dios mismo estará con ellos. Él les secará toda lágrima de los ojos, y no habrá más muerte ni tristeza ni llanto ni dolor. Todas esas cosas ya no existirán más».

APOCALIPSIS 21:3-4, NTV

Nuestro mundo puede ser un lugar roto y sin esperanza, pero nosotros podemos siempre esperar la eternidad. Existe la esperanza de un mejor clima adelante incluso en un ambiente de incertidumbre. ¿Pueden imaginarlo? Criaturas perfeccionadas en una creación perfecta en comunión perfecta con nuestro Creador: la restauración está completa.

¡Este es el futuro en el que fijamos nuestros ojos! Esta es la razón por la que nuestro corazón puede elevarse por encima de las circunstancias confusas para echar un vistazo al resultado final de todas las cosas. El plan de Dios se cumplirá en su pueblo y en este lugar. El optimismo legítimo está arraigado en el carácter y la promesa de Dios.

¿Cómo puedes animar a tu cónyuge hoy para seguir avanzando a la bondad de Dios y admitir que el futuro es brillante en Jesús?

Amado Dios, gracias por tus grandes promesas para tus hijos. Hoy, ayúdanos a ver por encima de nuestras circunstancias y mantener la mirada fija en ti.

PAZ DURANTE LA GUERRA

«La paz les dejo; mi paz les doy. Yo no se la doy a ustedes como la da el mundo. No se angustien ni se acobarden».

JUAN 14:27, NVI

La paz en nuestra época parece ser tan efímera hoy como lo fue para el primer ministro británico, Neville Chamberlain, en 1938 al inicio de la Segunda Guerra Mundial. A diferencia de esa guerra, la paz verdadera nunca vendrá a través de nuestras batallas, tratados y acuerdos. La paz verdadera viene directamente de la mano del Creador al corazón de sus hijos, independientemente de las circunstancias.

Ya sea que nos estresemos por las hostilidades mundiales, cargas financieras, conflictos relacionales o emplazamientos diarios, Jesús dice que nuestro corazón puede estar en paz. Nuestro ambiente interno refleja la confianza que tenemos en el carácter perfecto de nuestro Señor Jesucristo. Él tiene el control. Él cuida de nosotros. Él es nuestra fuente, nuestra vida, nuestra paz durante la guerra.

¿Qué palabras de ánimo pueden ofrecerse hoy mutuamente para trasladar la atención en el estrés actual y dirigirla hacia su Salvador capaz?

¡Gracias, Jesús, por ser nuestro Príncipe de Paz! Confesamos que muchas veces le permitimos al estrés bloquear nuestra visión de quién eres verdaderamente: salvador, sanador, redentor y amigo. Te pedimos que abras nuestros ojos para verte claramente y que capacites a nuestro corazón para confiar plenamente en ti. Tú nos prometiste tu paz; permite que esa paz sea nuestra prioridad el día de hoy.

TRABAJO EN EQUIPO

Hay muchas partes, pero un solo cuerpo. El ojo no puede decirle a la mano: "No te necesito". Tampoco la cabeza puede decirles a los pies: "No los necesito". [...] Las partes más presentables no requieren que las cuidemos tanto, pero Dios ha unido todo el cuerpo de manera que las partes menos apreciadas reciban más honor.
Dios lo hizo así para que nuestro cuerpo no esté dividido, para que cada parte del cuerpo se preocupe por cuidar de las demás.

1 CORINTIOS 12:20-21, 24-25, PDT

Dios nunca tuvo la intención de que nosotros anduviéramos en esta vida solamente por fe. Cuando tratamos de andar solos, llegamos a creer las mentiras del enemigo.

Dios nos creó para funcionar como partes esenciales de un todo. Él nos diseñó para que trabajáramos juntos. En ninguna parte se hace esto más evidente que en el matrimonio.
A pesar de nuestro individualismo moderno y robusto, la verdad es que nos necesitamos mutuamente, y fuimos hechos para necesitarnos el uno al otro. A fin de cuentas, el equipo obtiene mejores resultados que una persona individual.

¿De qué manera refleja el trabajo en equipo las intenciones de Dios para sus hijos? ¿Qué fortalezas complementarias valoras en tu cónyuge? ¿Cómo pueden celebrar sus diferencias como un diseño intencional de Dios para tener un matrimonio exitoso?

Amado Dios, ayúdanos a ver nuestras diferencias como una diversidad de fortalezas, no como una competencia. Danos sabiduría para honrar las habilidades de cada uno y traer armonía a nuestro hogar.

ÉXITO VERDADERO

Recita siempre el libro de la ley y medita en él de día y de noche; cumple con cuidado todo lo que en él está escrito. Así prosperarás y tendrás éxito.

Josué 1:8, NVI

La verdad grande y terrible sobre la mente humana es que aquello en lo que nos mantenemos pensando determina nuestras perspectivas y conforman nuestras decisiones. Esta es la razón por la que debemos internalizar la Palabra de Dios. No apuntamos a una devoción religiosa, sino que queremos una perspectiva celestial. Queremos conocer los pensamientos de Dios, entender sus caminos y escuchar su sentir por su pueblo.

Dios quiere que sus hijos amados lo conozcan. Qué privilegio tan maravilloso abrir el Libro y conocer a Dios personalmente. Esta es la verdadera prosperidad. Esto es éxito.

¿Cómo miden el éxito en su matrimonio? ¿Es por la cantidad (o calidad) de cosas que han acumulado, el tamaño de su casa u otros logros? ¿O es por la profundidad de su relación? ¿Qué se necesitaría para profundizar la relación del uno con el otro? ¿Qué se necesitaría para profundizar su relación con Dios?

Amado Dios, ayúdanos a deleitarnos en tu Palabra y danos entendimiento a medida que la leemos. Aplica tu verdad eterna a nuestro corazón y confírmale a nuestro espíritu tus enseñanzas para nosotros.

EL PRECIO DE LA SABIDURÍA

La sabiduría es lo primero. ¡Adquiere sabiduría!
Por sobre todas las cosas, adquiere discernimiento.

PROVERBIOS 4:7, NVI

Rafael fue a la universidad y obtuvo tres grados. Él pasó horas, días y meses estudiando sus libros de texto. Escuchaba con gran atención en clase porque quería aprender. Hizo investigaciones en Internet para tener información adicional, tomando notas y memorizando hechos importantes. Aarón también fue a la universidad, pero él se distraía durante las clases y básicamente solo usaba sus libros para decorar su escritorio. ¿Cuál de estos dos hombres creen ustedes que obtuvo más sabiduría?

Aunque sería agradable, no nos levantamos una mañana y descubrimos que nos hemos vuelto sabios de la noche a la mañana. Por eso, Dios dice que si queremos sabiduría debemos ir a buscarla. Si queremos sabiduría como pareja, necesitamos ir a buscarla, investigando a través de la Palabra de Dios por los tesoros que Él ha escondido allí, y estudiar las verdades y principios importantes que ha colocado allí para que nosotros los aprendamos.

¿Están investigando para hallar sabiduría? ¿De qué manera pueden ustedes dos aprender juntos?

Señor, ayúdanos a buscar fervientemente tu sabiduría. No queremos tomar decisiones sin ella.

RECURRIR AL SEÑOR

Por su parte, asegúrense de temer al Señor y de servirlo fielmente. Piensen en todas las cosas maravillosas que él ha hecho por ustedes.

1 Samuel 12:24, NTV

Este versículo está situado justo en medio de una historia sobre la necedad y rebelión de Israel. Ellos ya no querían ser guiados a la manera de Dios; querían un rey como todas las otras naciones que los rodeaban. Lo exigían. Pero cuando el profeta Samuel les mostró la calamidad que podría sucederles por rechazar a Dios como su rey, la gente estaba asustada. Reconocieron que habían fallado. Pudieron ver la devastación que su decisión podía traer.

Así como Israel, nosotros podemos quedar atrapados en la miseria de nuestros fracasos. Sin embargo, las palabras de Samuel no nos dejan allí. Recurran a Dios. No importa cuánto hemos fallado; nuestra rebelión ya está olvidada. Sírvanlo de todo corazón. Él nos rescató en el pasado, proveyó para nosotros, nos estableció y nos ha dado un futuro de esperanza. Él lo hace no porque seamos buenos, sino ¡porque Él es maravilloso! Su promesa de perdón en Cristo Jesús es todavía verdad el día de hoy.

Tomen un momento para volver a contar las grandes cosas que Dios ha hecho por ustedes y por su familia. ¿Cómo les ha provisto? ¿Cómo los ha recibido cuando han recurrido a Él?

Gracias, Jesús, por tu perdón y restauración. Ayúdanos a vivir en adoración reflexiva de tu obra en nuestra vida.

UNA BUENA REPUTACIÓN

A los jóvenes, exhórtalos a ser sensatos. Con tus buenas obras, dales tú mismo ejemplo en todo. Cuando enseñes, hazlo con integridad y seriedad, y con un mensaje sano e intachable. Así se avergonzará cualquiera que se oponga, pues no podrá decir nada malo de nosotros.

TITO 2:6-8, NVI

Una buena reputación debería ser un rasgo deseado para toda pareja. Cuando nuestra reputación es pura, provee un nivel de confianza que es uno de los componentes más importantes de un matrimonio. Dios dice que se debe estimular el domino propio. Eso significa no apresurarse a enojarse cuando nuestro cónyuge hace algo que nos hace rabiar.

Cuando añadimos integridad, una seriedad madura y palabras sabias a la mezcla, le damos a nuestro amado la compañera que es digna de su amor. Y cuando vivimos así, no les damos municiones a nuestros enemigos. No tenemos ningún esqueleto enorme que pueda salir del clóset, y tampoco tenemos situaciones que destruyan nuestras relaciones o que nos avergüencen. Ser dignos de confianza es un buen objetivo para todos nosotros.

¿Tu cónyuge te considera una persona digna de confianza? Hablen sobre cómo pueden llevar una vida con integridad.

Señor, ayúdame a ser siempre digno de confianza para ti y para mi cónyuge. Ayúdame a ser una persona de honor e integridad.

CULTIVAR LA PACIENCIA

El que es paciente muestra gran discernimiento;
el que es agresivo muestra mucha insensatez.
PROVERBIOS 14:29, NVI

No somos la primera generación que lucha con temperamentos precipitados. Moisés lidió con este patrón pecaminoso durante toda su vida. Dios conoce nuestra debilidad, y Él nos da las herramientas en su Palabra para abordar este problema.

Algunas personas nos advierten que nunca debemos orar pidiendo paciencia; ellas temen que Dios traerá inevitablemente circunstancias a nuestra vida para evaluar cómo las resolvemos. Sin embargo, si no cultivamos este fruto del Espíritu, cosecharemos consecuencias desastrosas. Nuestro objetivo debería ser el discernimiento. A medida que buscamos entender la situación que se nos presenta, debemos apagar el fusible del temperamento; la razón y la cólera no pueden coexistir.

¿Qué métodos han notado que son eficaces en tratar su temperamento? ¿De qué manera puedes animar a tu cónyuge esta semana en esta área? ¿Hay maneras en que puedan trabajar juntos, en equipo, para enfrentar esto en tu familia?

Señor, el deseo de nuestro corazón es exhibir la luz de tu carácter a través de nuestra vida y nuestro matrimonio. Sabemos que nuestros temperamentos se interponen en el camino. Fortalécenos a medida que procuramos entendernos el uno al otro más claramente, y bendice a nuestra familia con gracia y verdad.

CREADOS CON UN PROPÓSITO

Tus ojos vieron mi cuerpo en gestación:
todo estaba ya escrito en tu libro; todos mis días se estaban diseñando, aunque no existía uno solo de ellos.
Salmos 139:16, NVI

Dios crea a cada persona de manera compleja y única para sus propósitos. Cuán maravilloso es analizar que Dios nos conoció antes de que tomáramos forma, y que nuestros días fueron establecidos antes de que diéramos el primer suspiro.

Al igual que Ester en el Antiguo Testamento, ustedes fueron creados "para una época como esta"; Dios tiene un propósito único para ustedes y su matrimonio, aquí y ahora.

¿Han considerado su vida y familia desde una perspectiva eterna, donde Dios ve el final desde el principio? ¿Esto los emociona o los intimida? ¿De qué manera pueden tú y tu cónyuge explorar el diseño de Dios para su matrimonio?

Señor Jesús, nuestro deseo es servirte incondicionalmente y acabar los días ordenados para nosotros juntos en fe, esperanza y amor. Ayúdanos a explorar tus propósitos para nosotros en esta época de nuestra vida.

DIOS SE DELEITA EN USTEDES

«Antes de formarte en el vientre, ya te había elegido;
antes de que nacieras, ya te había apartado;
te había nombrado profeta para las naciones».

JEREMÍAS 1:4-5, NVI

¿Existe algo más precioso que un recién nacido? No son encantadores porque hayan hecho alguna proeza para la humanidad. Son preciosos solo porque existen. Como padres, padrinos y mentores, tenemos grandes aspiraciones para nuestros hijos y nos deleita verlos dar esos pasos.

Dios nos conocía incluso antes de que naciéramos. Él se deleitaba en nosotros antes de que tuviéramos la oportunidad de hacer algo bueno. Él tiene grandes planes para que le demos gloria con nuestra vida. Cuán increíble es conocer el deleite de nuestro Padre celestial y de su diseño único para sus hijos.

¿Han considerado el pensamiento de que Dios se deleita en ustedes solo porque Él los creó? ¿De qué manera impacta esto su afecto hacia Él y su motivación para servirle?

Señor Jesús, gracias por invitarnos a vivir en tu deleite y diseño para nuestra vida. Te pedimos conocimiento para entender y convicción para asumir el llamado que nos has dado de manera única a nosotros, que podamos impactar nuestro mundo por amor a tu reino.

LA ORQUESTA DE DIOS

Que el Dios que infunde aliento y perseverancia les conceda vivir juntos en armonía, conforme al ejemplo de Cristo Jesús, para que con un solo corazón y a una sola voz glorifiquen al Dios y Padre de nuestro Señor Jesucristo.

ROMANOS 15:5-6, NVI

No hay nada tan conmovedor que escuchar una orquesta sinfónica de clase mundial; cada uno de los músicos está singularmente dotado, diligentemente preparado y entusiasmadamente concentrado en la pieza colocada ante él. Con una voz, la canción surge y la gente sale cambiada del auditorio. Se requiere perseverancia personal y ánimo mutuo.

¿Cuánto más el Dios del universo ha equipado de manera única a sus hijos para jugar un papel crucial en esta gran orquesta de la era? Esta es la exhortación del apóstol Pablo a la iglesia de Roma. Ustedes tienen un papel que jugar. Están llamados a unirse, llevándole gloria a Dios y cambiando al mundo.

¿Qué papel juega su matrimonio en esta gran sinfonía? ¿Cómo puede una diversidad de dones dentro de su matrimonio complementar y no competir el uno con el otro? ¿De qué manera puedes animar a tu cónyuge hoy para perseverar en su papel en esta orquesta del reino?

Gracias, Señor, por nuestra parte en tu orquesta. Te pedimos que nos unas en nuestro matrimonio para llevarle gloria a tu nombre. Anhelamos andar juntos sincronizados con tu Espíritu y exhortar a otros a que se unan a esta canción.

AFINADOS

Y, si una familia está dividida contra sí misma, esa familia no puede mantenerse en pie.

MARCOS 3:25, NVI

Una guitarra estándar tiene seis cuerdas. Cada cuerda tiene una dimensión, tensión, posición y tono diferente. Aunque son distintas, cada cuerda debe afinarse a un estándar común para resonar apropiadamente y juntas producir música hermosa. Nada hermoso se produce si cada cuerda se afina a un estándar distinto.

Del mismo modo, Jesús dice que ninguna organización, reino o familia puede ser eficaz si los miembros no están sincronizados entre sí. Cada uno debemos afinar nuestro corazón a un solo estándar celestial: la vida de Jesucristo.

¿Qué pasos pueden tú y tu cónyuge tomar hoy para mejorar la armonía en su hogar? ¿Qué valores comunes u objetivos guían la unidad de su relación? ¿Cómo pueden hoy animarse mutuamente en sus roles?

Amado Jesús, sabemos que tú deseas producir música hermosa a través de nuestro matrimonio y nuestra familia. Ayúdanos a ponerte a ti como el máximo estándar en nuestro hogar, y une nuestro corazón con tus propósitos eternos.

EL VALOR POR ENCIMA DE LA PREOCUPACIÓN

«No se preocupen por su vida, qué comerán o beberán; ni por su cuerpo, cómo se vestirán. ¿No tiene la vida más valor que la comida, y el cuerpo más que la ropa? Fíjense en las aves del cielo: no siembran ni cosechan ni almacenan en graneros; sin embargo, el Padre celestial las alimenta. ¿No valen ustedes mucho más que ellas?».

MATEO 6:25-26, NVI

En este texto, Jesús se identifica con dos conceptos que raramente vemos acoplados: la preocupación y el valor. Él dice: "No se preocupen... ustedes son valiosos". Cuando nos preocupamos, luchamos sutilmente para encontrar el valor de nuestra vida en lo que hacemos, lo que tenemos, quienes somos o lo que podemos dar.

Jesús nos dice que encontremos nuestro valor en *a quién* le pertenecemos: nosotros somos hijos del Rey. Jesús nos invita a salir de nuestras preocupaciones interminables y pasar a la seguridad del gran amor del Padre.

¿Cómo miden ustedes lo que valen? ¿De qué manera sería la vida distinta si tuvieran una confianza total en su valor como hijos de su Padre celestial?

Amado Padre, vemos que el valor que pones sobre tus hijos sobrepasa por mucho al resto de tu creación, pero a veces, nos cuesta creerlo, y nuestra falta de fe nos lleva a la preocupación. Por favor, perdónanos por subestimar tu gran poder para proveer para tu pueblo. Fortalece nuestra fe a medida que fijamos nuestra mirada en ti y nos hallamos a nosotros mismos como miembros de tu familia real.

PAZ EXTREMA

No se inquieten por nada; más bien, en toda ocasión, con oración y ruego, presenten sus peticiones a Dios y denle gracias. Y la paz de Dios, que sobrepasa todo entendimiento, cuidará sus corazones y sus pensamientos en Cristo Jesús.

FILIPENSES 4:6-7, NVI

El apóstol Pablo le dice a la iglesia en Filipo cómo lidiar con la preocupación ansiosa. Primero, recurran a Dios (oren). Luego, no solo le digan a Él cuán mal están, sino que pídanle lo que necesitan (petición). Por último, alábenlo por quien Él es y regocíjense en su promesa de provisión para ustedes (agradecimiento).

De esta manera, desplazamos la preocupación ansiosa con una paz extrema. Pablo dice que la paz de Dios *protegerá* nuestro corazón y nuestra mente, como un guardia militar evitando una invasión hostil. Ahora, ¡eso es extremo! Eso es paz.

En su matrimonio o en su familia, ¿qué es lo que necesita presentarle al Señor? ¿Pregúntale a tu cónyuge por cuál área de ansiedad o preocupación puedes orar por él?

Amado Señor, gracias por inundar nuestro corazón con tu paz extrema cuando traemos nuestras súplicas ante ti. Danos fuerzas contra esta invasión hostil de ansiedad y preocupación. Ayúdanos a confiar solamente en ti.

JULIO

«Grábate en el corazón estas palabras que hoy te mando. Incúlcaselas continuamente a tus hijos. Háblales de ellas cuando estés en tu casa y cuando vayas por el camino, cuando te acuestes y cuando te levantes. Átalas a tus manos como un signo; llévalas en tu frente como una marca; escríbelas en los postes de tu casa y en los portones de tus ciudades».

DEUTERONOMIO 6:6-9, NVI

CRECER EN AMOR

Por eso el Señor los espera, para tenerles piedad;
por eso se levanta para mostrarles compasión.
Porque el Señor es un Dios de justicia.
¡Dichosos todos los que en él esperan!

Isaías 30:18, NVI

¡Oh, cuánto anhela el Señor mostrarnos su gran amor! Con compasión y misericordia, Él nos exhorta gentilmente para que hagamos lo correcto. Dios no es un capataz severo. Usando su ejemplo, aprendan a deleitarse mutuamente, mostrando gentileza, gracia y ternura, especialmente en tiempos de presión. Esfuércense por tratar a su cónyuge con calidez y afecto. Asegúrense de no llevar cuentas ni guardar rencor.

Dios no los juzga por sus faltas; ¿no deberías hacer lo mismo por la persona a la que amas? Una manera segura de mejorar el vínculo del amor que comparten es tratar a tu cónyuge mejor de lo que te tratan a ti. De allí, solo puede mejorar. Celebren las bendiciones que comparten, elógiense mutuamente, trátense con ternura y perdón. ¡Su matrimonio será mejor por eso!

¿Perdonan prontamente o guardan rencores?
¿Puedes pensar en un halago específico para tu cónyuge?
¿Puedes proponerte ser más amable?

Amado Señor, gracias por perdonarnos una y otra vez cuando repetimos las mismas malas decisiones. Ayúdanos a seguir tu ejemplo y a tratarnos solamente con compasión y ternura. Queremos que nuestro amor por ti y entre nosotros crezca.

EQUIPOS GANADORES

Y que el Dios de la paciencia y del consuelo os conceda tener el mismo sentir los unos para con los otros conforme a Cristo Jesús, para que unánimes, a una voz, glorifiquéis al Dios y Padre de nuestro Señor Jesucristo.

ROMANOS 15:5-6, LBLA

Cada año escuchamos historias sobre algún equipo de fútbol americano escolar que va ganando un juego tras otro, triunfando sobre equipos superiores a ellos y coronándose como campeón. Esas son historias magníficas y alentadoras. ¿Cuál es el secreto de su éxito? Trabajo en equipo. Los equipos ganadores se esfuerzan juntos, poniendo sus deseos individuales a un lado y celebrando la habilidad combinada de todo el grupo. Juntos son una unidad más fuerte que solamente una colección de personas individuales.

Así es en el matrimonio. Trabajar juntos, apreciar las habilidades que cada uno tiene, y animarse mutuamente en tiempos de aflicción los acercará más. Los matrimonios armoniosos están hechos de dos personas que trabajan conjuntamente y escuchan al Señor. Un hogar unido, donde una pareja actúa en unanimidad, es un lugar de amistad, cooperación y comprensión.

¿Trabajamos bien juntos? ¿Qué fortalezas y habilidades distintas tenemos cada uno? ¿Cómo pueden nuestros talentos complementarnos el uno al otro?

Padre Dios, ayúdanos a vernos a nosotros mismos como un equipo. Queremos trabajar juntos, no competir entre nosotros. Por favor, ayúdanos a aprender a vivir en unidad y amistad.

MANTENER VIVO EL ROMANCE

Tu amor me deleita, tesoro mío, esposa mía.
Tu amor es mejor que el vino, tu perfume,
más fragante que las especias.
CANTARES 4:10, NTV

Desde luego, Dios sabe todo sobre el amor y el romance. La pasión y la ternura deben ser parte de su vida matrimonial. La intimidad en su relación es algo que los dos comparten solamente entre sí. Al inicio del matrimonio puede que la pasión ocupe toda la atención. Sin embargo, la intimidad se vuelve más profunda con el paso de los años.

Los esposos deben descubrir lo que hace que su esposa se sienta especial, y las esposas deben aprender lo que complace a su esposo. Podría significar flores, solo porque sí, una comida especial hecha en casa, un paseo nocturno o sábanas nuevas. Aprendan los deseos de su amado y sorpréndanlo. Mantengan vivo el romance y traten a su cónyuge como un tesoro: ¡un verdadero regalo de Dios!

¿El romance está vivo y bien en nuestra casa, o es insípido y rutinario? Pídanse mutuamente sugerencias sobre cómo mejorar la intimidad en su relación.

Padre, gracias por el amor que has puesto entre nosotros. Ayúdanos a vernos el uno al otro con ojos de amor y un corazón lleno de ternura y pasión. Mantén nuestro amor fresco y renovado.

MEJOR QUE LOS FUEGOS PIROTÉCNICOS

Confía en el Señor y haz el bien;
entonces vivirás seguro en la tierra y prosperarás.
Deléitate en el Señor, y él te concederá los deseos de tu corazón.
Salmos 37:3-4, NTV

El cuatro de julio es un día para celebrar a Estados Unidos con carne a la parrilla y fuegos pirotécnicos. También es un buen momento para que pensemos en nuestras bendiciones como país. A veces, olvidamos agradecerle a Dios por sus bendiciones de libertad: la oportunidad para servirlo a Él sin temor, vivir protegidos en nuestro país, la oportunidad para prosperar y un sinnúmero de otras libertades que damos por sentado.

En este día festivo, podemos expresar nuestro deleite en Dios y agradecerle por sus bendiciones, especialmente por nuestra libertad para adorarlo. Tenemos la responsabilidad de proteger esa libertad para las generaciones futuras, y la protegemos al vivir de manera en que nuestra fe impacte nuestra cultura y nuestro hogar. Podemos confiarle nuestro futuro a Dios, pero trabajemos juntos, como marido y mujer, para mantener esa libertad latente en todo nuestro país.

¿Qué libertades son más importantes para ustedes? ¿De qué manera pueden impactar esta cultura?

Padre, gracias por nuestras libertades y la felicidad que traen como resultado. Ayúdanos a ser buenos administradores de nuestro país y de nuestras libertades.

PAZ EN HUMILDAD

Así que humíllense ante el gran poder de Dios y,
a su debido tiempo, él los levantará con honor.
Pongan todas sus preocupaciones y ansiedades
en las manos de Dios, porque él cuida de ustedes.
1 PEDRO 5:6-7, NTV

Muchas veces tratamos de pasar por encima de nuestras preocupaciones por nuestras propias fuerzas. Nuestra cultura podría ver esto como una iniciativa virtuosa, pero es lo opuesto en la Escritura. Cuando intentamos dominar nuestras ansiedades con nuestras propias fuerzas, las hacemos más grandes.

El apóstol Pedro deja muy claro que solamente al someternos bajo el poder de Dios, inclinando nuestra voluntad ante su fortaleza, encontraremos la posición correcta para lidiar con nuestra preocupación. Estando de rodillas encontramos el sentir del Padre por sus hijos.

¿Pueden tú y tu esposo identificar una ansiedad que necesitaban entregar al "gran poder de Dios"? ¿Por qué entregarlo podría ser eso algo aterrador? ¿Por qué es útil saber que a Dios le importa?

Señor Jesús, haznos humildes. Ayúdanos a reconocer que tú tienes el control, y danos paciencia para esperar tu tiempo perfecto en cada situación. No podemos agradecerte lo suficiente por lo mucho que te importamos.

CANCIONES CELESTIALES

Y cantaban un cántico nuevo, diciendo:
Digno eres de tomar el libro y de abrir sus sellos, porque tú fuiste inmolado, y con tu sangre compraste para Dios a gente de toda tribu, lengua, pueblo y nación.

APOCALIPSIS 5:9, LBLA

La adoración es el proceso de atribuirle valor o prioridad a alguien. Todos adoramos de alguna manera. En el cielo, el ritmo constante es el coro de la creación, adorando a Dios y su poder sorprendente que pone la existencia en movimiento. En la revelación de Dios al apóstol Juan podemos echar un vistazo de la primera canción nueva en el cielo. ¿Qué evento podía cambiar la dirección de la adoración celestial? El sacrificio de Jesucristo por una humanidad pecadora.

¡Qué privilegio es amar, servir y adorar a un Dios así! Él nos ama tanto que dio su vida por su creación, restaurando la relación que nuestra rebeldía había roto.

¿Cuál es la canción de su familia? ¿Qué tiene prioridad? ¿Cómo tú y tu cónyuge adoran juntos al Señor? ¿Priorizan un tiempo para hacerlo? ¿Qué patrones de adoración pueden establecer en su hogar?

Señor Jesús, ayúdanos a poner primero lo primero. Ayúdanos a establecer patrones fuertes de adoración divina en nuestra familia.

NO DÓNDE, SINO CÓMO

Pero se acerca la hora, y ha llegado ya, en que los verdaderos adoradores rendirán culto al Padre en espíritu y en verdad, porque así quiere el Padre que sean los que le adoren. Dios es espíritu, y quienes lo adoran deben hacerlo en espíritu y en verdad.
JUAN 4:23-24, NVI

En los tiempos de Jesús, había una gran disputa respecto a la adoración. Los judíos decían que la única adoración verdadera provenía del Templo del Monte en Jerusalén. Los samaritanos decían que la gente debía adorar a Dios desde su montaña en Samaria. En la conversación con la mujer samaritana, Jesús dice que no se trata de *dónde* uno adora, sino que lo que le importa a Dios es *cómo* uno adora.

El *cómo* no se refiere al estilo externo, sino a la actitud interna. La verdadera adoración surge de un corazón sincero y agradecido alabando al Dios que se reveló a sí mismo a la humanidad. Dios está buscando gente que esté dispuesta a cambiar los parámetros de las religiones humanas por la verdad de la relación celestial.

¿Cuál es el ambiente de adoración en su matrimonio? ¿Hay una manera en la cual su familia adora a Dios unida? ¿De qué manera diferente tú y tu cónyuge expresan adoración? ¿Pueden aprender el uno del otro?

Gracias, Señor, porque tenemos el privilegio de adorarte en cualquier parte y momento. No existen barreras externas que nos inhiban el clamor de nuestro corazón hacia ti. Anhelamos adorarte en espíritu y en verdad, conocerte más profundamente cada día, y establecer patrones de adoración en nuestro hogar.

AGENTES DE LA GRACIA

En su bondad, Dios los llamó a ustedes a que participen de su gloria eterna por medio de Cristo Jesús.

1 Pedro 5:10, NTV

Siempre deberíamos estar agradecidos por la gracia de Dios hacia nosotros, pero muchas veces ni siquiera reconocemos esa gracia. Cuando los demás nos extienden gracia, estamos encantados. Empezamos a dar la gracia por sentado; sin embargo, muchas veces nosotros mismos fallamos en ofrecerla.

Con frecuencia tenemos expectativas de los demás sin habérselas comunicado. Cuando la otra persona no hace lo que nosotros esperamos, juzgamos o fallamos en extenderle gracia. Debemos ser agentes de la gracia, no en nuestras propias fuerzas, sino en la fuerza de Aquel que continuamente nos la extiende.

¿Eres un dador de gracia o se te dificulta extenderla a los demás? ¿Das la gracia por sentado? ¿Estás agradecido por la gracia que recibes? Conversen sobre la gracia que han notado, y tengan un intercambio de ideas para ver y dar más gracia.

Señor, facúltanos para reconocer diariamente tu gracia maravillosa. Estimula nuestro corazón para convertirnos en agentes de la gracia entre nosotros y con quienes nos rodean. Estamos agradecidos por tu gracia salvadora en nuestra vida, y queremos que los demás vean tu gracia en nosotros, por amor a tu nombre.

AMAR EN LAS FUERZAS DE DIOS

[El amor] no se porta indecorosamente; no busca lo suyo, no se irrita, no toma en cuenta el mal recibido.

1 Corintios 13:5, LBLA [nota añadida]

Ámese a sí mismo. Usted es primero. La percepción del amor que tiene el mundo es muy distinta de las enseñanzas de la Biblia. Como cristianos, debemos aferrarnos a la Palabra de Dios. Lean de nuevo el versículo de arriba. Nosotros no siempre expresamos o experimentamos esta clase de amor en nuestras relaciones. Cuando llegan los problemas de la vida, caemos en hábitos egoístas. No podemos amar como Dios lo hace en nuestras propias fuerzas.

¿Verdad que el Señor es creativo al pedirnos que hagamos lo que solo Él puede hacer? Tenemos que depender en que Jesús ame a nuestro cónyuge a través nuestro. El amor incondicional de Dios solamente viene a través de Él. Cuando lo amamos a Él con todo el corazón, su amor se derrama naturalmente sobre nuestras relaciones. No podemos producirlo tratando con más fuerza; debemos dejar que Él ame a través de nosotros.

¿Es el tipo de amor de Dios el que ustedes expresan y experimentan? ¿Se han desanimado a causa de la interferencia de la naturaleza humana? Comprométanse a amarse mutuamente con el amor de Dios que fluye a través de ustedes.

Señor, reconocemos que no amamos de la manera en que tu Palabra lo manda. Queremos ser buenos cónyuges, pero no podemos hacerlo solos. Permite que tu amor fluya a través de nosotros. Haznos sensibles a los momentos en que fallamos, y concédenos la gracia para buscar perdón.

SEMILLAS QUE BROTAN

Hermanos, no sean niños en su modo de pensar. Sean niños en cuanto a la malicia, pero adultos en su modo de pensar.

1 Corintios 14:20, NVI

Hay algo muy gratificante cuando vemos crecer lo que sembramos. Al igual que los padres que crían a sus hijos para que se conviertan en adultos responsables, Dios planea que sus hijos crezcan espiritualmente. Muchos cristianos están conformes con solamente la semilla de la Palabra de Dios; este versículo nos desafía a crecer. A medida que crecemos en conocer y amar a Dios, Él nos invita a participar en lo que está haciendo. Nos equipa para las tareas que Él sabía que emprenderíamos.

El plan de Dios para su matrimonio es que sea una relación que crece, llena de gozo y satisfacción. Conocerlo significa entender que Él tiene un propósito para su vida y matrimonio. Mientras más lo conozcan, mayores serán las bendiciones que les traerá la vida.

¿Su matrimonio está creciendo? ¿Qué están haciendo para asegurarse de que ese crecimiento continúe? ¿Están descubriendo el propósito de Dios para su matrimonio? ¿Están procurando conocerlo más íntimamente?

Señor, no queremos acomodarnos en nuestra relación o contigo. Queremos crecer más y más en amor. Continúa enseñándonos y revelándote a nosotros, para que los demás puedan verte a ti en nuestro matrimonio.

TRANQUILA EXPECTACIÓN

Solo en Dios halla descanso mi alma;
de él viene mi esperanza.
SALMOS 62:5, NVI

En nuestra cultura, somos bombardeados con las ocupaciones y el ruido. La televisión, el teléfono y la computadora están constantemente funcionando. Nos cuesta encontrar tiempo para nosotros como pareja. Ir a la iglesia los domingos puede convertirse en un artículo del menú; si no hay nada mejor que hacer, tal vez vamos. Podríamos hallarnos substituyendo el servicio por el tiempo de devoción con el Señor, con la esperanza de que hallemos su favor; aun así, no sabemos cómo estar quietos y esperar en Él. Queremos respuestas instantáneas, soluciones instantáneas, incluso espiritualidad instantánea.

Cuando conocemos verdaderamente a Dios, confiamos en Él y ponemos nuestra esperanza en Él, la espera se convierte en un campo de entrenamiento, y esperamos con impaciencia la manera en que Él obrará en nuestra vida. Cuando reducimos la velocidad y nos aquietamos, descubrimos el descanso que necesitamos. Cuando hacemos planes para compras o viajes futuros, la ansiedad crece a medida que el viaje se acerca. De la misma manera, el Señor usa nuestro tiempo de espera en Él para estimular nuestro corazón con expectación.

¿Tienen momentos de quietud y espera programados? ¿Han experimentado el descanso en su relación el uno con el otro y con el Señor?

Señor, enséñanos a esperar en quietud. Queremos experimentar tu descanso; por favor, muéstranos lo que debe cambiar en nuestro horario. Continuaremos poniendo nuestra esperanza en ti mientras esperamos que nos enseñes.

DISPAROS LABIALES

Sean llenos del Espíritu. Anímense unos a otros con salmos, himnos y canciones espirituales. Canten y alaben al Señor con el corazón.

EFESIOS 5:18-19, NVI

Las palabras son una herramienta poderosa que Dios nos da. Pueden ser un instrumento de ánimo y sanidad. También pueden ser un arma de destrucción y heridas. Con demasiada frecuencia, nosotros "disparamos desde los labios", sin pensar cuánto esos disparos afectan a nuestro cónyuge o a los demás. En el calor del momento, decimos palabras dolorosas. Cuando eso sucede, debemos procurar recibir perdón, pero también debemos entender que puede quedar un dolor persistente.

El salmo 19:14 dice: "Que las palabras de mi boca y la meditación de mi corazón sean de tu agrado". Debemos elegir cuidadosamente nuestras palabras y usarlas para animarnos mutuamente en fe y en buenas obras.

¿Están usando palabras de ánimo? ¿Eres lo suficientemente valiente para preguntarle a tu cónyuge si hay alguna herida causada por las palabras que le has dicho? ¿Has perdonado a quienes te han lastimado?

Padre, queremos que nuestras palabras sean una fuente de ánimo y sanidad. Perdónanos por las lesiones causadas por las palabras que descuidadamente pronunciamos y ayúdanos a perdonarnos mutuamente. Por medio de tu Espíritu Santo, permite que nuestras palabras sean bendiciones mutuas, y que te honren a ti.

OLAS DE INFORMACIÓN Y PENSAMIENTOS CAUTIVOS

No imiten las conductas ni las costumbres de este mundo, más bien dejen que Dios los transforme en personas nuevas al cambiarles la manera de pensar. Entonces aprenderán a conocer la voluntad de Dios para ustedes, la cual es buena, agradable y perfecta.

ROMANOS 12:2, NTV

Vivir en la era de la informática es tanto emocionante como peligrosa. Las olas de información nos bañan a diario, y si no se procesan correctamente, pueden lastimar nuestro andar cristiano y nuestras relaciones. Si no llevamos todo pensamiento cautivo, podríamos poner en peligro nuestros valores y nuestro matrimonio.

La manera en que protegemos nuestro corazón es pensar en lo que es verdadero, noble, correcto, puro, amable, admirable, excelente y digno de alabanza. Como cónyuges, necesitamos ayudarnos mutuamente a procesar la información y las imágenes diseñadas para influenciarnos, no dejemos entrar la información que puede poner en peligro nuestro corazón y separar nuestras relaciones.

¿Pueden discutir aquello que está desafiando sus valores? ¿Pueden reconocer la diferencia entre la cosmovisión secular y la cristiana? ¿De qué manera van a proteger su corazón?

Señor, queremos mantener nuestro corazón y nuestra mente fijas en ti. Coloca una señal de alerta en nuestro espíritu cuando bajemos la guardia entre las olas de información. Recuérdanos llevar todo pensamiento cautivo de manera que nuestra vida te glorifique.

EL FRUTO DE LA BONDAD

Alaben al Señor, porque me ha mostrado las maravillas de su amor inagotable.

Salmos 31:21, NTV

Muchas veces damos por sentado los dones y la naturaleza de Dios, y estos se encuentran en todas partes en la Escritura. La bondad se menciona aquí en Romanos, en los dones del Espíritu en Gálatas y en las cualidades del capítulo del amor en 1 Corintios 13. La libertad verdadera viene cuando reconocemos que de Dios obtenemos la bondad, la paciencia, la tolerancia y todas las otras cualidades buenas. Entendemos que debemos depender completamente del Señor para hacer lo que Él quiere que se haga en nosotros.

Cada día nos da nuevas oportunidades para someter nuestra vida, a fin de que Él pueda obrar en nosotros y a través de nosotros. Piensen en cómo el Señor les manifestó bondad a ustedes cuando los trajo a tener una relación con Él. Fue su bondad y misericordia las que los encontraron. Pídele que permita que su bondad fluya a través de ti, de tu cónyuge, tu familia y tus amigos.

¿Alguna vez han pensado en que Dios quiere expresar su bondad a través de ustedes? ¿Cómo sería eso? ¿De qué manera pueden expresar bondad en su matrimonio?

Señor, sabemos que reaccionamos en la carne. Perdónanos por eso. Queremos identificarnos contigo: tu amor, tu bondad, tu vida misma. Recuérdanos que nos has provisto de todo lo que necesitamos para la vida y la devoción.

CONSUELO CELESTIAL

Pero de una cosa estoy seguro:
he de ver la bondad del Señor.
Pon tu esperanza en el Señor; ten valor,
cobra ánimo; ¡pon tu esperanza en el Señor!
Salmos 27:13-14, NVI

Cuando éramos niños, buscábamos a nuestra madre o padre para que nos consolara cuando estábamos lastimados. Un abrazo, palabras suaves, un apósito y un beso sobre nuestros raspones traían consuelo y contentamiento. Posiblemente el dolor todavía estaba allí, pero nos sentíamos protegidos y amados. Qué sentimiento tan maravilloso era ese.

¿A dónde acudimos ahora cuando estamos lastimados, tenemos temor o estamos estresados? ¿Qué hacemos cuando nos sentimos inseguros, mentalmente golpeados o ansiosos? Compartir tus preocupaciones con tu cónyuge es un buen principio. Realmente es cierto que "una carga compartida entre dos pesa solo la mitad". Aun mejor es compartir tus heridas con el Señor. Dios ha prometido ayudarnos a cargar nuestros problemas. Ten fe en que Él ayudará. Orar con tu cónyuge con regularidad puede servir para establecer una dependencia en el Señor para que nos ayude cuando la vida se torna difícil. El vínculo de amor entre ustedes dos será fortalecido a medida que busquen el consuelo de Dios a través de la oración.

¿Ustedes dos apartan tiempo para orar juntos? ¿De qué manera comparten sus preocupaciones e inquietudes entre sí? ¿Se sienten cómodos orando juntos o preferirían orar a solas?

Señor, te agradecemos por tu bondad para con nosotros. Queremos buscar tu ayuda con más frecuencia. Ayúdanos a depender de ti. Permítenos ver tu gran amor por nosotros.

HABLAR CON AMOR

No salga de vuestra boca ninguna palabra mala, sino solo la que sea buena para edificación, según la necesidad del momento, para que imparta gracia a los que escuchan.

EFESIOS 4:29, LBLA

Todos sabemos lo difícil que es ver a otros discutiendo. Se lanzan palabras sucias con la intención de lastimar. Las acusaciones y la riña pueden llevar a la infelicidad y la depresión. Cuán apenados e incómodos nos sentimos por los que están involucrados en una riña. Mira tu propia relación y los desacuerdos que tú y tu pareja tienen. ¿Llegan a convertirse en guerras verbales? ¿Dicen cosas que lamentarán después?

La sabiduría de Dios nos recuerda que seamos cuidadosos con lo que decimos. Intenten pensar primero y ser lentos para airarse. Luego, traten de hablar con amor y no con odio. Elijan sus palabras cuidadosamente y sin malicia. Las burlas vulgares y desagradables son vergonzosas y pueden dañar nuestras relaciones. Recuérdense a sí mismos que las palabras dañinas denigran, pero el amor edifica y exhorta.

¿Discuten innecesariamente? ¿Pueden intentar discutir sus diferencias sin menospreciarse el uno al otro?

Señor Dios, necesitamos ayuda cuando estamos enojados el uno con el otro. Recuérdanos que seamos lentos para hablar y que nos tratemos mutuamente con amor y gracia. Gracias por perdonarnos incluso cuando no lo merecemos.

CLARAMENTE ÚNICA

«Voy a hacerle una ayuda adecuada».
GÉNESIS 2:18, NVI

Todos los matrimonios son distintos. ¿Por qué? Porque cada matrimonio está formado por dos personas claramente únicas. Algunas parejas pasan juntas la mayor parte de su tiempo y otras solo pueden ponerse al tanto un poco cada día o durante los fines de semana. Dependiendo de en qué estado de su vida se hallan, la unidad variará grandemente.

Saber que, aunque su matrimonio no se parece a otros, Dios los ha unido. Su relación es algo bueno. Se complementan mutuamente. Encuentren maneras de pasar más tiempo juntos. Desarrollen los intereses comunes que comparten. Si no pueden pensar en nada que les guste a los dos, prueben actividades nuevas. Sean creativos. Hagan tiempo para disfrutar la compañía mutua.

¿Se sienten cómodos estando juntos? ¿Qué hacen juntos que a ambos les parece divertido? ¿Están dispuestos a apartar tiempo para pasarlo solos los dos?

Jesús, gracias por unirnos. Ayúdanos a encontrar intereses comunes para que podamos disfrutar mejor de la compañía mutua. Acércanos más cada día.

TROPIEZOS EN EL CAMINO

Dichoso el hombre que no sigue el consejo de los malvados, ni se detiene en la senda de los pecadores ni cultiva la amistad de los blasfemos, sino que en la ley del Señor se deleita, y día y noche medita en ella.

Salmos 1:1-2, NVI

Ningún matrimonio está libre de algunos tropiezos. Estos pueden convertirse en un descarrilamiento total si no estamos preparados. La Palabra de Dios está llena de más de 5000 promesas y 600 leyes. El estudio constante de la Biblia nos ayudará a entender cómo escuchar a Dios en vez de un libro de autosuperación o un infomercial de la televisión. Cuando necesiten tomar una decisión, acudan al consejo sabio de Dios. Llamen a su pastor. No permitan que los desacuerdos se enconen.

La mejor manera para evitar los grandes problemas en su matrimonio es no dejar nunca que se agranden. Forjen una amistad con una pareja de su iglesia que lleve más tiempo que ustedes de casados. Pídanles que les compartan lo que hacen para mantener fresco el amor y la buena comunicación. ¿Qué hace que su relación funcione? No permitan que la vergüenza o el orgullo les impidan lidiar con los problemas.

¿Conocen cristianos que puedan ayudarlos con su relación matrimonial? Hablen sobre dónde en la Biblia pueden buscar ayuda cuando tengan problemas.

Señor, queremos tu sabiduría y tu consejo cuando no estemos de acuerdo. Ayúdanos a trabajar juntos para sanar nuestras heridas. Ayúdame a estar consciente cuando mi cónyuge esté lastimado. Queremos que nuestro matrimonio sea fuerte y dinámico.

JUNTOS EN LA PENA

«Dichosos los pobres en espíritu, porque el reino de los cielos les pertenece. Dichosos los que lloran, porque serán consolados».

MATEO 5:3-4, NVI

Cuando alguien cercano a ti muere, es normal estar triste. Nuestra pena puede vencernos por un tiempo y nuestro corazón se siente roto. Tenemos temor de que nunca pueda volver a sentirse completo. Lamentamos la pérdida. El dolor del corazón es difícil de describir, pero puede llevar al desánimo y la depresión. Esta es una de las muchas razones por la que es bueno tener un cónyuge. Nuestro esposo o esposa está allí para compartir esa pena. Puede ofrecernos entendimiento y consuelo. Qué bendición que el amor y la atención puedan estar en la desolación esos días llenos de pesar.

Uno nunca está preparado para la muerte, incluso si el final era esperado. Una de las maneras en que tú y tu cónyuge pueden consolarse mutuamente es hablando sobre los buenos tiempos que pasaste con tus seres queridos. Recordarlos a ellos y al tiempo que pasaron juntos puede traer paz. Dios sí trae bendición con el consuelo.

¿Han sufrido alguna pérdida? ¿Cuáles son las maneras en que puedes consolar a tu cónyuge?

Amado Dios, gracias porque has prometido traer consuelo a quienes están tristes. Ayúdame a depender de ti en tiempo de pesar. Permíteme consolar a quienes tengo alrededor y están pasando por una pérdida.

SER UN ANIMADOR

Por eso, anímense y edifíquense unos a otros, tal como lo vienen haciendo.

1 Tesalonicenses 5:11

A todos nos encanta los animadores. Ellos entran a un salón de gente triste y pronto la actitud de todos es más brillante: rebosan de alegría. Dios nos ha llamado a todos a ser animadores. Puedes empezar con un sencillo halago. Un tributo público puede cambiar corazones. Cuán mejor nos sentimos cuando somos apreciados. Igualmente rápido, un comentario sarcástico puede sacar todo el viento de nuestras velas y desinflarnos el alma.

"Los palos y las piedras me pueden quebrar los huesos. Pero las palabras nunca podrán lastimarme". ¡No lo creas ni por un segundo! Las burlas desagradables que recibimos de niños pueden seguir siendo dolorosas mucho después en la edad adulta. Trate de ser amable y cuidadoso cuando hables con los demás, especialmente con tu cónyuge. Usa palabras de ánimo para edificarlo, no para humillarlo.

¿Hablan entre sí de una manera que los anime a ambos? ¿Son amables? ¿Hablan con ternura? ¿Puedes compartir algo que tu cónyuge dijo la semana pasada que te haya animado?

Padre que estás en los cielos, ayúdanos a hablar con amor. Queremos edificarnos el uno al otro y no humillarnos mutuamente. Muéstranos cómo ser animadores.

AMAR SIEMPRE

El amor acepta todo con paciencia.
1 Corintios 13:7, PDT

La relación matrimonial es un vínculo de amor. Aunque la mayoría de nosotros sabe lo que es el amor, se nos hace difícil definirlo de manera adecuada. Hablamos de hacer el amor, sentirse especial, tal vez de tener una familia, pero no estamos muy seguros de cómo explicar el amor con palabras. En 1 Corintios 13, la Biblia define el amor como aceptar pacientemente, confiar siempre, esperar y soportar. El amor es lo más grande de todo.

Eso es bastante profundo. ¿Podrían decir que ustedes aceptan pacientemente todo? ¿Siempre confían el uno en el otro, siempre hallan esperanza y su relación siempre soporta? ¡Este es su objetivo! Pueden apoyarse en la promesa del Señor de que Él quiere ayudarles a hacer justamente eso. Si uno de ustedes falla, Dios dice que sigan adelante; sigan amando, aceptando, confiando, esperando y soportando. Esta es una lección para cada día de su vida juntos. Ya sea que estén recién casados; en medio de formar una familia; los hijos ya se fueron o estén celebrando sus cincuenta años de matrimonio, los principios de 1 Corintios 13 siguen siendo apropiados.

¿Son pacientes el uno con el otro? ¿Cómo puedes buscar lo bueno en tu pareja y animarla?

Amado Señor, te damos gracias por unirnos en matrimonio. Enséñanos cada día sobre el amor. Ayúdanos a amarnos mutuamente con un amor puro, un amor que venga de ti. Gracias por amarnos.

PAREJA DE AMIGOS

Traten a los demás tal y como quieren que ellos los traten a ustedes.
LUCAS 6:31, NVI

La mayoría de las parejas llegan al matrimonio con sus propios amigos. A veces, estos amigos y sus compañeros se convertirán en "parejas" de amigos, y otras veces, no. Aunque es bueno para cada uno de ustedes que tengan sus propios amigos, es importante cultivar la amistad con otras parejas también. Las relaciones con parejas cristianas pueden proporcionar diversión, compañía, sugerencias para el embarazo y consejo en general. Si aparentemente no tienen este tipo de relaciones, busquen en su iglesia. Únanse a un grupo pequeño de estudio bíblico, o pregunten si alguien está interesado en ver un juego de pelota, ir a comer a un parque o ir con los hijos a una caminata con la familia de ustedes. No esperen a que les pregunten.

Hacer cosas juntos con otras parejas puede fortalecer el vínculo que comparten y ayudarles a forjar recuerdos juntos.

¿Están pasando la mayoría de su tiempo libre con otros y no con su cónyuge? ¿Cuándo fue la última vez que ustedes dos pasaron tiempo juntos con otra pareja? ¿Qué pueden planear hacer juntos con los amigos en un futuro próximo?

Señor, queremos ser buenos amigos. Danos ideas para divertirnos juntos con otras parejas. Enséñanos cómo mostrar amor por quienes nos rodean. Gracias por nuestra familia de la iglesia.

LA DECISIÓN DE DIOS

Yo te instruiré, yo te mostraré el camino que debes seguir; yo te daré consejos y velaré por ti.

SALMOS 32:8, NVI

Josué y Raquel estaban estresados. A ella le habían ofrecido un trabajo magnífico que le permitiría ayudar a sus hijos a obtener una casa permanente, pero Josué tendría que renunciar a su trabajo y ellos debían mudarse lejos de su familia y amigos. Josué estaba dispuesto a apoyar a Raquel por esta oportunidad enorme, pero ellos querían asegurarse de que era la decisión de Dios para ellos en vez de solo una buena decisión.

No es necesario que llevemos mucho tiempo de casados para darnos cuenta de que nuestra vida estará llena de decisiones. A veces, son fáciles, y otras veces pueden llevarnos muy lejos de nuestra zona de confort que se siente como si terminamos en un lugar de otro país. Cuando estamos estresados respecto a lo que debemos hacer, tendemos a olvidar la promesa de Dios de que Él nos instruirá y nos enseñará el camino por el que debemos seguir. Del mismo modo que una madre amorosa mantiene puestos los ojos en sus pequeños mientras caminan por la calle hacia la casa del vecino, los ojos amorosos de Dios están siempre sobre nosotros.

¿Tienen que tomar una decisión difícil? ¿Cómo pueden entender lo que Dios quiere que hagan?

Señor, enséñanos a seguirte a ti. Ayúdanos a pedirte entendimiento y haz que busquemos a profundidad en tu Palabra para escuchar tus susurros de instrucción.

SERVIR JUNTOS

Y he sido un ejemplo constante de cómo pueden ayudar con trabajo y esfuerzo a los que están en necesidad. Deben recordar las palabras del Señor Jesús: «Hay más bendición en dar que en recibir».

HECHOS 20:35, NTV

Dios nos ha encomendado a ser generosos. Podemos apoyar las iniciativas de nuestra iglesia, a los misioneros, a varios servicios de caridad y cosas por el estilo. Podemos ayudar a nuestros vecinos cuando lo necesiten, facilitándoles alimentos o transporte. Podemos ser generosos con nuestro tiempo, ayudando a otros con los talentos que el Señor nos ha dado a cada uno. Podemos ser mentores, entrenadores, líderes, maestros de escuela dominical, ayudar en el huerto comunitario o ser líderes de grupos pequeños. ¿Por qué no hallan algo que puedan hacer los dos juntos? El tiempo que pasan en una actividad común puede mejorar su matrimonio.

Si donas dinero a alguna causa, asegúrate de involucrar a tu cónyuge. Conversen y decidan los regalos monetarios antes de darlos. Si uno de ustedes ha hecho un compromiso voluntario de largo tiempo, asegúrense de conversarlo juntos. Tu primer compromiso es hacia tu cónyuge, pero los dos juntos pueden hallar bendición en su generosidad bondadosa.

¿Son generosos con lo que Dios los ha bendecido? ¿Tienen talentos que no están compartiendo? ¿Qué plan de caridad o servicio pueden probar?

Señor Jesús, gracias por las muchas bendiciones que nos has concedido. Deseamos usar esas bendiciones para bien. Ayúdanos a tener corazones generosos, dispuestos a dar.

SIEMPRE AGRADECIDOS

Dando siempre gracias por todo, en el nombre de nuestro Señor Jesucristo, a Dios, el Padre.

EFESIOS 5:20, LBLA

Cuando todo va bien, es fácil estar agradecidos con Dios. Podemos apreciar la bondad del Padre cuando nuestras esperanzas y sueños parecen convertirse en realidad. Alabamos el nombre de Jesús y raras veces tomamos el tiempo para ponderar las ramificaciones de las pruebas y las tribulaciones. La Palabra de Dios nos dice que demos gracias *siempre,* en *todas* las cosas. ¿Qué significa eso? Cuando pierdes tu empleo, da gracias. Cuando la casa de sus sueños sobrepasa su presupuesto, sean agradecidos con Dios por la casa que tienen.

Hagan del agradecimiento y la gratitud a Dios un hábito diario. Cuando lleguen los tiempos difíciles, podrán alabar al Señor incluso cuando no tengan ganas de hacerlo. Este acto de obediencia los llenará de un amor que nunca esperaron. Confíen en que Dios toca sus corazones con un amor abundante. Su misericordia y su gracia los sostendrán a través de sus pruebas.

¿Qué pruebas han pasado durante su matrimonio? ¿Pudieron dar gracias? ¿De qué manera podría la alabanza a Dios ayudarles a atravesar momentos difíciles?

Amado Señor, te damos gracias y te alabamos por las muchas bendiciones que nos has mostrado. Ayúdanos a encontrar la fortaleza para ser agradecidos en los tiempos difíciles. Apreciamos tu sabiduría al unirnos para que podamos apoyarnos mutuamente en tiempos de estrés y dificultad.

UN BUEN HÁBITO

SEÑOR, tú escuchas mi voz cada mañana en oración; cuidadosamente te presentaré mi caso y esperaré atentamente tu respuesta.

SALMOS 5:3, PDT

¿Oran juntos frecuentemente? ¿Pasan tiempo estudiando la Palabra de Dios? No importa si están recién casados o llevan treinta años de matrimonio, su relación se beneficiará del tiempo constante que pasen juntos buscando la voluntad y la sabiduría de Dios. Pueden formar el hábito de orar y alabar en la cena o antes de apagar las luces por la noche. Lean un libro, túrnense para leer pasajes y hablen de ellos. Cuenten sus bendiciones juntos y denle gracias a Dios por cada una de ellas. Compartan sus preocupaciones y problemas y oren el uno por el otro.

Incluso si solo pueden hallar tiempo para estudiar juntos una vez a la semana, hagan de eso un hábito. Las investigaciones nos dicen que, si hacen una actividad continuamente durante seis semanas, se convertirá en una rutina. La intimidad en el matrimonio puede ser física y emocional. Mientras más compartan sus pensamientos, temores y esperanzas más profundas el uno con el otro, más cercanos se vuelven, y más satisfactoria será su relación.

¿Qué pueden hacer ustedes dos para formar el hábito de orar y estudiar la Palabra juntos? ¿Están dispuestos a tratar de hacer tiempo para eso?

Amado Señor Jesús, esperamos continuar acercándonos a ti y el uno al otro. Gracias por amarnos. Ayúdanos a aprender cómo alabarte juntos.

DÍAS FELICES

Hay un tiempo para llorar y otro para reír;
un tiempo para estar triste y otro para bailar de alegría.
ECLESIASTÉS 3:4, PDT

Ustedes dos, ¿se divierten juntos? A medida que crecemos y maduramos, es fácil dejar atrás el tiempo de juego y las trivialidades. Los empleos, los hijos, los pagos de la casa, las responsabilidades diarias todo toma un tiempo preciado. Solo trabajar y no tomar tiempo para jugar realmente hace de cualquiera una persona tediosa. Traigan un poco de humor fresco a su matrimonio. No se requiere mucho para que el día sea divertido.

Empiecen el día contando una broma, salgan a caminar juntos, vayan al zoológico, saquen un juego de mesa. Encuentren cosas de qué reírse, vean algunas comedias viejas, vayan a observar a la gente. La vida es bastante seria y las responsabilidades siempre estarán allí, pero su actitud cambiará cuando llenen su vida de alegría.

¿Qué hacen ustedes dos para divertirse? ¿Es juguetón con su cónyuge? ¿Pueden pensar en nuevas formas para añadir diversión en su matrimonio?

Dios, a veces, en la rutina diaria, nos olvidamos de la risa sanadora que el juego puede traer a nuestro corazón. Ayúdanos a hallar gozo y diversión en cada día. Únenos con el buen humor.

ALEGRARSE SIEMPRE

Alégrense siempre en el Señor. Insisto: ¡Alégrense!

FILIPENSES 4:4, NVI

¿Es su vida plena? Dios desea darles gozo. Él quiere que sean felices y que celebren cada día con deleite. El Señor los hizo para la gloria y la victoria. Alégrense en el Señor, ¡siempre! Esto es tan importante que su Palabra lo dice dos veces. La alegría y el contentamiento a veces se sienten escurridizos. Tomar la decisión de alegrarse y estar contentos puede marcar una diferencia enorme en la manera en que reaccionamos a nuestros problemas. Escuchar música de alabanza mientras cumplen con su rutina diaria puede ayudar a levantarles el espíritu y llenar su corazón. Contar sus bendiciones ayuda a enfocarse en lo que es bueno.

Tú y tu cónyuge podrían empezar cada día celebrando la bondad del Señor. Encuentren gozo en las pequeñas cosas y lo verán en nuevas áreas de su vida. La hora de la comida es un excelente tiempo para compartir las bendiciones del día y agradecer a Dios por ellas. Mientras más hablen de contentamiento, más se arraiga en su corazón. Un corazón gozoso es un corazón animado, agradecido y alegre.

¿Pueden compartir una bendición especial que tuvieron el día de hoy? ¿Es difícil estar alegres cuando los problemas los rodean? ¿Qué dificulta que ustedes se alegren? ¿Puede tu cónyuge ayudarte en tus momentos difíciles?

Señor, gracias por todo lo que has hecho por nosotros. Ayúdanos a alegrarnos en ti cada día. Ayúdanos a ver lo bueno en nuestra vida y a estar agradecidos por ello.

MENTIRAS SON MENTIRAS

La misericordia y la verdad nunca se aparten de ti; átalas a tu cuello, escríbelas en la tabla de tu corazón.
PROVERBIOS 3:3, LBLA

Las mentirillas blancas: mentiras benignas que nos decimos a nosotros mismos que están bien porque las usamos para ahorrarle a nuestro cónyuge la tristeza o la ansiedad. Sin embargo, las mentiras blancas son igual de malas que las mentiras grandes y oscuras. Los cónyuges están unidos en un vínculo de amor que requiere misericordia, verdad, fidelidad, honestidad y devoción de por vida. Maquillar la verdad por cualquier razón no muestra ni sinceridad ni misericordia. Seamos responsables de nuestras acciones y nuestras decisiones. Confía en que tu amado te perdonará por las acciones que previamente tú sentías que debías alterar la verdad acerca de ellas.

La misericordia amorosa de Dios es eterna. Él siempre nos va a perdonar y a ayudar para llegar a ser como Él. Pídele que te ayude a recordar cada vez que te sientas tentado a mentir. Una lengua pura es grandemente deseada entre todos tus tratos y relaciones, pero especialmente en tu matrimonio.

¿Se esfuerzan por ser siempre sinceros el uno con el otro? ¿Por qué seríamos tentados a mentir? ¿Cómo podemos ayudarnos mutuamente?

Jesús, queremos ser veraces en todo lo que hacemos. Ayúdanos a volvernos dignos de confianza. Enséñanos las muchas facetas de la conducta amorosa hacia cada uno de nosotros dos.

SOLTAR EL PASADO

La gente recta se aferra a su camino y los de manos limpias aumentan su fuerza.

Job 17:9, NVI

El pasado puede perseguir a un matrimonio, el perdón puede traer libertad y deleite. Cuando confiesan sus transgresiones al Señor, hay misericordia, gracia y perdón. Los pecados son olvidados y ustedes tienen una lista limpia. La justificación en los ojos del Señor es un regalo. Aprendan de sus errores y esfuércense por hacer el bien. ¡Cuánta libertad e independencia proviene de la confesión y el perdón!

Traer a colación el pasado puede destruir el gozo en tu matrimonio. Dios ha declarado que el pecado confesado debe desaparecer "tan lejos como está el oriente del occidente". Sigan adelante juntos, empiecen cada día renovados y frescos. Si tu esposo o esposa te ha decepcionado en el pasado, dale el beneficio de tu amor y la confianza de Dios. Bríndale tu ayuda para continuar haciendo lo correcto y tener edificación y no humillación. Trátense mutuamente con respeto y amor.

¿Puedes animar a tu cónyuge? ¿Traes a colación el pasado, cuando pelearon? ¿Cómo puedes dejar eso atrás y seguir adelante?

Dios, sabemos que no somos perfectos. Por favor, acepta nuestras confesiones. Gracias por el perdón que nos das gratuitamente. Ayúdanos a perdonarnos el uno al otro y a dejar el pasado en el pasado. Queremos ver hacia adelante, hacia nuestro futuro.

DEDICADOS A LA ORACIÓN

Dedíquense a la oración con una mente alerta y un corazón agradecido.

COLOSENSES 4:2, NTV

¿Cómo oras? ¿De rodillas, en tu vehículo, persiguiendo a tu hijo pequeño, en una comida en el parque, mientras arreglas la cerca? ¿Cantas canciones con la radio, le pides perdón a Dios con las lágrimas corriendo por tus mejillas? Todo eso abarca lo que es orar. El Señor desea una relación con nosotros que sea profunda y personal. Es por medio de compartir nuestros pensamientos, nuestro agradecimiento y nuestros deseos más hondos con Él que se forma una relación verdadera. Pedir o solicitar algo a Dios es definitivamente una forma de oración, pero también lo es alabar al Señor por su gracia y misericordia.

Juntos pueden buscar sabiduría y soluciones. La oración puede requerir práctica. Hagan de ella un hábito. Cuando los dos se encontraron, tomó tiempo para llegar a conocerse mutuamente. Compartieron su pasado, sus esperanzas y sus sueños, y sus planes futuros. Dios te ama y quiere escuchar eso también. Aborda la oración como una conversación, una expresión de gratitud y reconocimiento de todo lo que Dios ha hecho por ti.

¿Te sientes cómodo en la oración? ¿Qué has escuchado decir a Dios recientemente? ¿Oran juntos?

Señor, deseamos conocerte más. Ayúdanos a aprender a orar más eficientemente. Muéstranos cómo escucharte.

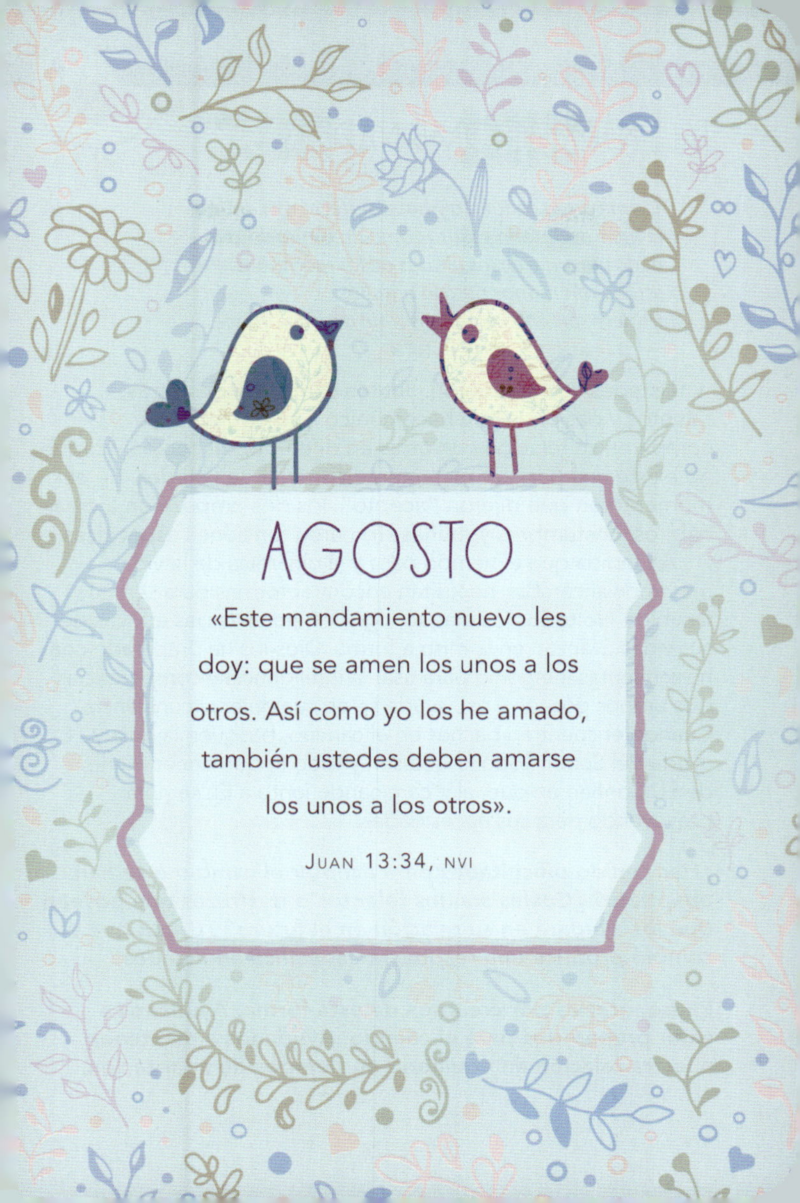

AGOSTO

«Este mandamiento nuevo les doy: que se amen los unos a los otros. Así como yo los he amado, también ustedes deben amarse los unos a los otros».

Juan 13:34, NVI

TALENTOS COMBINADOS

Dios me arma de fuerza y hace perfecto mi camino.
Me hace andar tan seguro como un ciervo para que
pueda pararme en las alturas de las montañas.
Entrena mis manos para la batalla;
fortalece mi brazo para tensar un arco de bronce.

SALMOS 18:32-34, NTV

Ustedes son un equipo. Juntos combinan destrezas, talentos y pasiones que hacen único a su equipo. No comparen su relación con otras en diferentes aspectos, porque no existe una pareja exactamente como la de ustedes. En el momento en que dijeron "acepto", los dos empezaron a crear hábitos, costumbres y rutinas. Tomaron funciones específicas.

A medida que el tiempo pasa y la dinámica de la vida matrimonial cambia, necesitan encontrar formas para ser flexibles. No todos los días son iguales; no todas las épocas de sus vidas avanzan en la misma forma. Dios los ha preparado con herramientas e ingenio para usar la inteligencia y competencias que ambos poseen y así, ayudarse en cualquier circunstancia. Cuando encuentren baches en el camino, busquen la guía y ayuda del Señor. Todo lo que son y todo lo que tienen viene de Él. Confíen en que, al ir caminando junto a Él, seguirá proveyendo para sus necesidades.

¿Han tenido dificultades para aceptar el cambio o se han adaptado? ¿Cuáles son los talentos o destrezas que poseen que los ayudará en su relación en el futuro? ¿Creen que el cambio produce una respuesta específica en ustedes?

Padre, gracias por crearnos de esta forma. Ayúdanos a estar preparados para el cambio. Ayúdanos a mantener nuestra relación en equilibrio en tiempos de adaptación.

PREGUNTEN AL MAESTRO

Si a alguno de ustedes le falta sabiduría, pídasela a Dios, y él se la dará, pues Dios da a todos generosamente sin menospreciar a nadie.

SANTIAGO 1:5, NVI

Con frecuencia, los maestros dicen que no hay pregunta tonta; a pesar de ello, los niños temen levantar la mano para pedir la respuesta adecuada de parte del maestro. Imaginémonos a un chico llamado Pepe. Es tímido, se siente avergonzado o tal vez un poco orgulloso para pedir ayuda al profesor. Este amable profesor da ciertos empujoncitos a Pepe y le hace algunas preguntas reflexivas. Pepe se da cuenta de que el maestro es una persona empática y que no va a juzgarlo, por lo que se da cuenta de que hacer sus preguntas no es ningún riesgo.

Si el temor a Dios es el principio de la sabiduría, deberíamos pedirle al Señor con humildad que nos bendiga dándonos sabiduría. Él es la fuente de toda compasión y siempre podemos confiar en sus respuestas.

¿Creen que a veces no recibimos nuestros deseos solo porque no los pedimos? ¿Cuál sería la petición que tú y tu cónyuge desean hacer hoy?

Oh, Jesús, ayúdanos a creer en ti como nuestro confiable maestro y dadivoso padre. Ayúdanos a dejar de sentir temor, vergüenza o demasiado orgullo para clamar por tu sabiduría y amor.

MILES DE MILLONES DE CÉLULAS

Tú creaste mis entrañas; me formaste en el vientre de mi madre.
¡Te alabo porque soy una creación admirable!
¡Tus obras son maravillosas, y esto lo sé muy bien!
SALMOS 139:13-14, NVI

A veces podemos sentir culpabilidad por deprimirnos. Nos podemos llegar a sentir amargados con Dios, porque no hizo nuestras narices más refinadas, nuestros brazos más fuertes o no nos dio mejores destrezas de lectura. La lista puede ser larga. Cuando pensamos en la creación perfecta de nuestro cuerpo, ¡podemos ver hallazgos astronómicos! Piensen en los miles de millones de células que se enlazan unas con otras para hacernos quienes somos hoy.

La división constante de las células, las cuales se multiplican continuamente con el ADN de nuestros padres, nos ha hecho seres humanos únicos. El hecho de que Dios nos creara a su imagen es algo sorprendente cuando nos tomamos un momento para contemplarlo. Solo piensa, ¡fuimos parte del plan eterno de Dios antes de que él pusiera los fundamentos del mundo!

¿Has cuestionado a Dios por la forma en que te hizo o, para empezar, por el hecho de que Él deseaba que nacieras? ¿Te regocijas en el hecho de que Él te diseñó con un plan?

Padre, nos sentimos asombrados y honrados de ser parte de tu creación. Ayúdanos a estar en acuerdo contigo y a aceptarnos como tus hijos.

MARATONES ESTRESANTES

Pero tenemos este tesoro en vasijas de barro para que se vea que tan sublime poder viene de Dios y no de nosotros. Nos vemos atribulados en todo, pero no abatidos; perplejos, pero no desesperados; perseguidos, pero no abandonados; derribados, pero no destruidos.

2 Corintios 4:7-9, NVI

Pablo se estaba dirigiendo a los creyentes de Corinto que sufrían la persecución del gobierno romano, porque habían elegido seguir a Jesús. ¿Y nosotros hablamos de estrés? Sabemos que incluso pequeñas situaciones de estrés pueden afectarnos mental y físicamente. En ocasiones, sentimos que tenemos una dosis injusta de estrés.

Corremos la maratón de un calendario ocupado: citas profesionales, obligaciones en la iglesia, actividades escolares, lecciones, juegos y mucho más. Tenemos que conseguir dinero para conseguir el combustible que nos lleve al trabajo en donde nos espera ese gran proyecto que necesita terminarse antes de que llegue la fecha límite. Tenemos muchos problemas del primer mundo que, con frecuencia, necesitamos poner en perspectiva. Debemos recordar que tenemos un Dios todopoderoso. No vamos solos caminando en esta vida.

¿Reconocemos la diferencia entre las tareas de Dios y nuestras propias tareas? ¿Qué deberían priorizar tú y tu cónyuge esta semana? O, ¿este mes?

Jesús, sálvanos de nosotros mismos cuando nos hacemos cargo de cosas que no eran nuestro propósito. Ayúdanos con las tareas diarias que nos has encomendado. Confiamos y descansamos en tu poder absoluto. Deja ver tu gloria en nosotros.

CONVERSACIONES MATUTINAS

Por la mañana, Señor, escuchas mi clamor;
por la mañana te presento mis ruegos,
y quedo a la espera de tu respuesta.
Salmos 5:3, NVI

Ay, las mañanas. Algunas personas aman las mañanas, mientras que otros son búhos nocturnos. La Palabra de Dios nos orienta a empezar nuestro día con Él, sin importar la hora que sea. Podemos vivirlo cuando compartimos con Él nuestras peticiones y anhelamos sus respuestas.

Si algo nos preocupa, también le preocupa a Dios. Que le demos la primera parte de nuestro día es parte de su maravilloso diseño. Al decir que presentamos nuestros "ruegos y quedamos a la espera de su respuesta" significa que creemos que Él es lo suficientemente poderoso para dar respuesta a nuestras peticiones. Cuando empezamos nuestras mañanas con un caminar de fe y esperanza, alineamos nuestra voluntad y deseos a los de Él, lo cual fortalece y reafirma nuestra fe. Eso significa que estamos listos para empezar el día.

Cuando algo nos pasa decimos: "Dios, ¡es momento de que mejores esta situación!". O, al contrario, decimos: "Sí, Dios, ¡deseo ver cómo obrarás en esta situación!". Habla de la forma en la que Dios ha obrado en tu vida en el pasado.

Padre, ayúdanos a empezar nuestro día contigo. Ayúdanos a despertarnos cada día y escuchar tu voz, esperando con gran esperanza en tu plan.

ESTAR TRANQUILOS

El Señor mismo peleará por ustedes. Solo quédense tranquilos.
Éxodo 14:14, NTV

Llegan momentos a nuestra vida en los que nos sentimos angustiados, aprehensivos y temerosos. Pareciera que el temor se apoderara de nosotros, o como si el mundo estuviera en nuestra contra. Dios nos ama y está preparado para pelear sus batallas. Los hombros de Dios son amplios, con la fortaleza para llevar nuestras cargas. No entren en pánico, no se desanimen, solo mantengan en calma su espíritu y escuchen.

La agitación y el pánico no serán de beneficio, solo causarán más preocupación; confíen en la misericordia de Dios y quédense en quietud y serenidad. En medio de la noche, cuando la oscuridad pareciera ser más profunda y pareciera que pone en mayor evidencia las pruebas por las que atravesamos, permitan que Dios los consuele y ayude. Pueden escucharlo mejor cuando están en calma y dispuestos a oír. Dios no los abandonará en su momento de necesidad.

¿Entran en pánico cuando atraviesan problemas? ¿Saben cómo encontrar ayuda en la Palabra de Dios? ¿Cuáles son sus preocupaciones más grandes en este momento? ¿Pueden permitir que Dios los consuele?

Dios, en nuestros tiempos de necesidad, ayúdanos a permanecer en calma y paz, dejándote obrar en nuestros problemas. Nuestro deseo es descansar en ti. Gracias por ayudarnos y amarnos.

SEGUROS Y PROTEGIDOS

Oye, oh Dios, mi clamor; atiende a mi oración.
Desde los confines de la tierra te invoco,
cuando mi corazón desmaya.
Condúceme a la roca que es más alta que yo.
Porque tú has sido refugio para mí,
torre fuerte frente al enemigo.

SALMOS 61:1-3, LBLA

¿Alguna vez han visitado un castillo de la época medieval? Estas fortalezas se construyeron de forma que podrían proteger poblaciones enteras contra los ataques de los enemigos. Tenían áreas para almacenar alimentos y provisión de agua en caso de que el confinamiento debiera prolongarse. Tenían torres y muros altos para protegerse y pelear la batalla. El Señor es tu castillo. Puede protegerlos del temor y la preocupación, será quien supla todas sus necesidades. Así como los pobladores podían correr al castillo para estar seguros dentro de sus murallas, Dios estará cerca de ustedes para albergarlos con sus brazos alrededor de ustedes.

Sin importar las circunstancias, cualquiera que enfrenten, Dios puede protegerlos y así lo hará, defendiéndolos en momento de dificultad. Relájense, descansen en Él, siéntanse seguros porque Él tiene capacidad de ayuda. Recuerden que Él es su escudo y su protección cuando lo necesitan. Permitan que sea Él quien pelee sus batallas.

¿Cuál es su respuesta al temor y la ansiedad? Cuando enfrentan problemas que los preocupan, ¿buscan la ayuda de Dios? ¿Recuerdan algún momento en el que se sintieron respaldados por Dios, con plena seguridad?

Padre Dios, ayúdanos a confiar en tu protección. Queremos descansar en ti, sentirnos seguros y protegidos en tus brazos. Gracias por darnos esa seguridad y protección.

RETIRADA

Aquis llamó a David y le dijo: Vive el Señor que tú has sido recto; tu salir y tu entrar en el ejército conmigo son agradables a mis ojos, pues no he hallado mal en ti desde el día en que te pasaste a mí hasta hoy.

1 Samuel 29:6, LBLA

El rey Aquis tenía en alta estima a David, quien se había destacado por ser un excelente líder y soldado. Un día, los soldados filisteos llegaron ante el rey para quejarse de los hombres de David. Su queja era que podrían sublevarse en contra durante una lucha. Habían escuchado que David había acabado con cientos de miles, incluso más que el rey Saúl. Si en el pasado había exterminado a tantos filisteos, ¿qué lo detendría en contra de ellos ahora? Debido a esta discordia, Aquis le dijo a David que tenía que abandonar el ejército. David trató de defenderse, no era su culpa que los filisteos estuvieran tan preocupados, pero a pesar de ello, David obedeció y se apartó del lado del rey, incluso cuando él había servido fielmente por más de un año.

En ocasiones, Dios nos dirige a alejarnos de oportunidades, trabajos y futuros que parecen perfectos. Como David, debemos obedecerle y retirarnos, recordando que Él tiene un mejor futuro para nosotros en mente.

¿Se ven como se vio David? ¿Completamente sin culpa y aun así con la necesidad de retirarse de un lugar donde parecían ser un complemento perfecto?

Padre, ayúdanos a confiar en ti cuando nos liberas de una vocación, de un puesto o de una decisión. En nuestro matrimonio, ayúdanos a apoyarnos uno al otro de manera fiel. Tú eres Dios bueno y justo, guarda eso en nuestro corazón.

VESTIRSE DE JUSTICIA

Vivamos decentemente, como a la luz del día, no en orgías y borracheras, ni en inmoralidad sexual y libertinaje, ni en disensiones y envidias.

ROMANOS 13:13, NVI

Pablo animaba a los primeros creyentes a vivir en rectitud porque el día del Señor se acercaba. Pensamos que esta epístola se escribió poco después de la muerte del Señor, lo que quiere decir que se escribió hace unos dos mil años. En este tiempo, el regreso del Señor está mucho más cerca. El consejo de Pablo es tan relevante hoy como lo fue hace siglos atrás.

Con frecuencia pareciera que la humanidad tiene un anhelo por Dios o, al menos, reconoce su existencia. Sin embargo, muchas personas eligen vivir por placer sin tomar en cuenta los mandamientos de Dios. ¿Cómo podemos combatir nuestros deseos terrenales cuando se vuelven tan fuertes? Tu cónyuge es el mejor apoyo que tienes. Apóyense y anímense el uno al otro, pasen tiempo juntos buscando la presencia de Dios. Vístanse en justicia, encontrarán fortaleza.

¿Será que al haber aceptado a Jesús como nuestro Salvador nos da derecho a hacer lo que queramos? ¿Cómo pueden crecer juntos en Dios?

Padre, a medida que vayamos limitando nuestras libertades, ayúdanos a no comprometernos con los placeres de este mundo. Vístenos de justicia.

BENDICIONES ENORMES

Pero la piedad, en efecto, es un medio de gran ganancia cuando va acompañada de contentamiento. Porque nada hemos traído al mundo, así que nada podemos sacar de él. Y si tenemos qué comer y con qué cubrirnos, con eso estaremos contentos.

1 Timoteo 6:6-8, LBLA

Piensen en la última vez en la que se sintieron perfectamente satisfechos. Tal vez fue durante unas vacaciones, tal vez fue cuando terminaron un proyecto grande o cuando finalmente se sintieron libres de la tiranía de un presupuesto muy ajustado. Con frecuencia, en los primeros años de matrimonio, el dinero no es mucho, pero el amor fluye con libertad. Después de muchos años de casados, algunos podrían extrañar esos días sin tantas preocupaciones, viviendo en un apartamento y sobreviviendo con arroz y mantequilla. Responsabilidades mínimas eran un lujo.

Otras personas podrían vivir en abundancia, pero constantemente se irritan por cosas insignificantes. No todo lo que se compra trae verdadera satisfacción, sino solo un placer temporal y, en ocasiones, trae destrucción. Sin importar si tienen mucho o poco, piensen que el contentamiento viene de tener paz en Cristo.

¿Quieren ser una pareja que al envejecer adquieran arrugas que reflejen su contentamiento? ¿Pueden hacer una pausa hoy y contar esas enormes bendiciones? Hagan juntos una lista de esas bendiciones.

Jesús, llénanos con tu Espíritu. Perdónanos cuando no estamos satisfechos con las bendiciones que derramas sobre nosotros. Ayúdanos a ser un ejemplo para quienes están a nuestro alrededor, danos tu fuerza.

SABIDURÍA QUE TRIUNFA

Oirá el sabio, y aumentará el saber,
y el entendido adquirirá consejo.
PROVERBIOS 1:5, RVR1960

Dios nos creó con la intención de que nos mantuviéramos en continuo aprendizaje; Él desea que adquiramos sabiduría. La sabiduría viene específicamente a quienes la piden. En ocasiones, se aprende en la Escuela de la Vida, a golpes. La sabiduría llena de piedad no solo viene de la Biblia, sino también de quienes la estudian, la enseñan y la predican.

Somos sabios al entender y aprender de las caídas y éxitos de otros. Colocarse entre personas con más experiencia no es un acto de debilidad, sino es un triunfo de sabiduría. Es como cuando vemos que un niño observa las tácticas competitivas de su hermano mayor, para bien o para mal. ¿Tienen éxito o problemas en lo que hacen? ¿Siguen practicando para ganar el trofeo al final?

¿Están dispuestos a buscar personas que sean más inteligentes, más amables, más gentiles o sabios que ustedes para aprender de ellos? ¿Están dispuestos a pedir consejo? Hablen juntos de las personas que son buenas influencias en sus vidas y sus matrimonios.

Padre celestial, deseamos colocarnos cerca de ti y de quienes te representen bien. Ayúdanos a madurar y a glorificar tu nombre, que podamos extender ese favor a otros. Gracias por la libertad de vivir nuestra salvación.

PRIMEROS INSTINTOS

*La respuesta amable calma el enojo,
pero la agresiva echa leña al fuego.*
PROVERBIOS 15:1, NVI

Imaginemos a un niño que ayuda a poner la mesa y de repente, deja caer un plato antiguo. La madre tiene un instante para decidir cómo reaccionar. ¿Arremete contra el niño lanzándolo al piso cerca del plato quebrado? O, ¿se detiene y reconoce la diferencia entre un accidente infantil y una conducta deliberada? El niño sinceramente estaba tratando de ayudar y la madre se da cuenta de ello. Trata de no reír, pero finalmente cede y se ríen a más no poder los dos.

Este escenario podría haber tenido un giro muy diferente, lo que hubiera causado resentimiento y enojo entre la madre y el niño. La madre pudo haber explicado o al menos, pudo haber gritado de forma desahogada con la expresión: "¡Ten cuidado!", o algo mucho peor. Sin embargo, al poder controlar su primer instinto, salvó que su relación tuviera corazones quebrantados y lastimados.

Al momento de decidir, ¿cómo pueden buscar al Señor para retomar el control? Hablen acerca de las estrategias para disipar la tensión.

Jesús, te pedimos que nos ayudes a mantener palabras bondadosas en nuestras lenguas en cada momento. Ayúdanos a ver a otros como tú los ves y recuérdanos que nada se puede esconder de tu mirada. Tu bondad nos trajo al arrepentimiento, permítenos ampliar esa gracia a los demás.

ESTÁNDARES DE AMOR

No juzguen a nadie, para que nadie los juzgue a ustedes.
MATEO 7:1, NVI

Para una joven a punto de graduarse de secundaria, el viaje escolar a Italia le dejó un sabor amargo. En una tienda glamorosa en Italia la trataron como a alguien que robaba en la tienda, en lugar de tratarla como a una cliente. El asistente de la tienda la etiquetó erróneamente y por eso la trataron diferente.

¿Estamos conscientes de que nuestros pensamientos malvados hacia las personas al juzgarlas resultan ser menos importantes que otros? ¿Nos aceleramos a hacer conclusiones o a juzgar a las personas porque creemos que no están a la altura de nuestros estándares? Ninguno de nosotros está a la altura de los estándares de Cristo y, aún así, todos seguimos siendo igual de importantes para Él. Podemos llevar nuestro amor a otros, incluso en los gestos más pequeños.

¿Han estado en una posición de preferir u honrar a determinadas personas? Al darse cuenta de que actúan de forma hostil a otros, ¿qué hacen para cambiar esa actitud? Como pareja, ¿cómo pueden acercarse a los demás?

Jesús, ayúdanos a ser como tú en nuestros pensamientos y acciones. Ayúdanos a dejar de juzgar a otros y, al contrario, a amarlos con la hermosa gracia con la que tú nos amas.

UNA DISPUTA CLARA Y LIMPIA

Recuérdales estas cosas a todos y ordénales en presencia de Dios que dejen de pelearse por palabras. Esos altercados son inútiles y pueden destruir a los que los oyen.

2 Timoteo 2:14, NTV

Una manzana podrida puede podrir a las demás. Una palabra malvada puede destruir una conversación. Sabemos que una respuesta blanda apaga la ira, pero en ocasiones son palabras contundentes las que expulsamos. Tal vez solo queremos que nos escuchen, saber que lo que dijimos es valorado. A menudo actuamos fuera de nuestra convicción, esperando que la otra persona entienda que nuestra solución es el camino correcto para hacer algo.

Es un privilegio escucharse mutuamente y que cada uno afirme su derecho de pensar como desee. Se trata de un derecho difícil de someterse, en especial cuando sabemos que la persona ha establecido un curso destructivo. En ocasiones, una persona disfruta solo de tener una buena discusión. Es probable que un cónyuge quisiera quejarse con el otro sin escuchar una solución. Tengan en cuenta las preferencias del otro cuando los ánimos empiezan a subir.

¿Disfrutan de tener una buena discusión? ¿Intentas arreglar una queja cuando tu cónyuge herido solo busca tener un amplificador? Dialoguen sobre las necesidades de cada uno.

Señor, ayúdame para que, en el momento justo, escuche y preste atención. Queremos ganar la guerra juntos, no estar en batalla uno con el otro. Ayúdanos a comunicar lo que necesitamos decirnos el uno al otro.

PONER A PRUEBA LA PACIENCIA DE DIOS

Dios no es hombre, para que mienta,
ni hijo de hombre, para que se arrepienta.
¿Lo ha dicho Él, y no lo hará?,
¿ha hablado, y no lo cumplirá?
NÚMEROS 23:19, LBLA

Balak y Moab querían que el profeta de Dios, Balaam, fuera a maldecir al pueblo de Israel. Dios le dijo a Balaam que no fuera a maldecir a su pueblo; sin embargo, Balaam fue y, para llegar, montó a su fiel burra. La burra se detuvo tres veces frente a un ángel invisible. Balaam golpeó a la burra hasta que Dios abrió su boca y le habló a Balaam. La burra había salvado a Balaam de la ira de Dios esas tres veces.

Dios estaba enfadado con Balaam; él quería el honor terrenal que Balak le había prometido. Incluso en medio de su locura por recibir la estima del enemigo, Balaam sabía que no podía decir nada, excepto lo que Dios quería que él dijera. A veces ponemos a prueba la paciencia de Dios en esa misma forma, hacemos lo que sabemos que está mal. ¡Propongámonos escuchar a Dios por primera vez!

¿Alguna vez han tratado de justificar algo malo, pidiendo a Dios que lo bendiga y Dios, en su misericordia, los detiene? Como Balaam, ¿están buscando a Dios para que bendiga algo que claramente dijo que no? Este día, dejen todos esos deseos de lado.

Señor, ayúdanos a no poner a prueba tu paciencia. Perdónanos, ayúdanos a confiar en tu palabra y en tus promesas.

LOS DOS CAMINOS

El que es fiel en lo muy poco, es fiel también en lo mucho; y el que es injusto en lo muy poco, también es injusto en lo mucho.
LUCAS 16:10, LBLA

Este versículo puede darnos temor o ánimo. ¿Cuál de los dos caminos quieren seguir? Si sabemos que a quienes tienen mucho se les demanda mucho, ¿nos asusta el compromiso? Por el otro lado, ¿creemos que una verdad a medias no causa mucho problema?

Nuestras acciones definen los caminos en nuestras mentes. Cada vez que nos salimos con la nuestra en pecado, hacemos que el camino se agrande un poco más para darle cabida a más pecado. Cada vez que actuamos en fidelidad, ensanchamos ese camino para que crezca nuestra fe y confianza en Cristo. Dios nos encomienda más y nos dará la fuerza para usar bien los dones que nos ha dado.

¿En qué camino están? ¿Están dispuestos a pedirle a Dios que los ayude a pelear incluso con las acciones más pequeñas de deshonestidad que puede haber en ustedes?

Señor, tú conoces lo más profundo de nuestro corazón y que nada te es oculto. Te pedimos que transformes nuestro corazón y nuestras mentes para permanecer en devoción completa a Cristo y así, mantener nuestros caminos en ti. Deseamos ser honestos y fieles.

¿QUÉ ES JUZGAR?

No juzguen a los demás, y no serán juzgados.
No condenen a otros, para que no se vuelva en su contra.
Perdonen a otros, y ustedes serán perdonados.
LUCAS 6:37, NTV

Juzgar en sí no es malo. Todo el tiempo estamos juzgando o dando opiniones. ¿La estufa está caliente? ¿Es seguro cruzar la calle? Abigail, el personaje que encontramos en la Biblia, estaba casada con Nabal, un hombre "grosero y mezquino". La Biblia nos cuenta que ella era una mujer "sensata". Dios no nos pide que mintamos ni que afirmemos sobre algo que no es de determinada manera. ¿De qué habla este versículo en realidad?

Levantar una opinión o emitir un juicio sobre alguien es una forma de despreciar a esa persona y eso no produce ningún bien. Es como cuando lanzamos una pelota contra un muro. La velocidad de retorno será mayor a la velocidad con la que la lanzamos y así son las consecuencias de emitir un juicio. Perdonar a alguien no significa que se es responsable por sus acciones, ni tampoco que se justifica esa conducta. El perdón trae libertad a ambas partes.

¿Se sienten atados por el rencor? ¿Han emitido juicios sobre alguien a quien necesitan liberar? ¿Qué pueden hacer ahora mismo para empezar con el proceso del perdón?

Señor, ayúdanos a ver las opiniones y el perdón por medio de tus ojos y a recibir tu libertad. Danos la sabiduría que requiere toda situación por la que atravesemos.

DESCUBIERTOS

Así, todos nosotros, que con el rostro descubierto reflejamos como en un espejo la gloria del Señor.

2 Corintios 3:18, NVI

De forma temporal, Moisés era un destello de la gloria de Dios que presenció en el Monte Sinaí cuando Dios le entregó los Diez Mandamientos. Cuando Moisés se presentó de nuevo ante el pueblo, tenía que usar un velo porque su rostro irradiaba la presencia de Dios.

Estar descubiertos significa que no hay secretos ocultos. No tenemos que esperar a ser transformados a la imagen de Dios, porque continuamente estamos cambiando para ser la imagen de Jesucristo. La gloria de Moisés se dio bajo la ley, pero ahora, la gloria del Espíritu viene de la muerte y resurrección de Jesús. Incluso ahora, ¡esa gloria vive en ustedes!

¿Alguna vez han tenido la visión de la gloria de Dios? Mejor aún, ¿han tenido la visión de la gloria de Dios viva en ustedes?

Padre, muéstranos tu gloria y ayúdanos a crecer en ti. Cuando no nos sentimos valiosos, ayúdanos a recordar que tu misericordia fue la que nos salvó, no nuestras obras ni nuestra propia justicia. Que tu gloria se vea manifiesta al desear complacerte con vidas que honren tu nombre.

RECOMPENSAS

«Yo, el SEÑOR, sondeo el corazón y examino los pensamientos, para darle a cada uno según sus acciones y según el fruto de sus obras».
JEREMÍAS 17:10, NVI

La recompensa es un beneficio que recibe para reforzar una conducta. En ocasiones, las recompensas se esperan, pero en otras ocasiones, es un regalo sorpresa. La palabra de Dios nos anima en nuestra vida diaria diciendo que nada de lo que hagamos para el Señor será olvidado. ¡Imaginemos que el cielo será así! No se trata solo de un lugar sin pecado donde Dios vivirá con nosotros, sino de un lugar al cual podemos enviar nuestros tesoros por anticipado.

Sabemos que Dios recompensará, pero no significa que tenemos que hacer algo para recibir su redención de amor. Nuestras obras no harán que Él nos ame más, ni nuestros pecados harán que su amor por nosotros disminuya.

Pregúntense si sus obras buscan agradar al Señor o a los hombres. ¿Cómo pueden servir al Señor por medio de su vida hoy?

Señor, ayúdanos en nuestra humanidad a servirte. Permite que tus promesas nos guíen a la santidad y justicia.

LA CASA DE NUESTRO PADRE

Preocupémonos los unos por los otros, a fin de estimularnos al amor y a las buenas obras. No dejemos de congregarnos, como acostumbran hacerlo algunos, sino animémonos unos a otros, y con mayor razón ahora que vemos que aquel día se acerca.

HEBREOS 10:24-25, NVI

Vivir en una forma que agrade a Dios también incluye la reunión con otros creyentes. Somos hierro que afila hierro. Es insensato de nuestra parte elegir seguir a Cristo, pero decidir no ir a la iglesia. Renunciamos a los muchos estudios, grupos y actividades relacionados con asistir a la iglesia, lo que llega a causar una desnutrición espiritual.

También es un factor que nos detiene a cumplir con la gran comisión, restándole a creyentes y no creyentes lo que pudieran ofrecerles los que no asisten. Para ser honestos, es una situación egoísta. Los servicios en línea o retransmitidos son adecuados para aquellos que están lejos de casa, que están enfermos o en algún encierro, pero se debe dar el valor adecuado a la iglesia local para nuestras comunidades y para el reino celestial.

¿Se han visto dando excusas porque prefieren seguir durmiendo o no ir a la iglesia? ¿Invierten tiempo con un grupo de creyentes? ¿Cómo pueden animarse uno al otro para salir decididamente?

Padre, perdónanos cuando vemos la iglesia como una opción final. Jesús, muéstranos cómo imitarte al asistir con regularidad a la casa de Dios. Ayúdanos a mantenernos conectados con otros creyentes y a ser una parte fructífera de tu reino en la tierra.

¿FELICIDAD ETERNA O TEMPORAL?

Al contrario, alégrense de tener parte en los sufrimientos de Cristo, para que también se alegren muchísimo cuando se muestre la gloria de Cristo.

1 PEDRO 4:13, NBV

Puede ser difícil tener que pensar sobre los "sufrimientos de Cristo". ¿Qué significa eso? Para algunos significa una persecución terrible. En la vida, todos tenemos problemas, así como llueve sobre unos y otros. Como cristianos, elegimos honrar a Dios, incluso en las dificultades.

La escritura de hoy nos implora que nos armemos con la actitud de Cristo en medio del sufrimiento. No debiéramos vivir negligentes tras los deseos humanos, debemos buscar la voluntad de Dios. A medida que elegimos una vida con Cristo, algunos de nuestros amigos o familiares podrían juzgarnos según sus estándares. Es posible que nos insulten, que nos vean de forma extraña, que no quieran invitarnos a algo o incluso que no quieran mantener comunicación con nosotros. A pesar de ello, hemos sido llamados a regocijarnos cuando nos insultan en el nombre de Cristo. La Biblia dice que Dios nos ha bendecido y que su Espíritu está sobre nosotros. La felicidad eterna se ve completamente diferente a la felicidad temporal. ¡Regocíjense de saber que la eternidad se obtuvo para ustedes!

¿Cuestionan a Dios cuando las pruebas y el sufrimiento llegan a sus vidas? ¿Le pedirán al Señor que los ayude a superar el dolor y a mantener la confianza en que Él sabe qué es lo mejor para ustedes? Comparte con tu cónyuge las pruebas por las que estás pasando y celebra tu felicidad eterna.

Jesús, danos consuelo en nuestros sufrimientos. Las entregamos a ti como un sacrificio de alabanza.

UNA PROMESA A DIOS

¡Ofrece a Dios tu gratitud, cumple tus promesas al Altísimo! Invócame en el día de la angustia; yo te libraré y tú me honrarás.

SALMOS 50:14-15, NVI

Cuando Carlos y Jennifer se casaron, juraron que se amarían uno al otro, pero también hicieron el voto de servir a Dios. Ninguno de ellos sabía que su sumisión llevaría a Carlos a convertirse en pastor unos años después. Les encantaba compartir sus vidas en el ministerio, pero junto con ello vinieron los desafíos, como sucede en cualquier profesión. Tuvieron que luchar con momentos en los que tuvieron que tomar decisiones cuando no sabían qué hacer; fueron momentos en los que se sentían impotentes para consolar a quienes estaban pasando por momentos difíciles, y días con situaciones financieras que debían conquistar.

¿Pero saben qué descubrieron? Que Dios no nos llama a hacer una tarea sin equiparnos para ella. Los momentos con la provisión de Dios son oportunidades en los que compartimos acerca de la fidelidad de Dios, enlazamos nuestro corazón y traemos a la mente el lugar donde debemos ir cuando surgen los problemas.

¿Tanto tú como tu cónyuge hicieron una promesa a Dios por algo? ¿Qué han aprendido a través de este proceso?

Señor, sabemos que honrarás nuestros votos a ti. Recuérdanos regresar a ti siempre que surjan problemas.

UNA PAREJA MENTORA

Y el Señor Dios dijo: No es bueno que el hombre esté solo.

Génesis 2:18, LBLA

¡Qué gran idea tuvo Dios en crear humanos para acompañarse! El hombre y la mujer encajan de manera perfecta física, espiritual y emocionalmente. No es poca cosa poder tener un compañero en Cristo, unidos en el mismo frente. Cuando uno de los dos es débil, el otro puede levantarlo y darle ánimo. El hombre y la mujer casados son uno a la vista de Dios.

Piensen en una pareja casada a la que admiren. Puede ser que los respeten, los honren o sientan compatibilidad con ellos por lo que les gustaría ser como ellos. Es satisfactorio ver parejas entradas en años que ríen y se cuidan uno al otro, pareciera que han logrado algo importante estando juntos. ¿No es algo que deseamos para nosotros?

¿A qué parejas admiras en tu vida y por qué? Cuéntale a tu cónyuge sobre estas parejas. ¿Le pedirías a una pareja mayor y admirable para que sean sus mentores?

Gracias por hacernos compañeros de vida. Ayúdanos a ser amables uno con el otro y con el tiempo permítenos ser una pareja piadosa y mentora para otros.

SABIDURÍA

El que posee entendimiento ama su alma;
el que guarda la inteligencia hallará el bien.
PROVERBIOS 19:8, RVR1960

Martín es el tipo de persona que desea "convertirse rico en el menor tiempo posible" y como resultado, ya puesto en práctica todo tipo de esquemas que lo puedan volver próspero. Su esposa, Delia, es todo lo contrario. Con cada decisión, ella piensa detenidamente, investiga, pide consejos sabios y lo más importante, ora por esas decisiones. Sin embargo, a veces razona demasiado sobre algunos temas.

Aquí es donde se aprecia la belleza de ser una pareja. Cada uno trae equilibrio al otro. Cuando Martín llega a casa con mucha emoción sobre una idea para incrementar los ingresos, Delia aporta ese trabajo de respaldo para ver si esa idea es viable o no. Conforme van orando y buscando comprender lo que Dios quiere que hagan, van aprendiendo que, cuando la sabiduría de Dios es parte del proceso, aman más su vida y no tienen que lidiar con el fracaso. ¿Sabes algo? Dios los ha honrado por buscarlo y los ha prosperado mucho más de lo que se hubieran imaginado.

¿Cuál es el efecto en nuestro matrimonio cuando buscamos sabiduría? ¿Qué requiere Dios para prosperarnos?

Padre, danos sabiduría al momento de tomar decisiones. Bendícenos y ayúdanos a derramar esas bendiciones en las vidas de los demás.

VAMOS SOLO DE PASO

Así que no nos fijamos en lo visible, sino en lo invisible, ya que lo que se ve es pasajero, mientras que lo que no se ve es eterno.
2 Corintios 4:18, NVI

¿Será posible que lo que vemos aquí en la tierra pudiera ser una imitación de la realidad en el cielo? Nos hemos imaginado el cielo como algo etéreo, con querubines que tocan el arpa y que flotan entre las nubes. Incluso con ese pensamiento, el mundo había de ser perfecto: el cielo en la tierra. ¿Cómo serán esa nueva tierra y ese nuevo cielo que creará Dios?

Es un hecho que con el tiempo nuestros cuerpos se dejan llevar por la gravedad y que nuestras extremidades y órganos no nos tratan con el mismo respeto que nos trataron cuando acabábamos de nacer. Cuando mantenemos nuestros pensamientos en la realidad y la gloria de lo que ha de venir (hablo de cuerpos en gloria que nunca envejecen ni mueren), podemos vivir en este punto del tiempo, con la idea de lo que será la eternidad.

¿Alguna vez han pensado en cómo podría ser vivir en un lugar perfecto? Diviértanse contando sus descripciones de cómo sería el cielo para ustedes.

Padre, ardemos en deseo de saber que un día viviremos en un paraíso impecable junto a ti. Ayúdanos a vivir cada día como visitantes que solo van de paso.

CONSEJO EFICAZ

Hermanos, no pienso que yo mismo lo haya logrado ya. Más bien, una cosa hago: olvidando lo que queda atrás y esforzándome por alcanzar lo que está delante, sigo avanzando hacia la meta para ganar el premio que Dios ofrece mediante su llamamiento celestial en Cristo Jesús.

FILIPENSES 3:13-14, NVI

Muchas personas tienen la idea de que ir con un consejero significa desenterrar el pasado y revolcarse en él. Otros piensan que al ser transparentes en ese nivel tan profundo los hará vulnerables. Buscar consejo debería llevarnos a un lugar seguro que nos muestre aquella raíz que nos lastimó, y de esa manera, podamos ser completamente libres del juicio, la culpa y la preocupación.

Una raíz de amargura puede manchar las almas de todos alrededor. Compartir las penas de nuestro pasado con un amigo cristiano de nuestra confianza nos puede liberar de las cadenas que nos esclavizan. A partir de ahí, podemos seguir avanzando hacia la meta a la que Dios nos llamó y ganar el premio que tiene para nosotros.

¿Existe un patrón que se repite en sus vidas? ¿Tienen arrebatos, hábitos o temores de los que pareciera que no pueden librarse? Compartan lo que ven en ustedes mismos.

Padre, entregamos nuestro dolor ante tus pies. Transfórmanos con tu gracia y amor. Envía a los consejeros correctos para que podamos seguir adelante.

TRAER CALMA

El necio da rienda suelta a su ira,
pero el sabio sabe dominarla.
Proverbios 29:11, NVI

¿Te ha pasado que te has enojado con tu cónyuge, les has dicho cosas horribles y después hubieras deseado poder regresar tus palabras? Sospecho que la mayoría de nosotros se ha sentido culpable por eso en varias ocasiones. Lo que es peor de todo eso es que pareciera que tenemos la capacidad de pronunciar palabras que lastiman a nuestro cónyuge de la peor manera porque conocemos los puntos en donde son sensibles o vulnerables.

La ira puede causar mucho daño en un matrimonio. Las palabras que se dicen con enojo pueden colarse hasta llegar a nuestras almas, de formas que nos hieran profundamente. La próxima vez que nos encontremos en estas situaciones, debemos ser sabios para poner en práctica la quietud hasta que retomemos el control. Deténganse y oren, pídanle a Dios que corrija su actitud antes de que digan palabras furiosas que puedan permanecer por siempre en la memoria.

¿Tienen problemas de ira? ¿Cómo afecta esa ira a su relación?

Señor, sella nuestros labios antes de que lancemos palabras de ira a nuestro cónyuge. Mantennos en quietud hasta que practiquemos la sabiduría.

PALABRAS A LA LIGERA

«Porque por tus palabras se te absolverá, y por tus palabras se te condenará».

MATEO 12:37, NVI

A primera vista, estas palabras suenan como si las dijera un juez firme. De hecho, fue Jesús quien se las dijo a los fariseos como respuesta a esas críticas severas que hacían con relación a la fuente del poder sanador de Jesús.

Nuestras palabras importan, incluso más aún, las palabras revelan nuestros motivos y nuestro corazón. No se trata de las respuestas elaboradas que damos con mucho cuidado, sino de las palabras que nuestra boca expulsa palabras sueltas. Es como la imagen de una prueba sorpresa en la escuela que nos dan sin previo aviso, ahí decimos cosas que nunca planeamos decir antes, o incluso que nunca pensamos que seríamos capaces de decir. Estas circunstancias son las que revelan nuestro corazón verdadero. El Espíritu Santo lo permite, no para avergonzarnos, sino para cambiarnos. Buscamos ayuda, solo después de que nos hayamos dado cuenta de que la necesitamos.

¿Tienes el valor de pedirle a Dios que te revele tu corazón? ¿Alguna vez tú o tu cónyuge han dicho algo que los sorprendió a ambos?

Padre celestial, tu profundo amor por nosotros es la razón por la que a veces permites situaciones que nos avergüenzan. Elimina nuestras palabras elaboradas y nuestra vanidad, que nos veamos como realmente somos. Deseamos ser verdaderos una y otra vez, puros como la plata. Danos tu gracia para lograrlo.

¡TIENEN UN DON!

Si tu don es servir a otros, sírvelos bien. Si eres maestro, enseña bien. Si tu don consiste en animar a otros, anímalos. Si tu don es dar, hazlo con generosidad. Si Dios te ha dado la capacidad de liderar, toma la responsabilidad en serio. Y si tienes el don de mostrar bondad a otros, hazlo con gusto.

ROMANOS 12:7-8, NTV

Una de las bendiciones del matrimonio es que entre ustedes dos existe una variedad de dones que comparten con su familia, la iglesia y toda su comunidad. A veces podría ser difícil enseñar, entregar, animar o dirigir. Si tu cónyuge se siente de esta manera, anímalo a reconocer el don que han recibido y recuérdale que Dios nos ha dado estos dones con un propósito.

El pasaje de la Biblia de hoy gira en torno al mandamiento más difícil: el uso de nuestros dones con alegría. ¿No les resulta frustrante cuando su cónyuge hace algo lindo por ustedes y después se queja de ello? Sean esas personas que se entregan con gozo ¡en cada uno de sus dones!

¿Cuáles son los dones que Dios les ha dado? ¿Tienen gozo en su corazón cuando usan esos dones? Compartan con su cónyuge aquellas veces en las que han visto en acción los dones del otro.

Padre, gracias por los dones que nos has dado. Entre nosotros dos podemos lograr mucho más para tu gloria, por lo que te pedimos que nos ayudes a dar generosamente, con corazones gozosos.

BUENOS PASOS

Por lo tanto, sigue los pasos de los buenos y permanece en los caminos de los justos. Pues solo los justos vivirán en la tierra y los íntegros permanecerán en ella.

PROVERBIOS 2:20-21, NTV

El deseo de Dios es que lo sigamos y que seamos hombres y mujeres de integridad. Como cristianos, queremos seguirlo, pero necesitamos salvaguardas que nos mantengan en el camino correcto. La honestidad, el honor y el buen carácter impactan de forma positiva nuestros hogares y matrimonios, aunque puede ser difícil alcanzarlos si pasamos demasiado tiempo con amigos que no comparten nuestros valores y el amor por Dios.

Escoger sabiamente a los amigos es importante porque a menudo, nos convertimos en las personas a las que les dedicamos nuestro tiempo. Debemos elegir tener buenas compañías que nos animen a vivir por Dios: amigos que también valoren la santidad del matrimonio. Como esposos y esposas, necesitamos ser amigos piadosos uno con el otro, animarnos al someternos a Dios y vivir cada día con integridad.

¿Cómo pueden animar espiritualmente a su cónyuge? ¿Sus amigos los animan con su buen ejemplo o los lleva a la perdición?

Padre, ayúdanos a caminar sobre sendas de integridad y honor. Elimina cualquier influencia que dañe nuestro matrimonio o que nos aleje de servirte.

UN OVILLO DE LANA

Pondrá de nuevo risas en tu boca,
y gritos de alegría en tus labios.
JOB 8:21, NVI

Tomás se dejó caer al suelo mientras Cristina hacía lo mismo desde su silla. Los dos estaban viendo cómo la gata de la familia descubría la mejor manera de jugar con un ovillo de lana. La bola había rodado debajo del sofá y al tratar de sacarla, la gata se atascó. Sus patas traseras giraban en el aire. En lugar de ayudarla a salir inmediatamente de ahí, Tomás y Cristina no podían hacer más que reír por las ocurrencias.

No hay nada más estimulante que una buena ración de carcajadas; es algo liberador, terapéutico y reconfortante. La Biblia nos dice que un corazón alegre es como medicina. Cuando ríes con tu pareja, experimentas una cercanía sin palabras, un momento profundo de unión que disfrutas y que deja nuestras preocupaciones de lado. Rían juntos, háganlo con frecuencia.

¿Cuándo fue la última vez en la que tú y tu cónyuge disfrutaron de una buena ración de carcajadas? Si ha pasado tiempo, planifica una actividad en la que rían ambos.

Señor, gracias por la capacidad de reír. En un mundo lleno de confusión, necesitamos algunos momentos luminosos.

SEPTIEMBRE
Hay tres cosas que me asombran;
no, son cuatro las que no comprendo:
cómo planea el águila por el cielo,
cómo se desliza la serpiente sobre la roca,
cómo navega el barco en el océano,
y cómo ama el hombre a la mujer.
PROVERBIOS 30:18-19 NVI

EL CORAZÓN DE JOB

Y el Señor dijo a Satanás: ¿Te has fijado en mi siervo Job? Porque no hay otro como él sobre la tierra, hombre intachable, recto, temeroso de Dios y apartado del mal. Y él todavía conserva su integridad, aunque tú me incitaste contra él para que lo arruinara sin causa.

Job 2:3, LBLA

Noten cómo Dios describe a Job en este versículo: hombre intachable, recto, temeroso de Dios y apartado del mal. Job era un hombre de integridad. Era tan fiel que hasta Dios lo elogiaba. ¿Habría un honor más alto? Aun en esa situación, Dios permitió que Satanás atacara a Job porque estaba seguro de que resistiría la prueba. El gran amor de Job por Dios y su compromiso hacia la santidad con la justicia lo ayudaría. Su deseo arraigado de agradar a su Padre celestial haría que su fe resistiera.

Como pareja, ¿pueden hacer un compromiso similar con Dios y entre ustedes? ¿Podría decirse de ambos, que son intachables, que hacen lo correcto, que temen a Dios y se apartan del mal? Si es así, su matrimonio durará y será un ejemplo brillante para el mundo.

Como pareja, ¿desean agradar a Dios? ¿Se mantienen firmes cuando vienen las pruebas? ¿Confía Dios en ustedes cuando atraviesan dificultades?

Padre, danos el corazón y el testimonio de Job. Ayúdanos a animarnos mutuamente para vivir fielmente para ti.

LAS PEQUEÑECES

Este es el día que hizo el Señor;
nos gozaremos y alegraremos en él.
SALMOS 118:24, NVI

Algunas veces olvidamos agradecer a Dios por los pequeños regalos. ¡Regalos que en realidad tal vez no son tan pequeños! Piensa en los regalos simples de cada día. Veinticuatro horas para pasarlas con nuestro amor y una oportunidad más de servir a Dios. A menudo nos quedamos atrapados en las responsabilidades y dejamos pasar bendiciones perdiéndonos del gozo que Dios tiene para cada día. Los momentos perdidos con nuestros seres queridos son irremplazables. Simplemente no podemos recuperar el tiempo.

¿No sería sabio sentarse como pareja y descubrir cómo priorizar el tiempo con Dios y con nuestro cónyuge? Pidan a Dios que proteja su horario. Sería una lástima que nos perdiéramos el gozo de cada nuevo amanecer. Este es el día que hizo el Señor. ¡Gocémonos y alegrémonos en él!

¿Hay algo que haya impedido que experimenten el gozo que Dios tiene para cada día? ¿Cómo pueden resolver ese problema?

Señor, protege nuestros horarios. Muéstranos cómo usar nuestro tiempo sabiamente poniéndote a ti primero siempre mientras no ignoramos los pequeños deleites que pones frente a nosotros.

GOZO INEXPLICABLE

Ustedes confían en él y se gozan con una alegría gloriosa e indescriptible.

1 Pedro 1:8, NVI

Experimentar una vida de gozo es un gran objetivo para todos nosotros. Eso no significa que estaremos felices cada día de nuestra vida y que todo será color de rosa y que no tendremos problemas. El gozo es mucho más que la felicidad temporal cuando algo emocionante sucede. El gozo verdadero es tener contentamiento en nuestras circunstancias. Es un compromiso de confiar en aquel que nos ama tanto que dio su vida por nosotros. El gozo trae una paz especial e inexplicable. Es un sentido profundo de contentamiento que viene de pasar tiempo en la presencia de Dios, estudiando su Palabra y hablando con Él.

Mientras pasamos tiempo con Dios y seguimos el camino que ha puesto para nosotros, descubrimos el verdadero gozo que solamente se puede encontrar en Él.

¿Alguna vez has experimentado un gozo verdadero en medio de momentos de dificultad? ¿Tú y tu cónyuge pasan tiempo en la presencia de Dios todos los días?

Padre, danos el gozo en el camino, contentamiento y paz cuando circunstancias difíciles se presenten.

CUANDO AMAR ES DIFÍCIL

«¡Amen a sus enemigos! Háganles bien. Presten sin esperar nada a cambio. Entonces su recompensa del cielo será grande, y se estarán comportando verdaderamente como hijos del Altísimo, pues él es bondadoso con los que son desagradecidos y perversos».

LUCAS 6:34, NTV

¡Ay! Es difícil ser bueno con nuestros enemigos, especialmente si alguien ha lastimado a un ser querido. Si no tenemos cuidado pueden emerger amargura, enojo e inclusive planes de venganza. La amargura siempre es destructiva. Nos hiere tanto como a nuestro agresor. La venganza causa incluso más daño.

Cuando el pastor de Alberto predicó sobre amar a nuestros enemigos, le costó aceptarlo. Primero, Alberto se enojó. Pero luego de pensarlo un poco le dijo a Dios: "Está bien, trataré". Él y su esposa, Susan, decidieron orar juntos por ello. El día siguiente, Alberto colocó una canasta con tomates y pepinos de su jardín en la entrada de la casa de su enemigo con una nota que decía: "de Alberto y Susan". La siguiente semana, Alberto fue a cortarle su césped. Las buenas obras continuaron durante los siguientes meses. No fue fácil, pero mientras seguían juntos el mandamiento de Dios, su matrimonio se fortalecía. Descubrieron las recompensas de actuar como verdaderos hijos del Altísimo, siendo amables con aquellos que no lo agradecían.

Dialoguen a profundidad sobre el versículo de Proverbios 25:21-22, NTV: "Si tus enemigos tienen hambre, dales de comer. Si tienen sed, dales agua para beber. Amontonarás carbones encendidos de vergüenza sobre su cabeza, y el SEÑOR te recompensará".

Padre, ayúdanos a ver a nuestros enemigos a través de tus ojos. Ayúdanos a amar como tú amas.

LA CANASTA DE FRUTAS

En cambio, la clase de fruto que el Espíritu Santo produce en nuestra vida es: amor, alegría, paz, paciencia, gentileza, bondad, fidelidad, humildad y control propio. ¡No existen leyes contra esas cosas!

GÁLATAS 5:22-23, NVI

Las canastas de regalos de los días festivos están normalmente llenas de rica fruta y tentadores manjares. Es una alegría darlas tanto como recibirlas. ¿Han pensado en crear una canasta de regalo que esté llena con frutos del Espíritu? ¿Qué pasaría si llevaran paz y gozo a su hogar después de un día atareado? ¿Qué pasaría si compartieran contención y paciencia aún en una situación agraviante? ¿Qué pasaría si todos los días expresaran amabilidad, bondad, fidelidad y dulzura a su cónyuge? ¿Qué pasaría si practicaran el autocontrol en lugar de perder el temperamento y repartieran porciones generosas de su canasta de frutos espirituales a su cónyuge cada día? ¿Qué pasaría?

Tal vez necesiten echar un vistazo a su canasta más a menudo y volverse usuarios constantes del fruto del Espíritu. ¡Qué regalo más perfecto para dar a su cónyuge!

¿Les falta alguno de los dones espirituales? Si es así, pidan ayuda a Dios para cultivar los que necesiten para que juntos, cada uno pueda llevar mucho fruto.

Señor, ayúdanos a revisar nuestras canastas espirituales y generosamente distribuir el fruto del Espíritu el uno al otro.

BONDAD INCOMPRENSIBLE

¿No ves que desprecias las riquezas de la bondad de Dios, de su tolerancia y de su paciencia, al no reconocer que su bondad quiere llevarte al arrepentimiento?

ROMANOS 2:1, NVI

La bondad de Dios va más allá de nuestra comprensión. Así como la vastedad del universo confunde a la mente humana, así también lo hace la benevolencia universal de Dios. ¿Quién sino un Dios amoroso, amable, paciente y totalmente bueno toleraría nuestra rebelión y pacientemente nos guiaría a un lugar de arrepentimiento? Él podría usar el miedo, la intimidación o la coerción para forzarnos a arrepentirnos. Pero en lugar de hacerlo, nos atrae y guía gentilmente hacia su luz.

Ustedes han sido los receptores de su maravillosa bondad y por ella han sido transformados. ¿Han mostrado bondad en su relación de matrimonio? La paciencia, tolerancia y bondad de Dios son un regalo que se les ha entregado en medida abundante. ¿Dejas que fluyan sobreabundantemente hacia tu cónyuge?

¿Son personas impacientes por naturaleza? Hablen sobre las formas en que pueden mostrar más amabilidad y ser más pacientes entre ustedes.

Padre, gracias por mi cónyuge. Que a través de los años tengamos corazones llenos de amor por ti, corazones llenos de amabilidad, tolerancia y paciencia el uno con el otro.

AMOR GENUINO

El amor es paciente y bondadoso. El amor no es celoso ni fanfarrón ni orgulloso.

1 Corintios 13:4 NTV

El amor es paciente. Es una simple definición, aún así, es muy difícil ponerlo en práctica especialmente en el contexto del matrimonio. Consideren este escenario: el esposo llega a casa más tarde de lo esperado. La esposa pregunta de forma impaciente: "¿Dónde has estado? ¡Vamos a llegar tarde!", sin pensar que tal vez su retraso era algo que no pudo evitar. En otro escenario, tal vez la esposa lleva mucho tiempo probándose ropa en el centro comercial. El gran juego comienza en treinta minutos, entonces en lugar de dejarla disfrutar el momento después de un largo día con los niños, él se queja y la apura.

La impaciencia puede enraizarse y convertirse en un hábito en el matrimonio. Las parejas sabias trabajan mucho en desarrollar la paciencia y la amabilidad. Ponen por un lado la envidia, el egoísmo y la insistencia en hacer las cosas a su manera, porque el amor genuino pone las necesidades de otros antes de las propias. La verdad sorprendente y maravillosa es que mientras más se demuestren estas cualidades, ¡más son recibidas de vuelta!

¿Son pacientes y amables con su cónyuge? Hablen sobre algunas formas prácticas en las que se pueden demostrar amor verdadero.

Señor, enséñanos a ser pacientes y amables. Ayúdanos a poner a nuestro cónyuge antes que a nosotros mismos.

UN REGISTRO DE DERECHOS

El amor no es ofensivo. No exige que las cosas se hagan a su manera. No se irrita ni lleva un registro de las ofensas recibidas.
1 Corintios 13:5, NVI

Los primeros días que empezamos a salir con esa persona maravillosa, la vemos frente a nosotros en la mesa y nos imaginamos una vida llena de días románticos, llenos de dulzura y amor. Con toda inocencia no nos ponemos a pensar en el hecho de que el matrimonio es entre dos personas imperfectas. Son personas que algunas veces son ofensivas y egoístas, y que se enojan con la menor provocación. Como personas imperfectas, aún podemos llevar un registro de los errores de nuestro cónyuge. "¡Recuerdo cuando me dijiste que podía gastar ese dinero y luego hiciste un escándalo por una semana porque lo hice!". Los recuerdos negativos tienen la tendencia de acumularse y resurgir si no han sido limpiados por medio del perdón y olvido.

¿Qué pasaría si se esforzaran en mantener un registro lo bueno que hace su cónyuge en lugar de los errores? ¿Se pueden imaginar cómo cambiaría la dinámica de su relación?

¿Guardas un registro de los errores de tu cónyuge? ¿Existe una lista que necesita ser destruida por medio del perdón?

Señor, acelera nuestros recuerdos para retener las cosas buenas, perdonar y olvidar los errores.

REAVIVAR LA LLAMA

Si tuviera el don de profecía y entendiera todos los planes secretos de Dios y contara con todo el conocimiento, y si tuviera una fe que me hiciera capaz de mover montañas, pero no amara a otros, yo no sería nada. Si diera todo lo que tengo a los pobres y hasta sacrificara mi cuerpo, podría jactarme de eso; pero si no amara a los demás, no habría logrado nada.

1 Corintios 13:2-4, NTV

¡El amor triunfa sobre todo! Cada don espiritual puede ser nuestro y podemos tener la sabiduría de Salomón y sacrificar todo lo que tenemos, pero sin amor, no tiene sentido. Sin embargo, si no existe amor, la relación no puede existir.

El amor lo cubre todo, el amor no es egoísta; sino que busca el bien del otro y pone al otro primero. El amor permite que las discusiones y decisiones sucedan en paz, porque existe un deseo innato de complacer al otro. El autosacrificio se da con facilidad y con gozo.

Si sienten que el amor se ha apagado en su matrimonio, ¿pueden saber por qué? Siéntense juntos y hablen sobre cómo pueden recuperar su primer amor.

Señor, ayúdanos a reavivar la llama tenue de nuestro amor. Haz nuestro matrimonio tan fuerte que nada lo pueda afectar.

LA CANCIÓN DE LA MOTIVACIÓN

En cambio, sean llenos del Espíritu Santo cantando salmos e himnos y canciones espirituales entre ustedes, y haciendo música al Señor en el corazón.

Efesios 5:18-19, NVI

¿Alguna vez el desánimo ha llevado a tu cónyuge al punto de la desesperación? No importa lo que hayamos hecho para ayudar o cómo tratamos de animar, puede ser que no hayamos encontrado una solución. Benita experimentó un tiempo similar con su esposo, Carlos. La situación en su trabajo era mala y estaban sufriendo financieramente. Su ego había sido golpeado y dudaba de su habilidad para cuidar a su familia. Era un tiempo difícil. Oraron juntos. Benita le enviaba mensajes con versículos de motivación todos los días, pero aun así él luchaba con las circunstancias desalentadoras. La oración de Benita fue: "Dios, no sé cómo ayudarlo. ¿Qué puedo hacer?".

Y Dios dijo: "Canta". ¿En serio? Así que esa noche cuando Carlos regresó a casa del trabajo, Benita le dijo que se sentara a la mesa del comedor, puso música en YouTube y los dos comenzaron a cantar palabras de consuelo sobre la provisión de Dios e himnos sobre un Dios fiel. Ambos se limpiaron las lágrimas mientras las palabras de adoración traían sanidad a sus corazones.

¿Están desanimados hoy? Canta alabanzas con tu ser amado. La penumbra comenzará a disiparse a través de la presencia sanadora de Jesús. ¡Hay poder en la alabanza!

Señor, danos una canción por la noche. Ayúdanos a alabarte en los tiempos buenos y en los tiempos malos.

¿ESTÁ TU TAZA MEDIO VACÍA?

Estos eran de sentimientos más nobles que los de Tesalónica, de modo que recibieron el mensaje con toda avidez y todos los días examinaban las Escrituras para ver si era verdad lo que se les anunciaba.

HECHOS 17:11, NVI

A menudo se dice que los polos opuestos se atraen. En el matrimonio, el esposo y la esposa traen fortalezas y debilidades a la relación. Un cónyuge puede estar propenso a ver las situaciones de forma negativa mientras el otro puede tener una perspectiva más optimista. Diferentes personas tienen diferentes temperamentos.

El optimista puede motivar al pesimista a animarse y ver lo divertido en la vida. El pesimista necesita crecer en confianza y gratitud para comenzar a ver la vida por medio de un nuevo lente, uno enfocado en la bondad y las bendiciones de Dios.

¿Cuál es tu perspectiva? ¿Eres el optimista que siempre ve lo bueno? O, ¿eres un pesimista que desesperadamente necesita a alguien que lo ayude a ver que hay una luz al final del túnel? Un buen matrimonio es aquel en el que existe una motivación mutua y la voluntad de crecer y cambiar.

¿Está tu taza medio llena o medio vacía? ¿Ves el lado bueno de todo o necesitas que tu pareja te anime? Hablen sobre sus diferencias.

Señor, gracias por hacernos únicos y por ser la balanza en nuestra vida que tanto necesitamos.

EL DESAFÍO DE LA DISCIPLINA

Disciplina a tu hijo, y te traerá tranquilidad;
te dará muchas satisfacciones.
PROVERBIOS 29:17, NVI

Los hijos son un regalo del Señor; hechos a la imagen de Dios y confiados a nosotros para criarlos en el temor de Dios. Hay días cuando nuestra paciencia es puesta a prueba hasta el límite, y días cuando nuestro corazón se derrite de amor y gratitud. Una joven madre con tres hijos pequeños tuvo uno de esos días. Ella puso un letrero en la ventana para producir un efecto en su esposo cuando regresara a casa del trabajo. "Se venden niños". Tres palabras que lo decían todo.

Un componente vital en la crianza de los hijos es la disciplina. Nunca es una tarea fácil, especialmente si mamá y papá tienen estilos diferentes. En lugar de permitir que una discrepancia sea un problema, ¿por qué no utilizar esta oportunidad para usar las Escrituras para ver lo que Dios dice? Encontrarán que nuestro mandato es criar a los niños que amen y obedezcan a Dios. Así que, padres, ¡mantengan el fuerte unido! ¡Hagan lo que sea necesario para estar en la misma página y al final sus hijos traerán satisfacción a sus corazones!

¿Cómo se diferencian sus estilos en la crianza de los hijos? ¿Cómo pueden complementarse y proporcionar un frente unido?

Señor, ayúdanos a enseñarle a nuestros hijos a obedecerte. Danos la sabiduría para aplicar la disciplina con amor.

SEMBRAR SEMILLAS

Instruye al niño en el camino correcto,
y aun en su vejez no lo abandonará.
PROVERBIOS 22:6, NVI

Al terminar un día exhaustivo, una joven madre se lamentó con su esposo: "No creo que estos niños hayan aprendido algo de lo que les hemos enseñado. Ni siquiera la disciplina está funcionando". El sabio papá respondió: "Estamos en esto a largo plazo. Solo tenemos que seguir y seguir adelante". El siguiente día fue diferente. Lo niños eran obedientes y amables; una afirmación necesaria que, en verdad, los métodos de Dios son los mejores. Lo que los padres habían enseñado y modelado fielmente estaba incrustado profundamente en los corazones y mentes de los niños después de todo.

Piensen en la analogía de sembrar semillas en un jardín. El jardinero fielmente riega, fertiliza y poda el jardín para proporcionar el mejor ambiente posible para que las semillas echen raíces. Nada parece estar sucediendo por un largo período, pero finalmente la semilla retoña y el fruto aparece hermoso y encantador. De la misma forma, plantamos semillas de fe en los corazones de nuestros hijos enseñándoles la Palabra de Dios, llevándolos a la iglesia, orando juntos y modelando a Jesús delante de ellos cada día. Proporcionamos el mejor ambiente que podemos para su crecimiento espiritual. Puede que no veamos los resultados inmediatamente, pero las semillas están allí y Dios hará que crezcan y florezcan cuando la tierra de sus corazones esté lista.

¿Qué pueden hacer para sembrar semillas de fe en sus hijos? ¿Están infundiendo fielmente en ellos la verdad de la Palabra de Dios? ¿Están modelando el amor de Jesús todos los días?

Señor, ayúdanos a ser fieles en sembrar semillas de fe en nuestros hijos. Ayúdalos a florecer.

SIEMPRE HIJOS

Hijos, obedezcan a sus padres porque ustedes pertenecen al Señor, pues esto es lo correcto. «Honra a tu padre y a tu madre». Ese es el primer mandamiento que contiene una promesa: si honras a tu padre y a tu madre, «te irá bien y tendrás una larga vida en la tierra».

EFESIOS 6:1-3, NTV

Solo porque están casados ahora no significa que dejan de ser hijos. Siguen siendo los hijos de sus padres. Aunque haya cambios en su relación porque ahora son colegas, realmente están entrando a un nuevo lugar de bendición. Sus padres son ahora la mayor fuente de sabiduría y con optimismo se habrán convertido en buenos amigos y compañeros valiosos.

Muchas parejas jóvenes tienen el privilegio de tener dos pares de padres con quienes relacionarse, porque dos familias se han fusionado. Aunque las relaciones sean diferentes, algo no cambia: Dios todavía requiere honor y respeto hacia los padres. Tomará tiempo y esfuerzo, pero Dios mostrará formas de honrarlos y entonces Él bendecirá su matrimonio, dándoles una vida larga y satisfactoria.

¿Han hablado con sus padres hoy? ¿Esta semana? Si no lo han hecho, llámenlos, o aún mejor, visítenlos juntos. Los bendecirán mientras vean que son felices en un matrimonio piadoso.

Señor, gracias por nuestros padres. Ayúdanos a honrarlos con nuestras palabras y acciones.

A LARGO PLAZO

El amor… se mantiene firme.
1 Corintios 13:7, NVI

Sara había batallado con una enfermedad crónica por muchos años. Debilidad, fatiga, dolor y movilidad limitada eran elementos conocidos en sus días. Había sido un tiempo difícil y frustrante, especialmente porque los doctores no podían determinar qué estaba mal. Ella quería visitar lugares y divertirse con su esposo Carmelo, pero en la mayoría de los días, carecía de la capacidad física para lograrlo. Ella estaba cansada del camino. Le dolía saber que estaba impactando la vida de su esposo de forma negativa.

Sin embargo, esta era la parte hermosa. Cuando Carmelo pronunció sus votos, lo dijo en serio. Estaba en la relación a largo plazo, en la enfermedad como en la salud. Conocía la esencia del amor real; sabía que era un compromiso que con la ayuda de Dios lo capacitaría para perseverar a través de las pruebas con paciencia y cuidados amorosos. Carmelo sabía que mantener los votos delante de Dios, da como resultado tener recompensa en esta vida y en la que ha de venir. Dios guarda su pacto con nosotros y nos verá a través de cualquier prueba mientras guardamos nuestro pacto con él.

¿Qué pruebas han pasado como pareja? ¿Los han acercado más a Dios y entre ustedes?

Señor, ayúdanos a honrar nuestros votos matrimoniales en medio de los días difíciles como en los buenos. Danos el amor que permanece firme.

EL TIEMPO PASA

Pero no olviden, queridos hermanos,
que para el Señor un día es como mil años,
y mil años como un día.

2 PEDRO 3:8, NVI

Cuando encontramos la persona correcta, una pareja que se ajusta perfectamente, el versículo sobre el tiempo parece irrelevante. El sentido de seguridad y comodidad que experimentamos suaviza el proceso de envejecimiento. Ya sea que hayan estado casados por semanas o años, el sentido de unión hace que las situaciones y circunstancias cambiantes de la vida fluyan sin problema. Aquello que sucedió durante los primeros años de casados se recuerda porque parece como si fuera ayer. El tiempo pasa, pero pasa desapercibidamente.

La seguridad de saber que están en el centro de la voluntad de Dios para su matrimonio es una bendición maravillosa. No están ahí por obligación. Claro que requiere esfuerzo mantener una buena relación, pero el viaje desde el altar a la eternidad se convierte en una aventura llena de regocijo, llena con muchas sorpresas de Dios.

¿Cuánto tiempo han estado casados? ¿Parece ser poco tiempo o una eternidad?

Padre, tú eres el Dios del tiempo. Gracias por unirnos en tu tiempo perfecto. Mantennos juntos y fuertes por muchos años hasta que estemos cara a cara delante de ti.

EL JUEGO DE LA ESPERA

Guarda silencio ante el Señor,
y espera en él con paciencia;
no te irrites ante el éxito de otros,
de los que maquinan planes malvados.
Salmos 37:7, NVI

Muchos de nosotros no somos los mejores jugadores cuando estamos a la espera; queremos lo que queremos, ahora. Si tenemos un problema, queremos que se arregle inmediatamente. Si le pedimos a Dios por algo, esperamos una respuesta instantánea. En tiempos de crisis, podemos ver a otros que no necesariamente están sirviendo a Dios y su falta de problemas nos irrita. David, el salmista, pensó de la misma manera: "porque envidiaba a los orgullosos cuando los veía prosperar a pesar de su maldad" (Salmos 73:3, NTV).

Dios no nos está castigando al hacernos esperar; de hecho, Él tiene un gran propósito para ello. Dios está ocupado transformando nuestro carácter: nos está enseñando una lección valiosa en la confianza y forjando un lazo entre nosotros mientras lo buscamos juntos. Si no vemos una respuesta inmediata, sabremos que Dios está ocupado trabajando entre bastidores. Tal vez sus sueños para nosotros son más grandes que los nuestros y otras piezas necesitan encajar antes de dar la respuesta esperada. Así que permanezcan en tranquilidad. Anímense mutuamente y esperen juntos en Dios.

¿Tienen problemas para esperar en Dios? ¿Qué áreas de su vida necesitan ser perfeccionadas? Enumeren algunas de las lecciones que creen que Dios quiere que aprendan.

Señor, enséñanos a esperar en ti. Sabemos que tienes grandes planes para nuestra vida juntos.

EL FACTOR DEL CONTROL

Mejor es ser paciente que poderoso; más vale tener control propio que conquistar una ciudad.

PROVERBIOS 16:32, NVI

El deseo de controlar ha sido un problema desde el inicio de los tiempos. Por control han estallado guerras, han ocurrido divorcios; la competencia del control ha provocado incluso muertes. El matrimonio fue creado por Dios, no como una competencia. sino como una colaboración. La batalla por el control no tiene lugar en el matrimonio, más que para que cada uno desarrolle dominio propio. Las decisiones para que sean de satisfacción mutua, deben dialogarse y aceptarse por mutuo acuerdo y en oración.

Dios es nuestra máxima autoridad y Él está a cargo. Un buen matrimonio funciona desde el marco donde ninguno de los dos está luchando por controlarlo. Ambos están trabajando juntos para cumplir con las responsabilidades que se les han asignado de manera amistosa. El matrimonio beneficia a medida que el trabajo se divide y las decisiones se toman juntos, siempre reconociendo a Dios como el director. Sean pacientes los unos con los otros y disfruten de la paz.

¿Hay problemas en tu matrimonio en los que luchas por el control? ¿Cómo podrías rectificarlos?

Padre, reconocemos que estás a cargo de cada faceta de nuestro matrimonio. Toma el control de todos los aspectos y permítenos vivir cada día para ti.

CHOQUES DE PERSONALIDAD

Si es posible, y en cuanto dependa de ustedes, vivan en paz con todos.

ROMANOS 12:18, NVI

Cada persona es única con una personalidad distintiva. En algún momento podrían conocer a alguien con quien es difícil relacionarse y pronto se dan cuenta de que sus personalidades no encajan de forma automática. Puede tomar algo de trabajo desarrollar y mantener esa relación.

Puede que se den cuenta de que eso también pasa en el matrimonio. Al inicio se sentían atraídos por su pareja debido a su buen aspecto. Tal vez descubrieron un talento o rasgo que era especialmente adorable. Aprendieron que tenían intereses comunes y compartían valores similares. Sin embargo, incluso después de todo lo que sabían, sin duda descubrieron nuevos hallazgos después de casarse: hábitos, peculiaridades de personalidad y diferentes maneras de ver las cosas que de vez en cuando pueden causar desacuerdos. ¿Qué pasó con la paz y la alegría que una vez experimentaron?; y más importante aún, ¿qué deben hacer? De acuerdo con las Escrituras, deben buscar en lo interno. Pidan a Dios que les revele las maneras en la que estén contribuyendo a la discordia y que abra sus ojos a los rasgos difíciles propios de su personalidad. Esa oración abrirá la puerta para que Dios inicie una transformación en sus corazones que tendrá un efecto en ambos.

¿Cuáles son algunas de las diferencias en la personalidad entre tú y tu pareja? Pidan a Dios que le revele a cada uno dónde necesitan cambiar y que les conceda la gracia para aceptarse mutuamente.

Dios, te agradecemos por hacernos diferentes a todos y aún así darnos tu amor para que podamos vivir en paz.

LLEVARSE BIEN

Busquen la paz con todos.
HEBREOS 12:14, NVI

El matrimonio no solamente trae momentos de dulzura y flores, sino también momentos de desacuerdo e incluso de lucha. Una vez que están unidos en matrimonio y viviendo bajo el mismo techo, pronto descubren que los dos no están de acuerdo en todo. Las decisiones están por delante y la opinión de tu cónyuge puede ir en contra de tu voluntad y agravar tu sentido de la lógica. ¿Van a discutir, cada uno insistiendo a su manera o van a comprometerse por el bien de la paz? A veces, incluso el silencio es sabio ya que ambos se toman el tiempo para procesar sus pensamientos y pedirle a Dios por dirección.

El objetivo es tener un hogar tranquilo. La paz fomenta el crecimiento, tanto en su relación con Dios, como entre ustedes. Cuando establecen como hábito algunos patrones nuevos para resolver conflictos, los desacuerdos dejan de ser tan frecuentes y la paz reina. La Nueva Traducción Viviente lo escribe así: "Esfuércense por vivir en paz con todos y procuren llevar una vida santa, porque los que no son santos no verán al Señor".

¿La paz de Dios gobierna su hogar? Si no, ¿qué pueden hacer diferente?

Señor, gracias por tu dulce paz que viene de conocerte y seguir tus mandamientos.

PERSONAS SENSATAS

Las personas sensatas no pierden los estribos;
se ganan el respeto pasando por alto las ofensas.
PROVERBIOS 19:11, NVI

Lisa se sorprendió de lo buena que era para meterse en líos. ¿Cuántas mujeres podrían conseguir que el vehículo se atascara entre una barrera de concreto y un bordillo? Quiero decir, realmente atascado, con solo una o dos pulgadas de espacio de maniobra. Se esforzaba dándole al embrague para atrás y adelante, para atrás y adelante para lograr salir del estacionamiento. Se encogía cada vez que el neumático se raspaba contra el concreto, imaginando las feas marcas que dejaría allí. Finalmente, logró liberar el vehículo, pero había un nudo en su estómago al preguntase cuán enojado iba a estar su esposo, Tomás, cuando viera el neumático.

Para su sorpresa, Tomás le mostró empatía. Se encogió de hombros y dijo: "Todo el mundo comete errores, cariño. Es solo un neumático". Tomás había estado orando por su facilidad para perder los estribos, porque mantener la paz con su esposa era una de sus prioridades. En ese momento, el amor de Lisa por Tomás creció. Tomás verdaderamente puso en práctica la sabiduría de este proverbio e inmediatamente experimentó los beneficios de su obediencia.

¿Es la reacción exagerada o la ira un problema en su matrimonio? ¿Cómo pueden manejar mejor sus respuestas?

Señor, haznos lentos para la ira y rápidos para perdonar.

FIELES EN LA ORACIÓN

Alégrense en la esperanza,
muestren paciencia en el sufrimiento,
perseveren en la oración.

ROMANOS 12:12, NVI

Uno de los dones más valiosos que tenemos en nuestros matrimonios es la oración. Cuando aprendemos a confiar en Dios y a entregarle nuestros problemas, surge una alegría inexplicable y una dulce esperanza, incluso cuando las circunstancias no han cambiado. Los tiempos de aflicción son difíciles, especialmente cuando nuestro cónyuge se ve afectado. Nuestra primera inclinación es tratar de arreglar el problema y muy a menudo no podemos. ¡Qué maravilloso es conocer al Dios que puede! Continúen orando, incluso cuando no vean la respuesta frente a ustedes. Y mientras esperan, pregunten al Señor qué quiere que aprendan de la situación.

Existe una dulzura especial que viene cuando las parejas oran juntas. Se está creando una herencia maravillosa en la oración, y un día se mirará hacia atrás con gratitud por la fidelidad de Dios. Los corazones están unidos lado a lado.

¿Oran juntos como pareja? Tomen un momento para recordar las respuestas a las oraciones que han recibido.

Padre, gracias por el regalo de orar juntos como pareja. Ayúdanos a esperar en ti y a ser fieles en nuestras oraciones.

POR ENCIMA DE LA LISTA

«Clama a mí y te responderé,
y te daré a conocer cosas grandes
y ocultas que tú no sabes».
JEREMÍAS 33:3, NVI

A veces nos preguntamos por qué Dios no parece estar respondiendo a nuestras oraciones. Piensen en esto: ¿realmente le han pedido a Dios lo que necesitan? Tal vez se han quejado, apesadumbrado, preocupado o hablado con otras personas, pero simplemente olvidaron preguntarle a Dios.

Las listas de oración pueden ayudar con este problema. Registren sus peticiones, sus necesidades, sus deseos y sus grandes sueños, agregando lo que sea necesario. Usen la lista para dirigir sus oraciones y luego registren lo que Dios hace en cada situación. Crean cuando Dios dice: "Les responderé antes que me llamen. Cuando aún estén hablando de lo que necesiten, ¡me adelantaré y responderé a sus oraciones!" (Isaías 65:24, NTV). Las listas son útiles, pero claro, Dios no se limita a ellas. Él quiere hacer tanto en nuestra vida. Obséquiense mutuamente el regalo de ser compañeros de oración. No lo lamentarán.

¿Oran juntos? ¿Oran diariamente por su cónyuge? ¿Son específicos en sus oraciones y verdaderamente confían en que Dios responderá?

Señor, recuérdanos clamar a ti con nuestras peticiones y necesidades. Gracias porque siempre nos respondes.

SIN TEMOR A LAS MALAS NOTICIAS

Ella se ríe sin temor al futuro.
PROVERBIOS 31:25, NTV

Los problemas vendrán a cada vida y matrimonio. No nos preguntamos: "si vienen"; sino más bien: "cuándo vienen". ¿Recuerdan los votos que hicieron? "En la enfermedad y en la salud, para bien y para mal, en la riqueza y la pobreza hasta que la muerte nos separe". Esa es la base de un matrimonio. Desde esa plataforma, Jesús los mantendrá unidos en la alegría y en la adversidad mientas confían en Él.

¿Cómo podemos prepararnos para los problemas que nos esperan? La verdad es que no podemos hacer nuestra vida a prueba de problemas, pero podemos construir nuestra fe sumergiéndonos en la Palabra de Dios, pasando tiempo en oración y confiando en las magníficas promesas de Dios. Como dice el dicho: "En guerra avisada, no hay heridos". Una pareja sabia se prepara, se arma con la Palabra de Dios y se alista para lo que venga.

¿Es la oración una parte importante de su matrimonio o es solo una herramienta secundaria que se guarda hasta que llega un problema? Hablen sobre los momentos en los que Dios ha estado con ustedes a través de dificultades financieras, problemas de salud o familiares.

Señor, gracias por estar allí durante tiempos difíciles de nuestra vida y por siempre responder cuando clamamos a ti.

UNA LÍNEA DE ORACIÓN ABIERTA

Esta es la confianza que tenemos al acercarnos a Dios: que, si pedimos conforme a su voluntad, él nos oye.

JUAN 5:14, NVI

¿Alguna vez trataste de comunicarte con tu cónyuge mientras su mente estaba en otra parte y, por ende, no escuchó tus palabras? Tal vez le pediste que comprara unos filtros de café y crema de camino a casa, pero para comenzar, no hubo una conexión mental y por eso se le olvidó. O tal vez tiene una duda y quiere preguntar, pero está nervioso y teme que la pregunta provoque un conflicto o que no se tome de la manera correcta.

Por el contrario, cuando nos acercamos a Dios no tenemos que preocuparnos por nada de eso. Podemos estar seguros de que cada vez que nos acercamos a Él nos escucha en cada palabra que decimos, inclusive conoce las peticiones tácitas que son demasiado difíciles de verbalizar. Esposos y esposas: ¿tienen alguna petición hoy? Pidan de acuerdo con su voluntad y descansen seguros de que Él los ha escuchado.

¿Es la oración una parte importante de su matrimonio? ¿Están seguro de que cuando traen sus necesidades a Dios, Él realmente los escucha?

Señor, gracias por darnos el privilegio de traerte nuestras peticiones. Estamos agradecidos de que siempre nos escuchas y de que la línea de oración nunca está ocupada.

BUSCAR A DIOS

Busquen al Señor mientras puedan encontrarlo; llámenlo ahora, mientras está cerca. Que los malvados cambien sus caminos y alejen de sí hasta el más mínimo pensamiento de hacer el mal. Que se vuelvan al Señor, para que les tenga misericordia. Sí, vuélvanse a nuestro Dios, porque él perdonará con generosidad.

Isaías 55:6-7, NTV

Dios quiere pasar tiempo con sus hijos. Él desea cercanía; una conexión profunda del corazón. ¿Alguna vez han pensado en el hecho de que la presencia de Dios está cerca, pero están tan ocupados con la vida que no se dan cuenta? Tal vez no se dan cuenta de que Dios los invita a tener una relación cercana con Él. ¿Se imaginan cuánto mejorarían nuestros hogares y matrimonios si atendiéramos a ese llamado? ¿Si nos acercamos a Dios como Él se acerca a nosotros?

Busquemos al Señor. Él está esperando para verter su misericordia y perdonar nuestro pecado. Vamos a perseguirlo con el mismo celo que teníamos cuando salíamos con nuestro cónyuge. Aunque está más allá de nuestro entendimiento, podemos estar seguros de que el Dios que hizo el universo está esperando pasar tiempo con nosotros. Él promete perdón y misericordia en ese lugar de comunión. Busquen a Dios juntos como pareja. Un cordón de tres hebras nunca se romperá.

¿Notas una intimidad más profunda con tu pareja cuando pasas tiempo en la presencia de Dios con más frecuencia? ¿Cómo puedes tener más tiempo para Él?

Señor, pon el deseo en nuestro corazón de buscarte. Nos sentimos honrados de que quieras pasar tiempo con nosotros.

ACUDIR A DIOS PRIMERO

¡Refúgiense en el Señor y en su fuerza, busquen siempre su presencia!

1 Crónicas 16:11, NVI

Algunos de nosotros seguimos aprendiendo lentamente a pesar de que hemos estado alrededor de la misma situación muchas veces. La vida nos ofrece muchas oportunidades para acudir a Dios en busca de respuestas, pero a menudo, en lugar de acudir primero al Señor, planeamos, nos preocupamos y cometemos imprudencias mientras avanzamos por nuestra cuenta. Entonces, cuando todo lo demás falla, acudimos a Dios en busca de ayuda.

El estereotipo de conductor masculino prefiere conducir millas y millas antes de admitir que necesita ayuda para llegar a algún lugar. ¡Su ego no le permite admitir que está perdido! De manera similar, en lugar de admitir nuestra debilidad y correr al trono de la gracia primero como Dios nos invita a hacer, tontamente confiamos en nuestra propia sabiduría. Esposo, esposa: recuerden acudir a Dios con cada necesidad, cada pregunta, cada problema. Dejen que su sabiduría y fuerza los ayuden. ¿Por qué esperar a que haya un desastre que limpiar? ¡Corran a Dios primero!

¿Tú y tu cónyuge tratan de arreglar los problemas por ustedes mismos o buscan a Dios por respuestas? Hablen sobre algunas de esas situaciones con las que se han encontrado en el pasado.

Señor, ayúdanos a buscar las respuestas y la ayuda que necesitamos en ti.

LA PRIORIDAD DE DIOS

En realidad, sin fe es imposible agradar a Dios, ya que cualquiera que se acerca a Dios tiene que creer que él existe y que recompensa a quienes lo buscan.

HEBREOS 11:6, NVI

Graciela reflexionó sobre los últimos dos años. Había estado soltera por un largo tiempo. Se había centrado en su relación con Dios porque sabía que era lo más importante en su vida. Se sentía satisfecha, incluso si nunca se casara, Dios sería su esposo. Sin embargo, no pasó mucho tiempo antes de que Miguel entrara en su vida. Era todo lo que ella siempre había soñado en un compañero. Graciela creía que Miguel era el regalo de Dios para ella, porque ella hizo de Dios su prioridad.

Las parejas casadas tienen sueños y metas en la vida. Algunos de ellos son pequeños y otros monumentales, pero ninguno es tan importante como poner a Dios primero en su matrimonio. Un matrimonio exitoso se sostiene solo por la fe en Dios. Las recompensas del contentamiento, el gozo y la paz en todas las circunstancias se convierten en el sello distintivo de sus vidas. Si sus sueños nunca se hacen realidad, ¡ellos han alcanzado la meta final de la vida eterna a través de Cristo!

¿Confían en Dios por encima de todo? ¿Lo ponen primero?

Señor, gracias porque no necesitamos nada ni a nadie más que a ti.

LENTES DE AMOR

Primero quita el tronco de tu ojo; después verás lo suficientemente bien para ocuparte de la astilla en el ojo de tu amigo.
LUCAS 6:42, NTV

Es tan fácil ver las faltas en los demás y tan difícil verlas en nosotros mismos. Ese enfoque defectuoso puede tensar una relación. Pero una vez que reconocemos nuestras faltas, podemos mirar a nuestros seres queridos a través de un lente de amor que perdona. Orar como pareja sobre nuestras faltas quita el enfoque de nosotros y lo pone en Dios en donde debe estar.

Ninguno de nosotros es perfecto. Ofrezcamos gracia en lugar de quejas.

¿Qué pasos podemos tomar para ayudarnos mutuamente a ser más como Cristo? ¿Cómo podemos aceptar mejor los defectos del otro?

Señor, danos el valor para lidiar con los defectos de nuestra vida antes de enfocarnos en las imperfecciones de nuestra pareja. Ayúdanos a mirarnos a través del lente del amor y la aceptación en lugar de la crítica.

EL REFLEJO DE CRISTO

«El que los recibe a ustedes me recibe a mí,
y el que me recibe a mí recibe al Padre, quien me envió».
MATEO 10:40, NVI

El matrimonio a menudo se compara con la relación entre la iglesia y Cristo. Podemos aprender algunas lecciones valiosas del ejemplo de Cristo. Cuando nos aceptamos mutuamente con amor y perdón como Cristo acepta a su iglesia, recibimos un entendimiento más profundo de lo que Dios ha hecho por nosotros y experimentamos una mejor relación entre nosotros.

Aprender a aceptarnos mutuamente de manera inequívoca también conduce a una comprensión más clara de nuestra relación con Jesús y de su relación con Dios Padre. Nuestras vidas pueden convertirse en un reflejo de esa relación. ¿Y qué puede ser mejor que hacer que tu cónyuge te mire y vea el reflejo de Cristo?

¿Qué puede nuestro matrimonio enseñarnos acerca de nuestra relación con Dios? ¿Cómo refleja nuestra relación el amor incondicional de Dios?

Padre, ayúdanos a recordar cómo nos aceptas tan amorosamente a pesar de que conoces todos nuestros defectos. Recuérdanos llevar esa lección a nuestra relación para que nos recibamos mutuamente con el mismo amor, compasión y perdón que nos concedes.

OCTUBRE
Ámense los unos a los
otros con amor fraternal,
respetándose y honrándose
mutuamente.
Romanos 12:10, NVI

OBRA EN PROCESO

Pero tú me dirás: «Entonces, ¿por qué todavía nos echa la culpa Dios? ¿Quién puede oponerse a su voluntad?». Respondo: ¿Quién eres tú para pedirle cuentas a Dios? «¿Acaso le dirá la olla de barro al que la modeló: "¿Por qué me hiciste así?"?». ¿No tiene derecho el alfarero de hacer del mismo barro unas vasijas para usos especiales y otras para fines ordinarios?

ROMANOS 9:19-21, NVI

Si han visto un alfarero trabajando, sabrán que darle forma a un florero o a un tazón no es un proceso rápido. Se requiere tiempo, paciencia y un deseo de excelencia para darle forma y fineza a la cerámica. Si en algún momento llega a darse una imperfección, el alfarero debe empezar nuevamente, pero sin desechar la arcilla. Sabe que ese esfuerzo adicional dará como resultado una obra de belleza y utilidad.

Nuestros matrimonios funcionan en esa misma forma. Nuestras relaciones son obras en proceso que requieren tiempo y paciencia a medida que las dos personas aprenden a vivir juntas, por lo que es fundamental que Dios, el alfarero maestro, sea quien esté en control. Cuando surja algún problema o inconveniente, es momento de empezar de nuevo, sin desechar aquello que es sumamente precioso.

En nuestro matrimonio, ¿qué necesita ser reformado? ¿Cómo podemos lograrlo con paciencia y amor?

Dios, moldea nuestra vida y nuestro matrimonio para crear algo especial. No permitas que desechemos el regalo que nos has entregado. Ayúdanos a aceptar las imperfecciones mientras sigamos buscando la belleza de nuestra relación.

AVENTURAS DE VIDA

Dichoso el que tiene en ti su fortaleza,
que solo piensa en recorrer tus sendas.
SALMOS 84:5, NVI

El matrimonio es una aventura. Las aventuras nos llevan a territorios desconocidos y lo mismo pasa con nuestras relaciones. Parte de la diversión en toda aventura es tener un compañero durante toda la jornada y nada puede ser mejor que vivir momentos llenos de gozo con tu pareja.

Sin embargo, las aventuras también vienen con peligros y momentos inesperados que amenazan con destruir nuestros viajes. Las aventuras de la vida también atraviesan con dolores emocionales que no esperábamos, problemas de salud y dificultades financieras. Si el viaje de la vida fuera en carretera, ¿dónde giraríamos cuando el viaje se torne difícil? Aquellos viajeros que buscan asesoría en sus aventuras acuden a los guías de turismo, y en nuestro caso, tenemos al máximo guía que es Dios. Cuando los problemas perturban la aventura, Él ve nuestro camino con claridad y será quien nos dé las herramientas necesarias para continuar.

¿Cuáles son algunas aventuras que podemos hacer juntos para Dios? ¿Qué hemos aprendido de los obstáculos que hemos tenido en nuestra aventura de vida y cómo podemos usar esos momentos para acercarnos uno al otro?

Señor, queremos vivir esta aventura contigo. Llévanos a los lugares a los que tú quieras llevarnos y recuérdanos acudir a ti para buscar ayuda cuando surjan dificultades en nuestro camino.

PENSAR EN TI

Dios es testigo de cuánto los quiero a todos con el entrañable amor de Cristo Jesús.

FILIPENSES 1:8, NVI

En cada uno de nosotros existe un anhelo de amor y afecto, y ese anhelo es importante en nuestras relaciones. Dios definió el estándar para el amor perfecto y nos inspiró por medio de su ejemplo. Sin embargo, es muy fácil ocuparse o preocuparse cuando las responsabilidades exigen nuestra atención. Cuando olvidamos expresar nuestro afecto creamos un punto de anulación en nuestro matrimonio.

El matrimonio necesita todo tipo de afecto. El toque físico es fundamental, los abrazos y los besos dicen: "Eres la persona más especial para mí sobre la tierra". También es importante escuchar las palabras *Te amo* todos los días. Hagan el intento de escribir una pequeña nota y dejarla cerca del café de su cónyuge en la mañana. Envíen flores solo porque sí, envíen un texto que diga: "Pienso en ti". Así como Dios comparte de manera hermosa su amor con nosotros, nosotros nos volvemos extensiones de sus manos amorosas y de su corazón. De esa forma podemos compartir ese amor con el cónyuge que Dios nos ha dado.

¿Cómo te sientes cuando tu pareja te muestra su afecto? ¿Qué puedes hacer para ser más amoroso con tu cónyuge?

Padre, gracias por el amor que nos das. Ayúdanos a cumplir con la necesidad de afecto hacia nuestros seres queridos. Ayúdanos a celebrarnos con tanto amor, que nuestro corazón rebose de amor.

AUTORIDAD ETERNA

Desde los tiempos antiguos, yo soy.
No hay quien pueda librar de mi mano.
ISAÍAS 43:13, NVI

¿Alguna vez notaron que tenemos tendencia de querer estar a cargo? Esa actitud puede causar un conflicto real en nuestras relaciones, en especial si nos negamos a tomar el compromiso. A nadie le gusta ser controlado o gobernado, por ello, la superioridad no es algo que funcione en un matrimonio. Cuando uno de los cónyuges ordena y exige con mano dura, el resentimiento empieza a formarse y el amor queda aplastado.

Afortunadamente, nuestras acciones controladoras, cuando hemos usado la autoridad en forma incorrecta, pueden revertirse con muestras de arrepentimiento y con la disposición de que sea Dios quien nos dirija. Las acciones de Dios no se pueden revertir y esa sí que es una bendición. Nuestras mejores decisiones son aquellas que tomamos de acuerdo con su voluntad inmutable y esas son acciones que nunca herirán nuestros matrimonios.

¿Qué tipo de autoridad es la que los representa? ¿Quién toma las decisiones en casa? ¿Cómo afecta ese puesto a su cónyuge y a su relación?

Señor, recuérdanos fundamentar nuestro matrimonio en el amor y no en el control. Ayúdanos a recordar que eres la verdadera figura de autoridad en nuestra casa y que tus acciones son para siempre.

PERSPECTIVA

Yo sé bien que tú lo puedes todo, que no es posible frustrar ninguno de tus planes.

JOB 42:2, NVI

Una de las responsabilidades de ser autoridad es la toma de decisiones. ¿No sería maravilloso si pudiéramos ver el futuro antes de tomar decisiones? Lamentablemente, eso no es posible y por ello, tenemos que vivir con los resultados de nuestras acciones por el resto de nuestra vida. Todos nosotros tenemos momentos donde dañamos nuestras relaciones o lastimamos a quienes amamos por haber tomado malas decisiones.

¿Cómo podemos tomar decisiones sin tener perspectiva? ¿Cómo podemos conocer la voluntad de Dios para nuestra vida? Podemos orar al respecto con nuestro cónyuge, hablar juntos del tema y si actuamos en conformidad con la palabra de Dios, entonces nuestras decisiones se vuelven más fáciles de tomar. Dios tiene una perspectiva perfecta y su visión tiene un propósito para cada pareja. Cuando vivimos bajo la autoridad de Dios estamos destinados al éxito y esa es una verdad para los matrimonios también.

¿Cómo manejan la autoridad en su hogar? ¿Qué pueden hacer para tomar mejores decisiones juntos como pareja?

Señor, queremos que seas tú la máxima autoridad para nuestro hogar. Ayúdanos a tomar decisiones sabias fundamentados en el amor que tenemos uno por el otro y el amor que tenemos por ti.

LOS MEJORES AMIGOS

Un amigo es siempre leal, y un hermano nace para ayudar en tiempo de necesidad.

PROVERBIOS 17:17, NTV

Es posible que alguna vez nos hayamos sentido abrumados cuando trabajábamos en algún proyecto durante el cual alguien se acercó y dijo: "En verdad aprecio todo el esfuerzo que haces". Ese cumplido y palabras de ánimo fueron los que quitaron lo pesado a ese trabajo. En nuestras relaciones, las palabras amigables y de agradecimiento de nuestro cónyuge nos dan ese impacto de ánimo que necesitamos para seguir avanzando.

Cuando decimos que Dios es nuestro amigo, la Biblia confirma que Él nos ama en todo tiempo, incluso cuando nos equivocamos. Dios nos anima durante los momentos difíciles y cuando estamos abrumados, nos ama tanto que incluso dio su vida por nosotros. ¡Qué gran ejemplo de amistad para nuestros matrimonios! Animémonos y amémonos uno al otro para convertirnos en amigos y parejas leales y confiables.

¿Cómo podemos animar a nuestro cónyuge? ¿Qué nos hace sentirnos apreciados?

Padre, gracias por ser el ejemplo perfecto de un amigo verdadero. Ayúdame a ser el mejor amigo de mi cónyuge y ayúdame a mostrar mi agradecimiento cada día.

LO QUE APORTAN

Pero ustedes son miembros de la familia de Dios, son sacerdotes al servicio del Rey, y son su pueblo. Dios mismo los sacó de la oscuridad del pecado, y los hizo entrar en su luz maravillosa

1 Pedro 2:9, TLA

Cada persona es única. Esta persona tiene un enfoque de vida bajo su propia y única perspectiva. En ocasiones, encontramos personas que son muy parecidas a nosotros. De hecho, nos referimos a nuestro cónyuge como nuestra "alma gemela". Sin embargo, aunque tengamos esos sentimientos, Dios nos creó como personas diferentes y con una perspectiva completamente propia. Pensemos en Mateo, Marcos, Lucas y Juan. Todos ellos escribieron acerca de los mismos sucesos, pero cada uno escribió la historia un poco diferente e incluyó detalles que eran importantes desde su perspectiva.

Cuando nos casamos con nuestras almas gemelas aportamos nuestra singularidad al matrimonio. Podremos tener los mismos valores y por eso nuestras acciones y reacciones a ciertas circunstancias pueden ser similares, pero siempre, de alguna forma, guardaremos nuestra propia esencia. Nuestra singularidad complementa la singularidad de nuestra pareja. Dios nos ha creado para que juntos en el matrimonio, seamos un equipo sólido que esparce su luz al mundo.

¿En qué se parecen tú y tu cónyuge? ¿Qué los hace únicos?

Señor, gracias por lo que aporta cada uno al matrimonio.

AGUAS TORMENTOSAS

Y no solo en esto, sino también en nuestros sufrimientos, porque sabemos que el sufrimiento produce perseverancia; la perseverancia, entereza de carácter; la entereza de carácter, esperanza. Y esta esperanza no nos defrauda, porque Dios ha derramado su amor en nuestro corazón por el Espíritu Santo que nos ha dado.

ROMANOS 5:3-5, NVI

¿No sería bueno si cada matrimonio viniera equipado con un plan para una navegación tranquila? En lugar de ello nos encontramos con varias tormentas y aguas bravas cuando enfrentamos dificultades financieras, situaciones con crisis de salud y luchas en las relaciones. Estos momentos pueden fortalecernos o destruirnos. Nuestras actitudes influyen en el resultado a medida que enfrentamos esos desafíos.

Cuando le preguntamos a Dios qué desea que aprendamos de estas situaciones desarrollamos perseverancia y carácter que nos ayude en tormentas futuras. Al ver la mano de Dios en nuestra vida y en nuestros matrimonios, ganamos confianza en su voluntad para los años venideros. Cuando superamos esos desafíos juntos como una pareja, nuestro amor crece.

¿Cómo reaccionamos a los desafíos? ¿Cómo podemos trabajar juntos como pareja cuando llegan las tormentas?

Señor, sabemos que en el futuro vendrán desafíos para nuestro matrimonio y hogar. Ayúdanos a encontrar en ti fortaleza y dirección. Usa esos momentos para acercarnos uno al otro y a ti.

FUENTES DE GOZO

El corazón alegre se refleja en el rostro,
el corazón dolido deprime el espíritu.
PROVERBIOS 15:13, NVI

¿Alguna vez han notado cómo nuestras actitudes influyen en nuestros hogares? Cuando estamos cansados y de mal humor nos volvemos irritables y ponemos a todo el mundo en ascuas. Cuando las circunstancias quebrantan nuestro corazón, dejamos que la tristeza entre a nuestros hogares y afecte la forma en que nos tratamos uno al otro. En el momento en que uno de los cónyuges tiene un espíritu deprimido es la oportunidad para incentivar a nuestra pareja y darle ánimo en oración. La Biblia dice que, cuando nuestro corazón está contento, es tan bueno como una medicina.

Al tener gozo en nuestro corazón no podemos contener la alegría y, al contrario, la dispersamos a las vidas de quienes amamos. El gozo verdadero se encuentra en Jesús; se trata de un gozo inexplicable que dura incluso en tiempos de dificultad. ¿Está tu cónyuge triste este día? ¿Tal vez tiene un espíritu quebrantado? Sé como una fuente refrescante de alegría y gozo para tu cónyuge.

¿Cómo afecta su relación sus momentos de alegría o tristeza? ¿Qué pueden hacer para ayudarse uno al otro?

Padre, gracias por darnos gozo en toda circunstancia. Ayúdanos a traer alegría uno al otro cuando estamos tristes o heridos, y permite que la felicidad abunde en nuestro hogar.

ENTENDIMIENTO

Como son más altos los cielos que la tierra, así son mis caminos más altos que vuestros caminos, y mis pensamientos más que vuestros pensamientos.

Isaías 55:9, RVR1960

¿Alguna vez se han detenido a disfrutar las obras de arte de Dios en el cielo? Vemos hermosura en el cielo azul y en las blancas nubes de algodón. Es algo maravilloso apreciar la luna llena y las centenas de estrellas brillantes que se esparcen en todo el manto oscuro del cielo. Esos son los momentos que nos hacen comprender lo enorme que es nuestro Dios.

Todas esas maravillas nos recuerdan que no deberíamos limitar a Dios cuando se trata de los sueños en nuestro corazón. Los sueños que Él tiene para nosotros son mayores que los nuestros. Si escuchamos con atención y comprendemos sus dulces susurros para seguirlos, podemos lograr metas como pareja, metas que llegan mucho más lejos de nuestras mismas expectativas. Dios nos ha equipado con destrezas y experiencias únicas de vida. Es un enorme gozo poder ver que el Señor usa la vida de nuestro cónyuge en una forma maravillosa para la gloria de Dios.

¿Alguna vez se han detenido a pensar en la grandeza de nuestro Dios? ¿Cómo lo limitamos cuando en lugar de ver sus recursos solo vemos los nuestros?

Señor, ayúdanos a entender tus caminos. Gracias por ser un Dios sorprendente.

CONSUELO EN TIEMPOS DE TENSIÓN

Que el Dios de la esperanza los llene de toda alegría y paz a ustedes que creen en él, para que rebosen de esperanza por el poder del Espíritu Santo.

ROMANOS 15:13, NVI

El matrimonio no es para los débiles de corazón. Aunque las películas romanticen el matrimonio, tomar la decisión de vivir con alguien "para bien o para mal" no siempre es fácil. Las luchas más grandes frecuentemente vienen durante momentos de gran tensión: construir o comprar una casa, tener un bebé, un trabajo nuevo, la pérdida del trabajo o problemas de salud, por mencionar algunos.

En ocasiones, nos dejamos consumir por las circunstancias a tal punto que olvidamos a Dios. En lugar de buscarlo para encontrar paz y consuelo, esperamos que sea nuestro cónyuge quien llene esa necesidad. Si nuestro cónyuge también se siente abrumado, tal vez ya no tenga nada para dar. La próxima vez que sientan que la vida es más dura de lo que pueden soportar, acudan a Dios.

¿Cómo espera tu cónyuge recibir consuelo? ¿En qué formas pueden acudir a Dios juntos y cómo pueden consolarse uno al otro?

Dios, ayúdanos a acudir primero a ti cuando las presiones diarias son demasiado para nosotros, pero también muéstranos cómo ser consuelo uno al otro durante estas dificultades. Abre nuestros ojos para ver las necesidades de cada uno y permite que nuestro matrimonio sobreabunde de paz.

COMPROMISO TOTAL

Por lo tanto, amados hermanos, les ruego que entreguen su cuerpo a Dios por todo lo que él ha hecho a favor de ustedes. Que sea un sacrificio vivo y santo, la clase de sacrificio que a él le agrada. Esa es la verdadera forma de adorarlo.

ROMANOS 12:1, NTV

En el matrimonio, ¿eres de los que prueba el agua con la punta de los dedos o eres del que se tira de pecho al agua? Ambas funciones conllevan una gran diferencia en cuanto al nivel de compromiso. Quien prueba el agua siempre está afuera, espera para ver si el agua está muy fría o muy caliente. En cambio, quien se sumerge sin importar cómo está el agua va con todo, comprometido totalmente.

Dios nos pide que nos demos a nosotros mismos en el matrimonio, de la misma forma en la que Jesús se dio en la cruz. Ofreció toda su vida por cada uno de nosotros y nos pide hacer lo mismo en nuestra relación con él y con nuestro cónyuge. Cuando solo somos quien prueba las aguas, es fácil alejarse cuando la temperatura no es la adecuada; sin embargo, quien está comprometido totalmente, se sumergirá, aunque el agua esté fría o caliente. Si todavía sigues esperando en la orilla, toma la mano de tu cónyuge y hagan un clavado juntos.

¿Existen áreas en tu matrimonio en las que sigues sin sumergirte? ¿Cuáles son las cosas que puedes hacer para mostrar a tu cónyuge que aceptas un compromiso total?

Señor, gracias por el compromiso total hacia cada uno de nosotros. Ayúdanos a estar plenamente inmersos en nuestro matrimonio. Gracias por el pacto que hiciste con nosotros el día que dijimos: "Acepto".

LÍNEAS INTERVENIDAS

Las palabras que digas te absolverán o te condenarán.
MATEO 12:37, NTV

Durante las guerras, una de las primeras estrategias militares es intervenir las líneas de comunicación. Al descodificar la comunicación entre las tropas, toda su fortaleza se debilita y se vuelven más vulnerables al enemigo. Algo así sucede en el matrimonio. La comunicación es la clave para tener una relación saludable.

Satanás trata de bloquear las líneas de nuestra comunicación. ¿Se han visto en un momento de discusión donde su cónyuge pensó que dijeron algo que en realidad no habían dicho o cuyo significado era diferente? Así funciona una intervención en la comunicación. Cuando las líneas se cruzan y los mensajes no llegan con el mensaje que pensaron, guarden tranquilidad y ayuden de la mejor manera a que su cónyuge entienda cuáles son sus palabras reales. Recuerden que nadie puede leer la mente, por lo que, si queremos que nuestro cónyuge sepa algo, debemos decirlo.

¿En qué otros momentos te ha sucedido que has dicho algo que tu cónyuge no comprendió en la forma en la que querías expresarlo? ¿Cómo pueden trabajar para evitar esas interferencias en la comunicación en el futuro?

Señor, ayúdanos a mantener abiertas las líneas de comunicación entre nosotros. Ayúdanos a hablar sobre lo que está en nuestras mentes y a no establecer expectativas excesivas sobre nosotros. Abre nuestros oídos para escuchar las palabras del otro. Protege nuestro matrimonio de los planes de Satanás.

LA GRAN NECESIDAD

Soy amigo de todo el que te teme,
de todo el que obedece tus mandamientos.
SALMOS 119:63, NTV

Lean la historia de la creación en Génesis 1 y se darán cuenta de que, después de cada día de la creación, "Dios vio que era bueno". Pero si siguen leyendo Génesis 2, también encontrarán que hubo algo que no era bueno. Dios vio a Adán y dijo: "No es bueno que el hombre esté solo" (Génesis 2:18), por lo que Dios creó una ayuda idónea, una compañera para Adán: Eva.

Dios sabía que la humanidad tenía una gran necesidad de compañía. En el matrimonio, dos se convierten en uno: una compañía constante. Tu cónyuge es un amigo con quien te ríes, con quien lloras y quien te desafía a dar lo mejor de ti. En la grandiosa sabiduría de Dios, sabía que necesitábamos uno del otro. Apartemos hoy un tiempo para agradecer a Dios por nuestra compañía y amistad de toda la vida.

¿Cuándo fue la última vez que tuviste un tiempo de calidad con tu cónyuge? ¿Cuáles son las cosas que pueden hacer mejor para disfrutar uno del otro?

Padre Todopoderoso, gracias por el regalo de la compañía. Acércanos más a ti y uno al otro. Entrelázanos en una forma en la que solo tú puedes y haznos más fuertes.

PAREJAS ENTRE LA MULTITUD

Al ver a las multitudes, tuvo compasión de ellas, porque estaban agobiadas y desamparadas, como ovejas sin pastor.

Mateo 9:36, NVI

Jesús ama a todos. En sus últimos días, llegó a Jerusalén y se vio rodeado de las muchedumbres que lo seguían. Vio a personas heridas debido a que sus necesidades no estaban siendo suplidas. Pero Él no era el enviado para llenar cada una de las necesidades físicas. Con su crucifixión, Él vendría a llenar la necesidad más grande del mundo: la de la vida eterna.

En el matrimonio participan dos personas y a menudo, tendemos a mirar más a la multitud que a nuestro cónyuge. Sentimos empatía con aquellos que sufren fuera de nuestro círculo; sin embargo, nuestra mayor oportunidad para mostrar el amor y la compasión de Dios no está en la multitud, sino en casa. Dios desea que mostremos una compasión abundante en nuestros matrimonios.

¿Eres sensible a las necesidades y dolores de tu cónyuge? ¿Necesitas acercarte hoy a tu cónyuge y bendecirse uno al otro con una medida especial de empatía y comprensión?

Señor, gracias por tu ejemplo de amor y compasión hacia las personas a quienes amas. Mientras extendemos nuestro amor a todas las personas, bendícenos con el amor que tenemos uno con el otro.

PEDESTALES

Juzguen con verdadera justicia; muestren amor y compasión los unos por los otros. No opriman a las viudas ni a los huérfanos, ni a los extranjeros ni a los pobres. No maquinen el mal en su corazón los unos contra los otros.

ZACARÍAS 7:9-10

Durante el período de enamoramiento, no vemos nada malo con nuestras parejas. Los colocamos en un pedestal y no vemos si existe algo malo. Cuando nos casamos, llegamos a conocer tanto lo peor como lo mejor de nuestro cónyuge. En ocasiones, nos aferramos a aquello que vimos perfecto en esos días de enamoramiento y no permitimos que nuestro cónyuge sea humano y se equivoque de vez en cuando.

Aunque Dios conoce nuestras fallas, su amor no las ve y por eso nos ama sin condición. Al perdonar hasta lo más pequeño a nuestro cónyuge, mostramos el amor de Dios y eso ayuda a que nuestra relación crezca, acercándonos uno al otro.

¿Pueden recordar un suceso que causó conflicto entre los dos? ¿Creen que el conflicto haya surgido por esperar perfección de su cónyuge?

Señor, sabemos que ninguno de los dos es perfecto, solo tú lo eres. A medida que cumplimos con el propósito de nuestro matrimonio, ayúdanos a amarnos por medio del Espíritu que vive en nosotros.

BAILES Y CARGAS

Más bien debieran perdonarlo y consolarlo para que no sea consumido por la excesiva tristeza.

2 CORINTIOS 2:7, NVI

En el matrimonio existen momentos de felicidad y gozo extremos, pero también hay ocasiones que necesitan consuelo y comprensión. Estar casados significa que tenemos un cónyuge con quien compartir los momentos buenos y los malos. Cuando algo maravilloso sucede en la vida, tener a alguien con quien bailar de felicidad es una bendición. Su amor los conecta en una forma que los hace sentir que cada alegría es un sueño compartido.

Su cónyuge también puede darles consuelo. Cuando tengan un mal día o se sientan abrumados, compartan sus sentimientos, eso reducirá la carga. Su cónyuge es la persona que los ama más que cualquier otra persona en el mundo. Claro está, que es nuestro cónyuge en quien deberíamos buscar consuelo.

Recientemente, ¿han compartido algún logro con su cónyuge? ¿Han tenido un tiempo en el que necesitan consuelo y en su cónyuge lo encuentra? Tómense un tiempo para hablar con el otro hoy.

Señor, gracias por este matrimonio que nos permite tener al mejor amigo para compartir esta aventura. Ayúdanos a recordar que es en nuestro cónyuge donde podemos encontrar gozo y consuelo.

ESCOGIDOS EN AMOR

Por lo tanto, como escogidos de Dios, santos y amados, revístanse de afecto entrañable y de bondad, humildad, amabilidad y paciencia.

COLOSENSES 3:12, NVI

¿Verdad que se siente bien cuando nos escogen para alguna actividad? Saber que Dios nos escogió para ser sus hijos es el sentimiento máximo de amor. El segundo lugar, muy de cerca, se lo lleva el hecho de que nuestro cónyuge nos escogió. Aunque el mundo está lleno de reinas de belleza, deportistas, genios técnicos y muchos más, tú sobresaliste entre todos. Sentirse seguros en ese amor nos hace mejores personas y desarrollamos empatía, no solo por nuestro cónyuge, sino por aquellos que están a nuestro alrededor.

Un matrimonio fuerte en un amor que se tomó por elección nos da el fundamento de ver al mundo con ojos que empatizan y alcanzan a otros. Su matrimonio no solo es un lugar seguro, también es una plataforma para compartir el amor de Dios con los demás.

Piensen por un minuto en el amor incondicional entre ustedes dos. ¿Cuándo fue la última vez que le hablaron de Dios a los demás? ¿Lo hicieron como resultado de la seguridad en su matrimonio?

Señor, gracias por esta seguridad en el matrimonio. Gracias por la elección de mi cónyuge, pero, ante todo, gracias por escogernos como tus hijos eternos.

UNIDOS EN LOS PROBLEMAS

Si sufrimos, es para que ustedes tengan consuelo y salvación; y, si somos consolados, es para que ustedes tengan el consuelo que los ayude a soportar con paciencia los mismos sufrimientos que nosotros padecemos. Firme es la esperanza que tenemos en cuanto a ustedes, porque sabemos que, así como participan de nuestros sufrimientos, así también participan de nuestro consuelo.

2 Corintios 1:6-7, NVI

Era de noche cuando María atravesó el marco de la puerta y se apresuró a llegar a los brazos de Jacobo. Se había quedado sin trabajo de forma inesperada, y el rechazo y la desesperación traían un sentimiento de despojo. Jacobo la abrazó fuertemente y le dio palabras de consuelo. Ella lloraba, pero al mismo tiempo ese sentimiento de pérdida también tuvo una dirección de cambio.

Compartir el dolor, el rechazo y cualquier otra emoción negativa es una oportunidad para que los cónyuges ministren sobre sus parejas fortaleza en los momentos de debilidad. Los votos matrimoniales, por lo general, se mencionan una sola vez. Los tiempos difíciles se atraviesas un poco más fácil porque están con su cónyuge y porque pueden darse la fortaleza necesaria.

¿Pueden recordar un tiempo cuando la unidad de su matrimonio permitió que las situaciones fueran más fáciles, mejores y más divertidas? Hablen de ese tiempo juntos y agradezcan a Dios por el diseño del matrimonio.

Señor, gracias al permitir que el vínculo del matrimonio incluya este tiempo para compartir. Permítenos permanecer como uno solo a medida que compartimos las dificultades y nos consolamos.

SOLDADOS QUE SIRVEN JUNTOS

Por lo tanto, pónganse todas las piezas de la armadura de Dios para poder resistir al enemigo en el tiempo del mal. Así, después de la batalla, todavía seguirán de pie, firmes.

EFESIOS 6:13, NTV

Tanto esposos como esposas son soldados que luchan juntos en la batalla de la vida. En la guerra y en el matrimonio es vital tener a alguien a nuestro lado con quien podamos contar cuando las cosas no marchan de la mejor manera. Cuando tenemos a alguien que nos respalde, nos completamos el uno al otro y nos volvemos más poderosos de lo que podríamos ser de forma individual.

Cuando lleguemos al punto cúspide de nuestra vida y veamos nuestro matrimonio desde ahí, sería maravilloso que pudiéramos decir: "Hemos sido soldados fieles; sobrevivimos y prosperamos. Con la oración y la ayuda de Dios, protegimos nuestro hogar y nuestra familia, y lo hicimos juntos".

¿Qué pueden hacer como cónyuges para ser un equipo? ¿Cuál es el efecto en su matrimonio al saber que no están solos luchando la batalla de la vida en forma individual?

Señor, la vida es una batalla. La guerra espiritual puede derribar nuestros hogares, por ello, enlaza nuestro corazón y ayúdanos a trabajar juntos para proteger nuestro matrimonio.

INGREDIENTES DE PUREZA

Más bien, revístanse ustedes del Señor Jesucristo, y no se preocupen por satisfacer los deseos de la naturaleza pecaminosa.
ROMANOS 13:14, NVI

Una taza de azúcar, dos tazas de harina, dos huevos y una cuarta parte de una cucharadita de estiércol de pollo... un momento, ¿qué cosa? Parecía una buena receta, hasta que... Nadie puede hacer un pastel con estiércol de pollo, ni siquiera con una mínima parte porque se extendería por toda la masa y arruinaría el pastel por completo.

De la misma manera, no podemos jugar con la integridad de nuestro matrimonio. Incluso una pizca de pornografía o mensajes fuera de lugar con alguien del sexo opuesto pueden destruir nuestra relación. Satanás solo necesita un pequeño resbalón para escabullirse cual comadreja en su hogar y familia. No dejen que ningún mal ingrediente, por mínima cantidad que parezca, se añada a la mezcla de su matrimonio.

¿Cuáles son las reglas que establecieron como pareja para evitar situaciones comprometedoras? ¿Has cometido acciones que hacen sentir incómodo a tu cónyuge?

Dios, protege nuestro matrimonio. Abre nuestros ojos a las trampas que Satanás usa para sabotear nuestra relación. Ayúdanos a permanecer firmes y a mantener la santidad de nuestro lecho.

LAS RIQUEZAS DE DIOS

Nadie puede servir a dos señores, pues menospreciará a uno y amará al otro, o querrá mucho a uno y despreciará al otro. No se puede servir a la vez a Dios y a las riquezas.

MATEO 6:24, NVI

El tema económico se encuentra entre los diez motivos principales del divorcio. A pesar de que no se confiese un claro y peligroso amor por el dinero, la forma en la que vive una persona es prueba suficiente de ello. Ya sea que uno de los cónyuges pase mucho tiempo trabajando o que el otro no logre sentirse satisfecho con la provisión del dinero, el enfoque sigue siendo el dinero.

El dinero no es malo por naturaleza, pero el amor por el dinero desvía nuestro enfoque de Dios hacia el bienestar económico, lo que cambia las prioridades. El deseo de aumentar ese bienestar toma el control. Dios es el dueño del ganado, de las montañas y de todas tus finanzas. Convierte esas discusiones acerca del dinero en momentos de adoración y acción de gracias por todo lo que Dios ha hecho; esto permitirá que su matrimonio sea mucho más bendecido.

¿Cuáles son sus expectativas económicas? ¿Cómo pueden usar su dinero para adorar juntos a Dios?

Señor, gracias por todas tus bendiciones. Bendice a nuestra familia con el tema de las finanzas para cubrir nuestras necesidades. Ayúdanos a estar enfocados en ti, no en el dinero y muéstranos cómo entregar aquello que nos has dado.

AMOR SACRIFICIAL

¡Adúlteros! ¿No se dan cuenta de que la amistad con el mundo los convierte en enemigos de Dios? Lo repito: si alguien quiere ser amigo del mundo, se hace enemigo de Dios.

SANTIAGO 4:4, NTV

Se siente bien, ¡hazlo! El mundo te incitará a ponerte por encima de los demás. ¿Cuántas veces has escuchado: "Tengo que hacer lo que es bueno para mí"? Sin embargo, la Biblia nos dice a los cristianos que vivamos diferente. "No sean egoístas... no se ocupen solo de sus propios intereses, sino también procuren interesarse en los demás" (Filipenses 2:3-4).

En el matrimonio es esencial poner a su cónyuge antes que a uno mismo. Si uno siempre está velando por las necesidades del otro, ambos habrán cubierto todo lo necesario. Cristo nos dio el ejemplo perfecto al darse a sí mismo por la iglesia: el acto máximo de amor sacrificial. Cuando tus necesidades empiecen a luchar por obtener el primer lugar, respira profundo y di: "¡Después de ti!".

¿Cuáles son algunas formas en las que le muestras a tu cónyuge que has elegido que sus necesidades vayan primero?

Señor, no siempre es fácil poner a otros antes, lo sabes mejor que nadie. Gracias por morir en la cruz y poner nuestras necesidades primero. Ayúdanos a seguir tu ejemplo de amor al poner a nuestro cónyuge antes que a uno mismo.

EL PRECIO DE LA RIQUEZA

Más vale lo poco de un justo que lo mucho de innumerables malvados.

SALMOS 37:16, NVI

¿Alguna vez han jugado a las comparaciones? Qué bien se ven otras parejas con sus enormes casas, botes, vehículos elegantes y vacaciones exóticas, hasta nos da un poco (o mucha) envidia. A todos nos gustan las posesiones bonitas y disfrutamos la facilidad y libertad que trae el dinero. Sin embargo, en ocasiones, viene con un precio. La extravagancia puede costar el tiempo con nuestro cónyuge. A menudo, la búsqueda por posesiones materiales se interpone entre nosotros y Dios, dejándolo a Él y a la iglesia fuera del camino.

No vale la pena ser físicamente rico y espiritualmente pobre y más aún cuando la búsqueda de la riqueza nos cuesta el matrimonio, ese precio es muy alto. Un esposo y una esposa sabios aprenderán que las riquezas y el contentamiento verdaderos vienen de tener una relación íntima con Dios y con el otro.

¿Han hablado acerca del dinero y qué tan importante es para ustedes? ¿Cuáles son aquellos obsequios específicos, no materiales, que los hace acaudalados como pareja?

Señor, recuérdanos que nuestra riqueza verdadera se encuentra en nuestro cónyuge y en ti. Ayúdanos a darnos cuenta de que nuestro matrimonio es un obsequio invaluable, danos contentamiento en lo que tenemos.

PAPEL SECUNDARIO

El que atiende a la corrección va camino a la vida; el que la rechaza se pierde.

PROVERBIOS 10:17 NVI

En casi todas las películas que tienen matrimonios en sus personajes, el esposo o la esposa tiene un amigo de quien recibe consejo para su relación. En la terminología de Hollywood, este personaje es un "papel secundario". Ese nombre se refiere a que tiene una función de apoyo, pero aquí viene un dilema: ¿qué apoya?

¿Apoya el matrimonio o la ruptura de algo que puede ser atendido en amor? Los esposos y las esposas necesitan amigos que den consejos bíblicos sabios. Cuando se sientan frustrados con sus cónyuges y necesiten desahogarse, busquen consejo en aquellas personas que los llevarán a Cristo. Si un amigo que no es cristiano les da un consejo en contra de la voluntad de Dios, podría confundirlos y enredarlos. Elijan sabiamente cuando traten de tener esos personajes de apoyo en su vida.

¿Quiénes son las personas a las que acuden cuando necesitan consejo matrimonial? ¿Qué cualidades ven en la persona que les da consejo?

Jesús, danos la sabiduría para rodearnos de personas que te amen, que nos amen y que respalden nuestra unión. Abre nuestros oídos a un buen consejo, danos discernimiento para que, conforme a tu Palabra, sepamos qué consejo no debemos seguir.

BUSCAR DEFECTOS

Porque tal como juzguen se les juzgará,
y con la medida que midan a otros,
se les medirá a ustedes.
MATEO 7:2, NVI

Los términos crítica constructiva y crítica destructiva son parecidos, pero tienen un significado muy diferente. Una crítica constructiva es un análisis detallado sobre alguna situación. Sin embargo, la crítica destructiva enfatiza las fallas de las personas, así como sus acciones. La crítica destructiva puede terminar con un matrimonio.

Dos personas imperfectas tendrán defectos y peleas; si hacemos una crítica destructiva sobre esas fallas en nuestro cónyuge el problema no se solventará en lo absoluto. Aquella persona que hace este tipo de críticas tiende a carecer de destrezas de comunicación. Si tienen un problema que quieren abordar, no ataquen el carácter de su cónyuge. En lugar de ello, hablen acerca de cómo los hace sentir una conducta específica. Así también, si el cónyuge viene con un problema, escúchenlo con una mente abierta, ambos se sentirán mejor al hacerlo.

¿Existe un área en su matrimonio que provoque una crítica destructiva? ¿Cómo pueden lograr tener una mejor comunicación?

Dios, abre nuestros ojos a nuestras imperfecciones. Ayúdanos a perdonarnos uno al otro cuando cometemos errores. Sana nuestras heridas y haznos más fuertes.

UNA NUEVA COSMOVISIÓN

Supongamos que en el lugar donde se reúnen entra un hombre con anillo de oro y ropa elegante, y entra también un pobre desharrapado. Si atienden bien al que lleva ropa elegante y le dicen: «Siéntese usted aquí, en este lugar cómodo», pero al pobre le dicen: «Quédate ahí de pie» o «Siéntate en el suelo, a mis pies», ¿acaso no hacen discriminación entre ustedes, juzgando con malas intenciones?

SANTIAGO 2:2-4, NVI

El matrimonio es la unión de dos familias y dos trasfondos. Puede que hayas crecido en una familia abierta y muy amorosa, mientras que tu cónyuge creció en un hogar que veía a los demás según estándares diferentes. Combinar dos perspectivas que contrastan significa establecer una nueva forma para relacionarse con los demás.

Por lo general, la forma en la que vemos a otros se relaciona con la personalidad. Algunas personalidades sienten que es fácil amar a los demás, pero para otros es más difícil. A medida que aprendan a vivir con su cónyuge sin importar el trasfondo, la personalidad y otros factores, recuerden que el amor de Dios que habita en ustedes debe ser el filtro por medio del cual adquieren esa nueva perspectiva.

¿Ven algún prejuicio en sus vidas como pareja? ¿Qué pueden hacer para superarlo?

Señor, no todos los cristianos ven el mundo con la misma perspectiva que usa la mayoría de las personas. Ayúdanos a ver a los demás a través de tus ojos. Bendice nuestro matrimonio con lo mejor de nuestras perspectivas individuales.

SOMETERSE EN AMOR

Sométanse unos a otros, por reverencia a Cristo.

EFESIOS 5:21, NVI

Someterse. A menudo, esta palabra causa cierto conflicto entre el esposo y la esposa. Ser dóciles al poder y la autoridad de otro puede ser una lección difícil, en especial si antes de casarse eran seres independientes. Sin embargo, el sometimiento a las autoridades es bíblico. La Biblia declara muy específicamente que las esposas deben someterse a la autoridad de sus maridos.

Para algunas personas esto es algo muy difícil de lograr. Tal vez se debiera cambiar la motivación para el acto de sumisión. Quienes forcejean con el concepto lo ven como una lucha, pero en realidad, someterse al esposo o a la esposa nos da la oportunidad de mostrar amor y de bendecir profundamente a nuestro cónyuge. Fundamenten su sumisión en amor y en reverencia ante Cristo antes de someterse en esta tierra a su compañero, pero con la diferencia de que la sumisión la convertirán en un acto de adoración a su Señor.

¿Cómo se sienten acerca del concepto de sumisión? ¿Existen momentos difíciles para la sumisión? ¿Encuentran gozo en cumplir la instrucción bíblica de someterse al cónyuge?

Señor, ante todo, haznos sumisos ante ti para que la sumisión sea algo natural.

60/40

Ámense los unos a los otros con amor fraternal, respetándose y honrándose mutuamente.

Romanos 12:10, NVI

En los votos matrimoniales prometieron amarse y honrarse por el resto de sus vidas. En el altar con sus atuendos maravillosos, ustedes estaban emocionados de convertirse en un equipo matrimonial; esa era la parte clara para todos. Una vez empezó la vida matrimonial, aprendieron cuán difícil era amar y honrar a alguien por encima de ustedes.

Algunas personas piensan que el matrimonio debiera ser un trato en proporción de 50/50. Sin embargo, aquellas parejas temerosas de Dios saben que, para lograr un matrimonio fiel y funcional, la proporción debe ser por lo menos 60/40. Cada uno de ustedes debe dar un poco más al otro. Sí, tendrán ocasiones en las que den más de lo que reciban, pero así también será para su cónyuge. Cada persona debe estar dispuesta a dar más al matrimonio cada día, poniendo a su cónyuge antes que sus deseos. Esto trae honra al matrimonio y a Dios.

¿Se han puesto a pensar en lo que dan y reciben del matrimonio? ¿Están dispuestos a dar lo que sea necesario para honrar a su cónyuge, así como a Dios?

Señor, gracias por mi cónyuge. Muéstranos caminos en los que podamos servirnos uno al otro cada día.

BENDECIDOS POR LA CONFIANZA

El Señor no se deleita en los bríos del caballo,
ni se complace en la fuerza del hombre,
sino que se complace en los que le temen,
en los que confían en su gran amor.
Salmos 147:10-11, NVI

Dios se deleita en cada uno de nosotros cuando ve que nuestra confianza está en Él. Se agrada enormemente cuando ve un matrimonio fundamentado en su amor y ve que una familia lo honra como cabeza del hogar. Cuando ponemos a Dios primero, contamos con un fundamento sólido de amor por Dios y por nuestro cónyuge.

Cuando dieron el sí en el altar, ¿prometieron amar y temer a Dios? O, ¿pusieron su confianza en Él después de haber empezado el matrimonio al descubrir el inquebrantable amor de Dios? Sin importar cómo fue, a medida que avanzan en la aventura del matrimonio, Dios se corona cuando ve su confianza y que viven de acuerdo con esa confianza.

¿Existen áreas en las que necesitan confiar más en Dios? ¿Sienten que su confianza en Dios como pareja ha crecido desde que decidieron poner su fe en Él?

Señor, gracias porque nunca fallas. Fortalécenos en tu amor cada día y permite que nuestra confianza te corone.

CELEBRAR EL TRIUNFO

Allí estaba yo, afirmando su obra. Día tras día me llenaba yo de alegría, siempre disfrutaba de estar en su presencia; me regocijaba en el mundo que él creó; ¡en el género humano me deleitaba!

PROVERBIOS 8:30-31, NVI

El matrimonio es la unión de dos vidas. Cada una de esas partes se unen para formar una sola con sueños, deseos y metas. A medida que trabajan juntos para alcanzar las metas trazadas, ya sea de forma individual o en pareja, se darán cuenta de que su deleite no solo viene al acercarse a sus sueños, sino también al celebrar los éxitos de su cónyuge. Cada logro alcanzado, cada sueño realizado, cada meta cumplida es motivo de celebración.

Todos nosotros necesitamos a alguien que nos anime y son los cónyuges quienes cumplen con esa función. La mayoría de las personas pronuncia esas palabras de ánimo sin problema para sus cónyuges; pero en ocasiones, solo se quedan ahí. Es importante que expresemos nuestra alegría cuando vemos el resultado final de la tarea. La alegría auténtica en los logros de los demás nos trae un gozo verdadero, tanto interno como externo.

¿Te has alegrado con los logros de tu cónyuge? ¿Compartiste esos sentimientos? Aparta unos minutos para decirle a tu cónyuge cuánto te alegras.

Señor, gracias por el gozo compartido al alegrarnos el uno por el otro.

NOVIEMBRE

«Por eso dejará el hombre a su padre y a su madre, y se unirá a su esposa, y los dos llegarán a ser un solo cuerpo». Esto es un misterio profundo; yo me refiero a Cristo y a la iglesia. En todo caso, cada uno de ustedes ame también a su esposa como a sí mismo, y que la esposa respete a su esposo.

Efesios 5:31-33, NVI

SR. Y SRA. CONFIABLE

Pasando delante de él, proclamó:
—El Señor, el Señor, Dios clemente y compasivo,
lento para la ira y grande en amor y fidelidad,
Éxodo 34:6, NVI

La confianza es un aspecto importante en toda pareja. Tener a alguien que se adhiere a nosotros da una enorme seguridad. Experimentamos la confianza perfecta en Dios y de Él podemos aprender cualidades que mejorarán nuestros matrimonios. Una de ellas es la empatía: atender aquello que toca el corazón de nuestro cónyuge; esto permite tener gentileza, la capacidad de ser indulgentes cuando se necesita. Otra cualidad que beneficiará nuestras relaciones es dar respuestas pacíficas ante la ira. Cuando sea necesario retrocedan, tomen un respiro profundo, pero no se ataquen llenos de ira.

Las últimas dos cualidades que Dios comparte con nosotros en este versículo son el amor y la fidelidad. Los votos que hicimos el día de nuestra boda "amar y proteger" y "hasta que la muerte nos separe" eran promesas verdaderas. Ahora hagamos otro voto: ser esa persona en la que nuestro cónyuge siempre pueda confiar, sin importar cuál sea la situación.

¿Se sienten seguros en su matrimonio? ¿Cuáles son las cualidades que deben mejorar para que su cónyuge confíe en ti?

Señor, deseo que mi cónyuge sepa que puede confiar en mí hasta el último día de nuestra vida. Ayúdanos a vivir con gracia, empatía, fidelidad, que seamos lentos para airarnos y abundemos en amor el uno por el otro todos los días.

MIGAJAS Y PASTA DENTAL

*Yo no puedo hacer nada por mi propia cuenta;
juzgo solo según lo que oigo, y mi juicio es justo,
pues no busco hacer mi propia voluntad,
sino cumplir la voluntad del que me envió.*

JUAN 5:30, NVI

No tenemos que pasar mucho tiempo casados antes de darnos cuenta de que los hombres y las mujeres son diferentes. Podemos enfrentar conflictos a medida que batallamos con nuestras manías o nuestras mentalidades de "lo quiero hacer a mi manera". Incluso el hecho de presionar la pasta por la mitad o dejar migajas en toda la mesa puede llegar a enraizarse en nuestro corazón y crear resentimiento. A veces, esas diferencias toman más importancia que nuestra fe, nuestras familias y la forma en la que gastamos el dinero.

Si somos sabios nos daremos cuenta de que no podemos resolver estos conflictos nosotros mismos. Es Dios, quien en su sabiduría, puede tomar nuestras personalidades únicas y combinarlas para que sean una. Cuando nos escuchamos mutuamente y buscamos la voluntad de Dios en lo que hacemos, juzgamos menos esas pequeñas diferencias que, al pensarlo bien, no son importantes.

¿Cómo pueden manejar esas manías y diferencias? ¿Cómo pueden mejorar la acción de escuchar sin juzgar?

Padre, ayúdanos a enfocarnos en lo que realmente importa en nuestro matrimonio. Danos paciencia cuando la necesitamos y ayúdanos a buscar tu voluntad para nuestro hogar y para nuestra vida.

YUGO DESIGUAL

No formen yunta con los incrédulos.
¿Qué tienen en común la justicia y la maldad?
¿O qué comunión puede tener la luz con la oscuridad?
2 Corintios 6:14, NVI

Si te casaste con una persona no cristiana, ¿está tu matrimonio condenado al divorcio? Esta es una pregunta que muchos creyentes se hacen después de hacer muchos intentos para que su cónyuge no cristiano logre comprender su relación con Cristo. La respuesta corta es: no, no está condenado al divorcio. Sin embargo, Dios, en su máxima sabiduría, sabe que lo mejor es que dos creyentes se unan en matrimonio porque estarán centrados en Dios y serán uno solo.

Si tu cónyuge no es creyente, no te rindas. Debes acercarte al Señor aún más en tu relación personal con Él. Debes mostrar a Jesús por medio de tu actitud y tus acciones. Mantente en oración por tu cónyuge para que conozca a Cristo. Muchas personas han conocido a Jesús gracias a sus cónyuges; la siguiente persona puede ser tu cónyuge.

¿Por qué creen que los matrimonios en yugo desigual no sobreviven? ¿Cómo pueden garantizar que su unión sobrevivirá en bendición?

Dios, acércate a nosotros. Ayúdanos a ambos a conocerte más. Si uno de nosotros no entiende el increíble regalo de la salvación, abre nuestros ojos para ver tu voluntad. Haznos más fuertes estando juntos.

¿FRESA O CHOCOLATE?

Ya no hay judío ni griego, esclavo ni libre, hombre ni mujer, sino que todos ustedes son uno solo en Cristo Jesús.

GÁLATAS 3:28, NVI

Te gusta el café suave, pero a tu cónyuge le gusta el café fuerte. Te encanta el brócoli, pero tu cónyuge no soporta ese olor en la cocina. Te encanta la comida mexicana, pero tu cónyuge ama tanto la comida china que podría comerla todos los días. Es normal que los esposos tengan opiniones diferentes.

Lo más probable es que esas diferencias en tu cónyuge te atrajeron porque tenía algo diferente a lo que tú tenías. No obstante, a veces te distraes con la cantidad de diferencias que tienen. En lugar de enfocarse en sus diferencias, enfóquense en las características que comparten: como su amor por Cristo. También es muy probable que en aquellas situaciones donde eres débil, tu cónyuge es fuerte. Agradezcan a Dios por esos puntos fuertes y débiles que se combinan para ser uno.

¿Cuáles son las diferencias que existen en ustedes? ¿Cómo funcionan esas diferencias para hacerlos mejores personas?

Señor, gracias por nuestras diferencias. Ayúdanos a enfocarnos en lo que es verdaderamente importante y no quedarnos estancados en nuestras características únicas. Usa esas áreas para fortalecernos juntos.

SIN TIMÓN

Como ciudad sin defensa y sin murallas es quien no sabe dominarse.

PROVERBIOS 25:28, NVI

Se necesita una vela, un timón y una buena brisa para navegar un barco. Imaginen que intentan navegar a un destino específico confiando solo en el viento, sin un medio de dirección. En ocasiones el viento sopla en una dirección y luego sopla en dirección contraria; a veces simplemente no sopla, eso nos dice que no podemos confiar en el viento.

Tratar de dirigir el matrimonio con las emociones causa el mismo problema. Las emociones son como el viento. A veces estamos muy animados, otras veces no nos sentimos bien y en algunas ocasiones, estamos indiferentes. Tratar de llegar a un destino específico en su relación dependiendo únicamente de las emociones, es casi imposible. Dios es el timón más confiable para dirigir el matrimonio, dejemos que nos conduzca de forma segura a la orilla. No nos quedemos sin Él atrapados en las aguas a mitad de la tormenta.

¿Cuáles son las áreas en las que luchan sin permitir que las emociones tomen el control de su matrimonio?

Padre celestial, dirige nuestro "barco" hacia donde tú deseas que vayamos. Ayúdanos a ejercer dominio propio sobre las emociones y a mostrar gracia hacia el otro cuando no lo logramos.

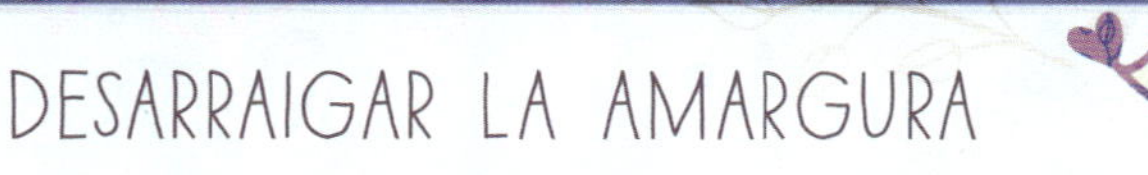

DESARRAIGAR LA AMARGURA

Si se enojan, no pequen. No permitan que el enojo les dure hasta la puesta del sol, ni den cabida al diablo.
EFESIOS 4:26-27, NVI

La mayoría de nosotros empezamos nuestros primeros días de casados con nuestros ojos iluminados hacia el futuro, son días llenos de emoción. De hecho, muchos días están llenos de alegría, pero también hay días descontrolados llenos de enojo, donde incluso nos sale vapor por los oídos. Tal vez a veces sea un problema mayor, pero a menudo son problemas insignificantes los que nos enojan. El enojo puede llegar a destruir un matrimonio si lo dejamos enraizarse, porque también dejaremos que la amargura sea parte del problema.

Dios nos advierte contra la amargura cuando nos habla de que dejemos las divisiones antes del anochecer. Él sabe que, si no lo extraemos, el enojo infecta y se extiende provocando que el diablo se inmiscuya en nuestros matrimonios, creando discordia en la santa unión que Dios permitió. A veces es difícil decir: "Lo siento" y "me equivoqué, ¿me perdonas?", pero son frases invaluables para proteger y preservar nuestros hogares y matrimonios.

¿Cuál es la mejor forma de manejar el enojo? ¿Por qué se nos dificulta tanto perdonar a nuestro cónyuge cuando nos enojamos?

Señor, la próxima vez que me enoje con mi cónyuge, recuérdame perdonar como tú me has perdonado. Quita de raíz toda amargura que haya entre nosotros. Que nuestras almohadas se sientan incómodas hasta que resolvamos el conflicto entre nosotros.

CÚSPIDES Y BASES

Preocupémonos los unos por los otros,
a fin de estimularnos al amor y a las buenas obras.
HEBREOS 10:24, NVI

¿Han observado cómo actúan las porristas en los encuentros deportivos? Gritan, saltan, vociferan y bailan para sus equipos. La porra más emocionante es cuando forman la pirámide humana. Por lo general, la chica que sube hasta lo más alto se sostiene sobre una pierna mientras sujeta la otra ante los gritos y vítores de los aficionados que la observan. Aunque es sorprendente lo que hace, ¿cómo llego hasta ahí? Tuvo que subir y treparse en las espaldas de sus compañeras.

Cada persona que llega hasta arriba siempre necesita una base. Los cónyuges trabajan en sus sistemas de apoyo, a veces siendo de los que se colocan en la cúspide y a veces siendo la base. Cuando tu cónyuge está en la cúspide con sus brazos hacia arriba para lograr un sueño, tu función es quedarte debajo dando el apoyo. ¡El matrimonio es un trabajo de equipo!

¿Cuáles son los sueños que nos ha dado Dios? ¿Qué pueden hacer para animarse y ser el apoyo del otro?

Dios, gracias por colocar sueños en nuestros corazones. Ayúdanos a ver las metas del otro y a trabajar juntos para alcanzarlas. A medida que nos esforzamos para lograr el éxito, ayúdanos a que siempre lo hagamos todo para tu gloria.

SEMPER FIDELIS

Pero los exhorto a temer al Señor y a servirle fielmente y de todo corazón, recordando los grandes beneficios que él ha hecho en favor de ustedes.

1 Samuel 12:24, NVI

¡Semper Fi! o ¡siempre fieles! es la frase en latín que adoptó la Marina en 1883 para acortar la original que era *semper fidelis*. Esta rama de servicio militar es bien conocida por ser difícil y porque no dejan a ninguno de sus hombres atrás. Quizás no perteneces a las fuerzas armadas, pero puedes adoptar un lema similar para tu matrimonio.

Ser fieles significa recordar que tú y tu cónyuge son parte del mismo equipo. Cada matrimonio tiene sus escaramuzas, pero cuando estás en el centro de la batalla siempre recuerda ser fiel. No vuelvas a hablar de los errores pasados y no ataques el carácter de tu cónyuge. Los esposos y las esposas conocen las deficiencias del otro. Ser fiel significa que no atacamos la debilidad de nuestro cónyuge. Recuerda que servimos al mismo Dios y que somos parte del mismo equipo. *¡Semper Fi!*

¿Qué significa ser fiel para cada uno de ustedes? ¿Cómo podemos mostrar más lealtad en medio de la batalla?

Señor, nos enseñaste el significado verdadero de ser fieles. Nunca nos abandones ni nos dejes. Ayúdanos a tratar a nuestro cónyuge de la misma manera en la que tú nos has tratado y ayúdanos a ser fiel en todo momento.

LUZ EN MEDIO DE LA OSCURIDAD

La exposición de tus palabras imparte luz;
da entendimiento a los sencillos.

SALMOS 119:130, LBLA

¿Tú o tu cónyuge han estado en una situación en la que no sabían qué hacer? Luchan con tomar una decisión, agonizan por el problema, cuando de repente una amistad muy querida dice: "Si hicieran esto así... entonces todas las piezas tomarían el lugar correcto". Y así es como sus sabias palabras hicieron que una situación imposible fuera algo posible.

Se parece mucho a estar en una habitación oscura durante un corte de energía. No pueden ver dónde están los muebles o si hay cosas en el piso con las que puedan tropezar. Sin embargo, cuando la energía regresa, pueden ver con claridad. Eso es lo que nos dice el versículo. Cuando Dios nos dice algo es como recibir la luz en una habitación oscura, todo se vuelve tan claro y simple, que todos podrían entender. ¿Necesitan comprender qué hacer en una situación? Pidan a Dios que ponga reflectores en las palabras que tiene para ustedes.

¿Pueden recordar algún momento en el que Dios los ayudó por medio de su palabra a entender qué hacer en una situación? ¿Cómo iluminó la situación?

Amado Padre, cuando nos acercamos a ti en los lugares oscuros de nuestra vida, permite que brille tu Palabra en nuestro corazón y danos sabiduría.

SIN ESPACIO PARA EL ORGULLO

Amen al Señor, todos sus fieles;
él protege a los dignos de confianza,
pero a los orgullosos les da su merecido.
Salmos 31:23, NVI

"No, gracias. No necesito ayuda".

"Puedo hacerlo sin problema. Solo déjame hacerlo".

Cuando decimos estas frases estamos dando espacio a que el orgullo y nuestro deseo de control se interpongan entre nosotros y nuestro cónyuge. Al decir que queremos manejar las situaciones nosotros mismos nos vamos por una senda desoladora. En el matrimonio no hay lugar para el orgullo ni para el egoísmo. Dios nos dio a nuestro cónyuge para compartir nuestros problemas, para seguir creciendo y para servirle juntos por el resto de nuestra vida. Cuando damos espacio al orgullo, el egoísmo, el control y otros factores que dejamos que se entrometan, sacrificamos la cercanía que Dios preparó.

Cambia tus frases que se centran en ti por otras como: "Sí, me encantaría recibir tu ayuda", o "gracias, hagámoslo juntos". Estas frases traerán fortaleza a tu matrimonio, serán agradables a Dios que creó el matrimonio y te ayudarán a mantener esa cercanía con tu cónyuge.

Recientemente, ¿has dejado que el "yo" saque al "nosotros" de tu matrimonio? ¿Por qué ha pasado? ¿Cómo pueden prevenir esta situación en el futuro?

Padre, gracias por el matrimonio y gracias porque nos permites estar juntos para no luchar solos. Somos un equipo.

DEJAR TU ZONA DE COMODIDAD

Pasando por la orilla del mar de Galilea, Jesús vio a Simón y a su hermano Andrés que echaban la red al lago, pues eran pescadores. «Vengan, síganme —les dijo Jesús—, y los haré pescadores de hombres». Al momento dejaron las redes y lo siguieron.

MARCOS 1:16-18, NVI

Algunos de nosotros iniciamos un matrimonio con la esperanza de establecer raíces profundas. Ansiamos constancia y seguridad, lo cual no tiene nada de malo. Sin embargo, no tardamos mucho en descubrir que la vida y el matrimonio están llenos de cambio. Si vamos a tratar bien con este tema, tenemos que ser flexibles, en especial cuando se trata de servir a Dios.

En ocasiones, Dios nos pide ser flexibles, tal vez para dejar nuestras zonas de confort o para rendirnos a un sueño que hemos tenido en nuestro corazón. Sus sueños siempre serán más grandes y mejores. Cuando somos lo suficientemente flexibles construiremos un vínculo sorprendente que nos permitirá seguir a Dios como pareja.

¿Cómo pueden ser más flexibles en el servicio a Dios? ¿Recuerdan alguna o algunas ocasiones en las que Dios ha cambiado sus planes? ¿Qué efecto tuvo ese cambio en su matrimonio?

Señor, queremos seguirte. Ayúdanos a ser flexibles al permitirte cambiar nuestros planes a los que tú tienes para nosotros, que son más grandes y mejores.

MASTICAR HIELO

El amor es paciente.

1 CORINTIOS 13:4, NVI

Martín y Glenda disfrutaban una noche de películas cuando Martín empezó a masticar el hielo de su bebida. El ruido molestó tanto a Glenda que la irritó por completo. Glenda eligió manejar este tema de masticar hielo en una forma gentil con Martín. En lugar de alzar la voz y recordarle que la irritaba enormemente el sonido, Glenda simplemente tomó sus cosas y se fue a otra habitación. Antes de que saliera del cuarto, Martín se dio cuenta de lo que había sucedido: "Mi vida, regresa", dijo. "Sé que te vas por lo que hice, lo siento. Eres muy paciente, gracias".

El amor del matrimonio trasciende las pequeñas irritaciones de la vida. Va mucho más allá de la frustración y responde a esos hábitos con amor. Cuando nos casamos, nos casamos con la persona completa. Aquel hombre o aquella mujer de quien nos enamoramos y que parecían perfectos, realmente no lo son, tampoco nosotros. Un cónyuge piadoso se enfocará en lo positivo y buscará maneras para que su amor crezca. Ese amor no se detendrá con distracciones pequeñas e irritantes.

¿Existen pequeñas acciones en tu cónyuge que te parecen irritantes? Ríanse juntos de esas irritaciones.

Señor, gracias por no permitirnos que las pequeñas cosas nos desvíen de esta unión maravillosa. Ayúdanos a trascender sobre esas pequeñas irritaciones y a que nuestro amor siga creciendo.

CUBIERTOS CON AMOR

Sobre todo, ámense los unos a los otros profundamente, porque el amor cubre multitud de pecados.

1 PEDRO 4:8, NVI

A veces el esposo y la esposa no actúan de la forma más inteligente. Se olvidan los cumpleaños y los aniversarios. A veces hablamos sin pensarlo mucho, y aunque esas palabras no buscan herir a nuestro cónyuge, sí pueden lastimar. Nos ocupamos y olvidamos expresar nuestra gratitud por las innumerables pequeñas tareas (y a veces no tan pequeñas) que nuestro cónyuge debe hacer cada día. Si nos sentimos atrapados en ese ciclo, no significa que debemos quedarnos ahí. Cuando nos amamos en verdad, podemos hacer un esfuerzo real de ser el cónyuge amoroso que nuestra pareja necesita.

Jesús nos dio el ejemplo perfecto del amor. Dios se deleita en pasar tiempo con nosotros, nos ama tanto que dio su vida por nosotros y se regocija al suplir los deseos de nuestro corazón. No podemos alcanzar el amor perfecto de Dios, pero cuando nos complicamos la vida por mostrar nuestro amor, es asombroso cómo ese amor cubre una multitud de pecados.

¿Qué harías hoy para mostrarle a tu cónyuge las profundidades de tu amor? Pregúntense cada uno qué los hace sentirse amados.

Padre, muchas gracias por el sorprendente don del amor. Estamos agradecidos que aun cuando nos equivocamos, el amor puede limpiar el camino de nuestra relación. Muéstranos cómo amar como tú nos amas.

PALABRAS MÁGICAS

«Por tanto, lo que Dios ha unido, que no lo separe el hombre».
MARCOS 10:9, NVI

El matrimonio es un vínculo que Dios ha santificado y ordenado. Es una promesa preciosa entre un hombre y una mujer: un voto eterno que debiera protegerse a toda costa. Eso sí, nuestros votos matrimoniales no son palabras mágicas que hacen automática esa protección. Necesitamos enfocarnos con detenimiento y especial cuidado en nuestros matrimonios, por lo que necesitamos ser proactivos para protegerlo de las influencias negativas que pudieran causar daños y grietas. Si no lo cuidamos, otras personas (incluso otros familiares), influencias externas, ojos conquistadores y cosas similares pueden tener un impacto en nuestros matrimonios y hogares.

El Dios del universo los acompaña a ustedes como esposa y esposo. Los votos matrimoniales no son palabras mágicas, pero su unión santificada es mucho mejor que la magia. ¿No deberían ambos esforzarse al máximo para alejar al mundo y así evitar que destruya este regalo invaluable e irremplazable? Trabajen juntos para ser un frente unido, mantengan una guardia activa y esfuércense para mantener encendida la llama de su amor.

¿Qué podría causar división en su matrimonio? ¿Cuáles son los pasos que pueden tomar para proteger la relación que Dios les ha dado?

Padre, gracias por unir nuestra vida en matrimonio. Es un regalo sagrado e invaluable; ayúdanos a protegerlo a toda costa.

UN AMOR QUE PERDURA

Den gracias al Señor, porque él es bueno;
su gran amor perdura para siempre.

Salmos 118:1, NVI

La mayoría de los votos matrimoniales incluyen alguna frase que indica permanencia y todo implica que los votos que hacemos a nuestros cónyuges nos comprometen. Cuando hacemos ese compromiso con otra persona en matrimonio, ambos esperamos mantener nuestras promesas. El amor eterno de Dios es una promesa perfecta. Cuando Él entra a nuestra vida, lo hace para siempre. Pecamos y cometemos errores, pero su amor por nosotros nunca disminuye. Gracias al sacrificio de Cristo, nos ve como si nunca nos alejáramos del camino y, al contrario, nos sigue amando de la misma forma.

El amor del matrimonio debe ser en esa misma forma. Amamos a nuestro cónyuge porque son un regalo de Dios para nosotros. No obstante, nosotros también los amamos con un amor eterno: un amor que crece, que perdona y que permanece. En nuestros votos matrimoniales prometimos amor eterno y, con la ayuda de Dios, podremos estar firmes en esa promesa.

¿Han hablado acerca del amor eterno que comparten? Den gracias a su cónyuge por las veces que el amor superó las dificultades.

Señor, sabemos que no somos perfectos, pero que aún así nos amas sin condición. Gracias por tu amor permanente. Ayúdanos a seguir tu ejemplo en nuestro matrimonio.

LOS BENEFICIOS DE LA GENEROSIDAD

Servir al pobre es hacerle un préstamo al Señor;
Dios pagará esas buenas acciones.

Proverbios 19:17, NVI

Una persona joven y sabia se da cuenta, mucho antes de hacer votos matrimoniales, que el carácter y las cualidades de una persona son mucho más importantes que las apariencias externas. La empatía y la generosidad son dos de las mejores cualidades que podemos tener en un cónyuge.

Por medio del regalo de Cristo recibimos una bendición incalculable. Sí, aunque enfrentemos dificultades, problemas de salud o financieros, no tenemos que ir muy lejos para darnos cuenta de que podemos bendecir a alguien más. Esa bendición puede ser mucho más especial cuando la hacemos con nuestro cónyuge. Dios dice que cuando servimos al pobre le hacemos un préstamo a Dios. Él nos retribuirá por lo bueno que hagamos, pero hay una bonificación también: cuando nos unimos como pareja para ayudar a otros, formamos un vínculo de amor mucho más profundo.

¿Recuerdan algún momento en que la generosidad de tu cónyuge tocó tu corazón? ¿Cuáles son esos actos pequeños que pueden hacer juntos para ayudar a sus vecinos?

Señor, has sido enormemente bondadoso con nosotros. Danos corazones sensibles a las necesidades de otros y ayúdanos a servir juntos.

CONFIAR JUNTOS

En ti confían los que conocen tu nombre,
porque tú, Señor, jamás abandonas a los que te buscan.
Salmos 9:10, NVI

Todas las parejas enfrentan desafíos que pueden ser de salud, laborales o de relaciones. Algunos problemas son económicos, mientras que para otros los problemas pueden ser el tiempo o la falta de él. Nuestro mayor problema es cuando pasamos por desafíos y creemos que tenemos que solventarlos por nuestra propia cuenta. Ustedes son un equipo que Dios unió y juntos pueden enfrentar los tiempos de dificultad. Juntos, pueden apoyarse el uno al otro y orar en unidad.

El Señor ha prometido que no abandonará a aquellos que le buscan. Cuando oramos puede ser que recibamos respuesta que nos ayude a vencer los obstáculos o tal vez no obtengamos la solución que buscamos. Tal vez la respuesta no sea la sanidad o el nuevo trabajo que necesitamos, pero debemos descansar en el conocimiento de que Dios nos conoce, nos ama y que nos atesora en su corazón. Cuando confiamos juntos en Dios nos fortalecemos en la fe.

¿Acuden juntos a Dios en oración cuando enfrentan los obstáculos de la vida? ¿Cuál es el mayor desafío que están enfrentando ahora? ¿Pueden confiar en que el Señor les ayudará con sus problemas?

Padre celestial, a veces la vida es muy dura. Nuestras dificultades nos abruman y es difícil ver la salida, pero ayúdanos a confiar. Gracias por amarnos.

UN PRINCIPIO VALIOSO

Cada uno debe dar según lo que haya decidido en su corazón, no de mala gana ni por obligación, porque Dios ama al que da con alegría.

2 Corintios 9:7, NVI

José y Gilda eran sumamente jóvenes cuando se casaron. El dinero apenas alcanzaba, la casa que alquilaban no se encontraba en un buen vecindario y sus dos trabajos pagaban el salario mínimo. Principalmente, vivieron de amor. Hubo meses en los que todo lo que entraba se iba en pagar las cuentas, pero decidieron asumir el principio bíblico del diezmo. Con cada pago calcularon el diez por ciento que ofrendarían.

Adelantamos la cinta unos doce años y vemos que ahora tienen dos niños encantadores y una casa que acaban de comprar. Gilda es una madre dedicada a su casa y José tiene un buen puesto en una empresa local, donde su ascenso parecía inminente. Sin embargo, al ver su presupuesto, se dieron cuenta de que ya no estaban diezmando. Esa cifra ahora parecía mucho más grande que cuando empezaron. No estaban seguros si ahora podían cubrir ese gran porcentaje. ¡Tenían cuentas por pagar! Después de hablarlo, decidieron empezar a diezmar nuevamente. Al principio fue difícil porque tuvieron que hacer recortes en otras áreas. No obstante, el diezmo significaba que serían parte de la ayuda al hambriento, de velar por las necesidades de la comunidad y de dar apoyo a las misiones. Pudieron ver que el dinero podía destinarse a algo que valiera más la pena.

¿Han decidido qué van a dar? ¿Son intencionales al tomar la decisión? ¿Pueden llamarse a sí mismos hijos que ofrendan alegremente?

Señor, nos has dado mucho más que tu amor. Ayúdanos a ser agradecidos. Coloca en nuestro corazón esa felicidad de entregarte una porción de la abundancia que nos has dado.

COMPARTIR DIFICULTADES

Pero que los justos se alegren y se regocijen; que estén felices y alegres delante de Dios.

SALMOS 68:3, NVI

Todos tenemos estados de ánimo de enojo y con ello, a veces tenemos los nervios de punta, no logramos resultados esperados y las personas a nuestro alrededor ya saben qué esperar. Puede que estemos enfermos, preocupados o simplemente aburridos con nuestra vida. La vida en el Espíritu tiene un propósito mucho mayor: un propósito abundante, pleno y libre de pequeñas discusiones y desacuerdos. Algo que podemos hacer en nuestro matrimonio es fortalecer a nuestro cónyuge cuando vemos que está luchando, porque somos un equipo. Cuando uno tiene problemas, el otro lo sostiene.

Puede que no se sientan con gozo en medio de las pruebas y es porque no les gusta atravesar esa situación. No obstante, existe una promesa que Dios nos hizo y que llama la atención: estar alegres en Él. Cuando elegimos alabar al Señor en cualquier circunstancia nos sentiremos con espíritus felices y alegres. Regocijarse en todo lo que ha hecho el Señor por nosotros puede aligerar la carga de las situaciones difíciles por las que atravesamos. Compartan sus cargas y enfrenten las dificultades juntos.

¿Puedes acudir a tu cónyuge cuando te sientes mal? ¿Puedes ofrecer tu ayuda y oración en las circunstancias caóticas? ¿Pueden contar uno en el otro cuando existe una necesidad o se quedan solos con sus cargas?

Amado padre, queremos regocijarnos en ti, pero a veces fallamos. Recuérdanos las bendiciones que traes a nuestra vida. Ayúdanos a depender de ti en tiempos de dificultad.

NECESIDADES PRINCIPALES

Pues los celo, con el celo de Dios mismo.
Los prometí como una novia pura a su único esposo: Cristo.
2 Corintios 11:2, NTV

¿Recuerdan cuando estaban en esa época eufórica de enamoramiento? Nada era tan bueno como estar con el amor de su vida. De alguna forma u otra podían demostrar su amor, ya sea que usaran notas de amor, caminatas largas, compartir sus comidas favoritas o algún obsequio. ¿Cuándo fue la última vez que hicieron un esfuerzo para hacer que su cónyuge se sintiera especial?

Los estudios demuestran que las necesidades principales del hombre son diferentes a las de la mujer. Las mujeres necesitan afecto, conversación y honestidad. Los hombres necesitan satisfacción sexual, compañerismo y apoyo del hogar. Comprender las necesidades de tu cónyuge es el primer paso para satisfacer esas necesidades. Un matrimonio sólido y maduro depende de que cada persona se sienta apreciada en la relación. Muestra tu amor a tu cónyuge en las formas en las que lo pueda entender.

¿Muestran su amor por su cónyuge? ¿Has preguntado a tu cónyuge si cumples sus necesidades? ¿Se sienten seguros en su matrimonio?

Señor, ayúdanos a amarnos uno al otro con un amor puro. Nuestro deseo es que nuestro amor sea más profundo y crezca. Aleja la incertidumbre de nuestra relación. Gracias por unirnos.

PALABRAS ACEPTABLES

Que las palabras de mi boca y la meditación de mi corazón sean de tu agrado, oh, Señor, mi roca y mi redentor.

Salmos 19:14, NTV

A veces pareciera que el único lugar seguro es nuestro hogar. Fuera del círculo cálido del matrimonio podemos ser bombardeados por el abuso verbal, la falta de respeto, las habladurías y la blasfemia. Habla palabras de ánimo y alegría a tu cónyuge en lugar de desalentarlo cuando le hablas. Propónganse construir con sus palabras. Se ha comprobado que el respeto, la cortesía y el ánimo amoroso de un cónyuge hará un cambio determinante para mejorar la relación.

Dios quiere que tu matrimonio se fortalezca. Las palabras que expresamos tienen consecuencias. ¿Tenemos el propósito de desarrollar el potencial de nuestro ser amado o lo avergonzamos con rudeza y contienda? Es interesante ver que cuando reconocemos a nuestro cónyuge, sin importar si lo merece o no, nuestro corazón cambia, ¡y es para bien!

¿Hablamos con amor y empatía con nuestro cónyuge? ¿Dejamos que las irritaciones salgan para herir y ridiculizar? ¿Podemos aceptar el desafío de hablar con el propósito de mejorarnos con amor?

Amado Jesús, ayúdanos a hablarnos con amor. Deseamos animarnos uno al otro para desarrollarnos. Gracias por acercarnos cada día más.

CULTIVAR LA GRATITUD

Sean agradecidos en toda circunstancia, pues esta es la voluntad de Dios para ustedes, los que pertenecen a Cristo Jesús.
1 Tesalonicenses 5:18, NTV

Este versículo lo debemos leer con detenimiento. "Esta es la voluntad de Dios para ustedes" no se refiere a todas las circunstancias de la vida, sino a la actitud importante que debemos cultivar en toda circunstancia: la gratitud. Ser agradecido es una condición del corazón, no algo que dependa de las circunstancias. No siempre podemos cambiar nuestras circunstancias, pero siempre podemos elegir ser agradecidos con Dios.

¿Eres infeliz con quién eres en la vida? ¿Estás insatisfecho con tu trabajo? ¿Estás estresado por un jefe injusto? ¿Estás cansado de hacer más comida o de cambiar más pañales? Es liberador cultivar el hábito del agradecimiento en todas las circunstancias; y decimos "en" no "por las circunstancias". Un corazón agradecido no es un prisionero en situaciones difíciles únicamente. Como dijo el apóstol Pablo, ustedes pertenecen a Jesucristo y por eso siempre podemos ser agradecidos, por esa convicción.

¿Puedes mencionar algo por lo que puedes estar agradecido hoy? Haz una lista con tu cónyuge.

Amado Jesús, no siempre hemos sido agradecidos en todas las circunstancias, pero queremos cambiar. Ayúdanos a ser agradecidos hoy, todo el día, a pesar de las dificultades, simplemente porque pertenecemos a ti. ¡Nada se compara con ser tuyos!

CEDER A TENER LA RAZÓN

Hagan todo sin quejarse y sin discutir, para que nadie pueda criticarlos. Lleven una vida limpia e inocente como corresponde a hijos de Dios y brillen como luces radiantes en un mundo lleno de gente perversa y corrupta.

Filipenses 2:14-15, NTV

El desafío de ser un buen hijo de Dios a menudo tiene que ver con ceder nuestro derecho a tener la razón. Queremos mostrar cómo es vivir en Cristo en un mundo perdido. Cuando estamos en un lugar oscuro y alguien ilumina un fósforo en una esquina de ese lugar, nuestra vista puede verlo con precisión. De esa forma, pueden brillar en la oscuridad con una conducta y una compostura de calma en medio de un momento intenso o de prueba. Otros te verán y pensarán: "¿Qué tiene esta persona que yo no tengo?".

Cuando acercamos a otros la luz de Jesús es cuando ejecutamos la función de ciudadanos del reino de Dios. Solo se necesita un momento para dejar caer agua en una llama pequeña y así, extinguir el fuego antes de que se convierta en un incendio descontrolado. De la misma forma, podemos extinguir peleas al ceder y permanecer en calma.

¿Luchas para ceder tu derecho de ganar una discusión? ¿Pedirás que el Señor te ayude en esta área? Piensen juntos en maneras que puedan extinguir las discusiones rápidamente.

Señor, ayúdanos a ser amables y moderados en el calor del momento. Ayúdanos a contestar a las acusaciones con amor y cambiar por completo el entorno. Permítenos ser más como tú, cada día.

HACER LAS PACES

¡Qué maravilloso y agradable es cuando los hermanos conviven en armonía!

SALMOS 133:1, NVI

A una hora después de empezar a hablar con tu visita te das cuenta de que no has escuchado un solo ruido de los niños. "Creo que mejor voy a echar un vistazo..." y corres a la habitación, pero solo para darte cuenta de que están enfocados en un juego de mesa. ¡Qué sorpresa tan agradable!

La vecina, quien malinterpretó tu broma en la reunión de padres de la semana pasada, ahora evita encontrarse contigo en la tienda de abarrotes. Entonces decides hacer las paces y tomas los ingredientes para hacer galletas caseras. Después, vas a la puerta de esta vecina y dejas las galletas con una nota disculpándote por algo que sabes que no hiciste. La vecina puede decidir si acepta o no el regalo. Independientemente de ello, has hecho tu parte al abrir la puerta para tratar de restaurar la relación. La unidad con los conocidos, amigos y familiares requiere esfuerzo, paciencia y una buena dosis de gracia de Dios, pero ¡qué gran recompensa!

¿Disfrutas de conversar de la vida con los hijos de Dios? ¿Recuerdas alguna vez en la que tuviste que hacer las paces con alguien, o que alguien lo hizo contigo?

Padre, cuando estemos tentados a atacar verbalmente o a ensalzarnos a nosotros mismos, danos tu gracia y tu fuerza para ofrecer la paz.

TIEMPOS DE SEPARACIÓN

Tengo muchos deseos de volver a verte porque no me olvido de tus lágrimas cuando nos separamos. Y me llenaré de alegría cuando estemos juntos otra vez.

2 Timoteo 1:4, NVI

¿Han tenido tú o tu cónyuge que pasar un tiempo separados por alguna circunstancia? Tal vez se trató de un viaje de negocios o uno de los dos tuvo que viajar para ayudar a un familiar. Cualquiera que haya sido la situación, puede que te hayas sentido intranquilo con la separación. Había un anhelo de estar juntos, un sentimiento de que algo faltaba. Es como si te faltara una extremidad, una parte esencial de tu cuerpo.

Cuando estamos casados, Dios une a dos personas para convertirla en una. Es un misterio, ¡pero es maravilloso! Durante los tiempos de separación es fácil ir a la deriva, por eso, siempre trata de mantener una comunicación abierta, ya sea que se llamen o se manden mensajes de texto con frecuencia. Si este tiempo de separación es prolongado, envía una carta o una tarjeta. Comparte con tu cónyuge lo que sucede con regularidad. Tal vez puedas hacer llamadas por Skype o FaceTime. Piensa en lo maravilloso que será cuando vuelvan a reunirse y celebrar cuando estén juntos.

¿Tienes habilidad para mantener el contacto con tu cónyuge, aunque estén separados? ¿Puedes intentar mantener informado a tu cónyuge acerca de cómo te sientes y qué es lo que te ha sucedido? ¿Tienes algún plan para apoyarse en tiempos de separación?

Señor, cuando estemos separados, ayúdanos a estar en contacto uno con el otro. No permitas que una separación forme una brecha entre los dos. Recuérdanos tratarnos con afecto y mantener nuestro amor fresco y vivo.

ALEGRARSE POR ESTE DÍA

Este es el día que hizo el Señor;
nos gozaremos y alegraremos en él.
Salmos 118:24, NTV

Celebramos cumpleaños y aniversarios con detalles especiales que implican las comidas favoritas, actividades y preferencias del momento. Para hacer memorable el día, en ocasiones se intercambian regalos o tarjetas. ¿Qué tal si celebramos *hoy* como si se tratara de un regalo? ¡Es que sí es un regalo!

Cuando nos casamos, suponemos que estaremos juntos por muchos, muchos años, pero no siempre es el caso. Algunos de nosotros recibimos el llamado a la morada celestial mucho más pronto de lo que esperábamos. Aprendamos a celebrar juntos cada día. Gocémonos en nuestra individualidad. Sorprendamos alguna vez a nuestro cónyuge con una comida o una tarjeta especial. Construyan sus recuerdos juntos. Disfruten de la aventura del matrimonio. ¡Alégrense hoy!

¿Están conscientes de cada día que pasa? ¿Dan por sentado que sus cónyuges permanecerán ahí? ¿Pueden sorprender a su cónyuge con algún plan especial de vez en cuando?

Padre celestial, ayúdanos a disfrutar cada día que nos das. Permite que agradezcamos la vida del otro y encontremos nuevas maneras de demostrar nuestro amor. Queremos regocijarnos en ti.

LAS PALABRAS MÁGICAS

¿Cómo podemos agradecer bastante a nuestro Dios por ustedes y por toda la alegría que nos han proporcionado delante de él?

1 TESALONICENSES 3:9, NVI

¿Usan las palabras *por favor* y *gracias* cuando se dirigen uno al otro? No supongan que su cónyuge sabe que están agradecidos por lo que hacen para ustedes, ¡reconózcanlo! Formen el hábito de usar estas palabras simples y corteses en sus conversaciones mutuas. Enseñamos las palabras "mágicas" a nuestros niños a temprana edad, pero de alguna manera, cuando hablamos con la persona más importante para nosotros en el mundo, no las usamos.

La gratitud y la cortesía expresada uno al otro nos lleva lejos. No importa si tu cónyuge saca la basura todo el tiempo, igual agradecerá un simple gracias. Cuando se levanten de la mesa, asegúrense de decir *gracias* por los alimentos. Puede tratarse de perros calientes, pero su cónyuge invirtió tiempo en hacerlos. Compartir la gratitud muestra respeto al tiempo y los esfuerzos del cónyuge.

¿Puedes esforzarte en mostrar respeto a tu cónyuge al decir "por favor" y "gracias"? ¿Formarán el hábito? ¿Pueden hacerlo sin tener que llevar la cuenta?

Señor, recuérdanos mostrar gratitud y respeto por nuestro cónyuge cuando se nos olvida, aunque lo consideremos trivial. Que lo expresemos constantemente. Haznos ser agradecidos por todo lo que hacemos el uno por el otro. Ayúdanos a prestar atención a todo lo que tú haces por nosotros.

SU FIDELIDAD

Pero yo le cantaré a tu poder, y por la mañana alabaré tu amor; porque tú eres mi protector, mi refugio en momentos de angustia.
SALMOS 59:16, NVI

Paco y Carmen habían estado enfrentando una difícil lucha durante meses. Los dos se habían quedado sin trabajo y aunque enviaban hojas de vida, una tras otra, no habían tenido éxito. Los alimentos eran aquellos que se compraban por el mínimo precio en la tienda de abarrotes. Habían estirado cada centavo hasta que se quedaron sin nada. Y sí, hubo días que se preguntaron si se quedarían en la calle, si lograrían salir de este tiempo tan difícil.

Pero a medida que iban pasando los días de esta prueba, algo más iba sucediendo. Vivieron de cerca la provisión de Dios cuando, de forma inesperada, aparecieron bolsas de alimentos en la entrada de su casa y las cuentas aparecían pagadas milagrosamente. Su fe y su vida de oración juntos se vieron fortalecidas al empezar a ver cómo Dios se convertía en su refugio y fortaleza. Aprendieron a adorarlo en el valle de la angustia. Cuando llegó el Día de Acción de Gracias, aunque solo uno tenía una oferta laboral, pudieron cantar "Grande es tu fidelidad" con un corazón agradecido con Dios por los favores y misericordias de cada mañana y porque Él había provisto todo lo que necesitaban.

¿Estás enfrentando desafíos económicos? ¿Qué te ha hecho pensar esta lectura?

Padre, ayúdanos a adorarte en tiempos buenos y malos. Gracias por ser nuestro bastión.

BENDICIONES DE HOSPITALIDAD

Por lo tanto, siempre que tengamos la oportunidad, hagamos el bien a todos, en especial a los de la familia de la fe.

GÁLATAS 6:10, NTV

Quizás tu vecino tiene un problema de plomería y tú no sabes ni siquiera cuál es el extremo que se debe sujetar en un destornillador. Es posible que no seas de mucha ayuda en ese caso, pero mientras ellos esperan para que el problema esté resuelto, podrías invitarlos a un tiempo de comida o permitirles que se den un duchazo en tu casa. Busca oportunidades para ser de ayuda cuando puedas. Escucha a quienes están a tu alrededor; con frecuencia vivimos en nuestras propias burbujas. Cuando empezamos una amistad con otra pareja, tenemos la oportunidad de ser modelos de Cristo en nuestra vida. Mostremos el amor de Dios por medio de la bondad.

¿No conoces a tus vecinos? Haz planes para hacer una celebración del vecindario en las fiestas patrias. Haz arreglos en tu patio cuando veas que el vecino está cortando su césped. Obsequia a la pareja de ancianos que vive en la otra calle esos panes que sabes hacer. Regala algunos tomates que has cosechado. Canta villancicos en los grupos. Hay muchas formas de mostrar amabilidad. Dejemos que se vuelva parte de nosotros.

¿Cómo logras conocer a tus vecinos? ¿Sabes quiénes son creyentes? ¿Te conocen porque eres hospitalario?

Amado Señor, ayúdanos a salir de nuestras zonas de confort y a conocer a las personas que viven cerca de nosotros. Danos sabiduría para discernir las necesidades de nuestros vecinos. Danos la bendición de la hospitalidad.

MOSTRAR MISERICORDIA

Si alguien que posee bienes materiales ve que su hermano está pasando necesidad, y no tiene compasión de él, ¿cómo se puede decir que el amor de Dios habita en él? Queridos hijos, no amemos de palabra ni de labios para afuera, sino con hechos y de verdad.

1 JUAN 3:17-18, NVI

Casi todos los días escuchamos acerca de niños hambrientos, mujeres abusadas y países devastados por la guerra. Nuestros vecindarios están llenos de necesidades: una viuda entrada en años que no puede cuidar su jardín, vecinos de enfrente con una hija que tiene parálisis cerebral, o tu hermana que acaba de tener un bebé. El amor de Dios nos concede empatía para aquellos que están en necesidad.

¿Qué pueden hacer como pareja para mostrar compasión a las necesidades que los rodean? ¡Aprovechen estas oportunidades para pasar tiempo juntos! Ofrézcanse para atender el jardín de la vecina, para preparar algunos alimentos para los vecinos, para hablar y decidir sobre una donación a una organización sin fines de lucro. Cuando trabajan como un equipo no solo logran más, sino que también comparten experiencias e inquietudes. Tanto ustedes como aquellos a quienes ofrecen sus bondades reciben bendición.

¿Cómo puedes mostrar misericordia para quienes están alrededor de ti? ¿Te imaginas en qué maneras pueden ayudar los dos? ¿Cómo pueden trabajar juntos para beneficiarse como pareja?

Jesús, ayúdanos a ser sensibles a las necesidades de quienes nos rodean. Hemos recibido tu bendición y deseamos compartir nuestra vida y nuestros recursos. Danos corazones sensibles para ayudar a los demás.

DICIEMBRE
Vengan, cantemos con júbilo al
Señor; aclamemos a la roca de
nuestra salvación. Lleguemos
ante él con acción de gracias,
aclamémoslo con cánticos.
Salmos 95:1-2, NVI

TOLERANCIA

Todo lo disculpa, todo lo cree,
todo lo espera, todo lo soporta.
1 Corintios 13:7, NVI

¿Aprenderán algún día? ¿Cuántas veces tenemos que hablar de esto? Cada familia tiene que lidiar con preguntas similares. Los cónyuges desean creer en lo mejor de sus parejas, pero esperar a ver que esto ocurra puede poner a prueba su paciencia. El amor incondicional es una cualidad que se aprende y se va desarrollando a medida que agradamos al Señor y reconocemos nuestra necesidad de su amor. El amor de Dios es la clave de la tolerancia. Bajo nuestra vieja naturaleza sería imposible amarnos sin condiciones.

Cuando nos frustramos y nos ataca la impaciencia, debemos recordarnos continuamente que la fuente de la paciencia vive en nosotros. Piensen en la tolerancia de Dios, en su benevolencia y en el increíble amor que nos expresa por medio de Cristo y nuestra vida diaria.

¿Alguna vez se te ha hecho tarde o has dejado esperando a alguien? ¿Han tenido dificultad para vencer un mal hábito? ¿Cómo pueden recordar la paciencia de Dios en su vida?

Señor, gracias por tu paciencia para con nosotros. Perdónanos por ser impacientes con los demás. Gracias por seguir a nuestro lado, por tu gracia y misericordia. Ayúdanos a demostrar esas cualidades a otras personas.

BENDECIR A TRAVÉS DEL RESPETO

Honra a tu padre y a tu madre;
ama a tu prójimo como a ti mismo.
MATEO 19:19, NTV

Es posible que alguna vez hayas salido con tus amigos y ellos empezaron a decir cosas desagradables de sus esposas o hicieron comentarios de otras mujeres. Tal vez la noche de chicas se convirtió en la noche de quejas. El respeto no solo está vigente entre tú y tu cónyuge. El respeto no solo está vigente cuando tu cónyuge te acompaña. Significa que eres el representante y protector de tu cónyuge incluso cuando estás con otras personas. Tus vecinos, colegas del trabajo y amigos te están viendo. Tus hijos necesitan ver que ustedes se respetan para que ellos los respeten y para que respeten a sus futuros cónyuges.

Hablen con gentileza, con ánimo y con valor el uno del otro. Hagan saber a su cónyuge cuán importante es para ustedes. Estas acciones bendecirán a su cónyuge, su relación y su hogar, a la vez que honrarán al Señor.

¿Por qué es tan importante el respeto en una relación? Si están en una situación como las mencionadas, ¿qué pueden hacer para honrar y respetar a su cónyuge? ¿En qué maneras pueden mostrar respeto por su cónyuge durante esta semana?

Señor, danos un corazón que desee respetar a nuestra pareja. Cuando las situaciones nos llevan por el camino equivocado, pon un control en nuestro espíritu para que no nos faltemos el respeto el uno al otro. Recuérdanos que no solo representamos a nuestro cónyuge, sino a ti también.

DEL MISMO EQUIPO

En efecto, nosotros somos colaboradores al servicio de Dios; y ustedes son el campo de cultivo de Dios, son el edificio de Dios.

1 Corintios 3:9, NVI

Es fácil enfocarse en las necesidades y en los deseos personales en lugar de las necesidades y los sueños de los demás. Sin embargo, el matrimonio es un deporte de equipo y aquel jugador que trabaja en equipo está dispuesto a servir a otros y ayudarlos a alcanzar su potencial.

Qué honor y qué responsabilidad es vivir lo que creemos en las tareas ordinarias y cotidianas. Somos el equipo que está en el campo, el equipo que vive su matrimonio cristiano ante un mundo expectante y desesperado por ver un amor real que da y sirve. Ese amor es posible únicamente cuando amamos y honramos a nuestro rey que vino a servir y le permitimos vivir por medio de nosotros.

En su matrimonio, ¿están en el mismo equipo cuando surgen los conflictos? ¿Se sirven el uno al otro en maneras que lo notan sus hijos, familia y amigos? ¿Alguna vez han tratado de servir primero a su cónyuge? Hagan el intento hoy.

Señor, es muy fácil pensar en nosotros mismos y en nuestras necesidades primero, pero tú viniste a servir y no a ser servido. Danos esa actitud al elegir amarte y honrarte a ti y a nuestro cónyuge.

CONSULTAR AL SEÑOR

Confía en el Señor de todo corazón,
y no en tu propia inteligencia.
Proverbios 3:5, NVI

Pensar en el futuro es emocionante y aterrador. Existen muchas posibilidades maravillosas en el futuro, pero también son desconocidas. Cuando buscamos la dirección de Dios en nuestras decisiones diarias, no solo en las grandes, aprendemos a confiar en Él.

¡Es maravilloso saber que el creador del universo se deleita al ver los planos completos para nosotros! Reconozcamos su señorío en nuestra vida y pidamos su dirección en todo momento.

¿Cuáles son esas grandes decisiones en las que necesitan preocuparse menos y confiar más en el Señor? A manera de emocionarse con el futuro, recuérdense uno al otro la fidelidad del Señor en decisiones pasadas.

Señor, queremos incluirte en todas nuestras decisiones. Perdónanos por olvidar traer todo ante ti. Has sido fiel en el pasado y sabemos que podemos confiar en ti en el futuro.

CONSULTARLO CON LA ALMOHADA

No pequen al dejar que el enojo los controle;
reflexionen durante la noche y quédense en silencio.
SALMOS 4:4, NTV

Los cónyuges sabios aprenden a pensar antes de hablar al calor de los desacuerdos. Podemos evitar muchas heridas si recordamos que el Señor está presente y nos escucha. Las palabras necias lastiman y quebrantan no solo el corazón de su cónyuge, sino también el corazón de Dios.

Si llegamos a estar de acuerdo en que es mejor dejar ahí el conflicto y darse un tiempo para pensarlo y buscarle una solución, nos daríamos cuenta de que el problema se ve diferente al otro día. Al estar tranquilos por un tiempo evitamos decir cosas que podríamos lamentar, también le damos la oportunidad a Dios para que nos hable acerca de la situación.

¿Cómo se verían los conflictos pasados si nos hubiéramos tomado el tiempo para pensar? ¿Pueden mirar al pasado y reírse del conflicto que en ese entonces parecía ser importante? Hablen de cómo pueden ayudarse uno al otro a procesar el enojo.

Señor, sabes que los conflictos traen enojo. Ayúdanos a tener en mente que no queremos lastimar tu corazón ni el corazón de nuestro cónyuge al rendirnos al pecado. Ayúdanos a silenciar nuestros pensamientos y emociones, y buscar tu rostro.

COMPLEMENTOS

Porque somos hechura de Dios, creados en Cristo Jesús para buenas obras, las cuales Dios dispuso de antemano a fin de que las pongamos en práctica.

Efesios 2:10, NVI

Disfrutan de la misma comida, las mismas películas, la misma música y muchas otras coas más, tanto disfrutan que podrían hablar por horas seguidas. Al menos así era la situación cuando salían antes de casarse. Ahora pareciera que las diferencias se hubieran multiplicado. ¿Cómo dos personas que se aman tanto pueden ser tan diferentes?

Son diferentes porque Dios los creó diferentes. El desafío es vivir y amar de una manera que se respete la singularidad de cada uno, mientras caminan en armonía. El Señor tiene un plan para cada vida y cuando avanzan en sus caminos, sus vidas se complementan una con la otra para darle gloria a Él.

¿Cómo pueden complementar sus diferencias en formas prácticas? ¿Cuál es el llamado que Dios les ha hecho y que les permite caminar junto a Él en forma única para bendecir a su cónyuge y a los demás?

Señor, en ocasiones nuestra individualidad es un problema y tratamos de cambiarnos uno al otro. Sabías perfectamente lo que hacías cuando nos creaste y nos uniste. Danos corazones obedientes y dispuestos, y permite que cada uno alcance su potencial para ti y para tu gloria.

ACTUAR CON FRANQUEZA

Más vale ser reprendido con franqueza que ser amado en secreto. Más confiable es el amigo que hiere que el enemigo que besa.

PROVERBIOS 27:5-6, NVI

¿Alguna vez regresaste a casa de un evento y al llegar te das cuenta de que tenías algo pegado al diente o que la cremallera estaba parcialmente abierta? ¿Por qué nadie dijo algo? Anhelamos tener amistades que nos salven de la vergüenza y a menudo el mejor amigo es nuestro cónyuge.

Un amigo de verdad va más allá de la apariencia superficial. Necesitamos cónyuges que gentilmente sean francos para que podamos ver nuestras debilidades, nuestros malos hábitos y nuestros puntos ciegos espirituales. Este tipo de comunicación requiere destreza y tiempo, y ambos cónyuges deben estar de acuerdo en hablar y escuchar con un espíritu de gracia, siempre deseando lo mejor para el otro.

¿Pueden ayudar a su cónyuge a ver alguna falta sin herir sus sentimientos o estar a la defensiva? Empiecen confesando la problemática "viga en su ojo" antes de hablar de la "paja" en el ojo de su cónyuge.

Señor, deseamos ser amigos que seamos francos el uno con el otro sin ofendernos. Ayúdanos a abordar de manera gentil las áreas problemáticas sin lastimar a mi cónyuge.

ESTRATEGIA DE EQUIPO

Por lo tanto, procuremos que haya armonía en la iglesia y tratemos de edificarnos unos a otros.

ROMANOS 14:19, NTV

Vean cualquier evento deportivo y podrán darse cuenta de que los equipos hacen pequeñas juntas para revisar el plan del juego. Al final de esta reunión, con frecuencia lanzan un grito de ánimo. En esa reunión se da un sentido de propósito, una camaradería y emoción por el trabajo que los lleva a una meta común. Durante el juego pueden darse algunos momentos difíciles, pero la mayoría serán momentos de logro que celebre el equipo completo.

Tú y tu cónyuge son un equipo. Tendrán muchas reuniones (y esperemos que abrazos) para hablar acerca de la estrategia de la vida. Ser un equipo aporta mayor sentido a la unidad familiar. Pueden hablar de las diferencias de opinión, pero sabrán que el resultado será lo más adecuado para el equipo familiar. Participar en estas juntas los hará sentirse parte del equipo y que son uno solo. ¡Tres porras por el equipo familiar!

¿Tienen una estrategia sólida como equipo familiar o necesitan trabajar en ella?

Señor, deseamos que seas el líder de nuestro equipo familiar. Muéstranos el mejor plan y guíanos para implementarlo sin vacilar.

MÉTODOS DEL CORO

Vivan en armonía unos con otros. No sean tan orgullosos como para no disfrutar de la compañía de la gente común. ¡Y no piensen que lo saben todo!

ROMANOS 12:16, NTV

Para que un coro suene perfecto, todos deben cantar sus voces correspondientes y esforzarse en combinarlas. Una persona que canta más alto de su nota, que sale del tono o cuyo tiempo no es el correcto distorsiona el sonido final. Todos deben estar dispuestos a recibir correcciones y a cambiar. Con tantas posibles fallas, ¿no sería mejor cantar solo? Con mucho esfuerzo, el coro sonará hermoso. Una persona sola no puede lograr la intensidad y la profundidad que un coro puede alcanzar en conjunto.

Nuestras vidas también pueden ser plenas y tener más intensidad cuando aprendemos a cooperar uno con el otro y a tender la mano a los demás. Podemos elegir ser obstinados e inalcanzables o sujetar nuestras opiniones manteniendo una mano de ayuda y pensando en formas para ver el mundo. Es mucho más fácil que las relaciones estén en armonía cuando comprenden que no siempre tienen las respuestas o cuando dejan de imponer su voluntad.

¿Qué tan flexibles son para ayudar a diferentes tipos de personas en sus vidas? ¿Están viviendo en armonía uno con el otro para ofrecer su ayuda a quienes tienen necesidad?

Señor, en tu sabiduría creaste personas únicas que habitaran este mundo. Permítenos ver con gracia y compasión a través de tus ojos nuestra vida y las de quienes nos rodean.

AGUA REFRESCANTE

Que el Señor les corte esos labios aduladores y silencie sus lenguas jactanciosas.

Salmos 12:3, NTV

¿Recuerdan algún día en el que estaban trabajando o jugando al aire libre y olvidaron completamente tomar agua? ¿Pueden recordar la satisfacción al beber un enorme vaso de agua fría para calmar la sed? ¡Qué alivio fue haber rehidratado su cuerpo!

En la vida diaria podemos quedarnos sin gozo y sin felicidad por las preocupaciones y responsabilidades. Como creyentes tenemos un medio para refrescarnos que el mundo no tiene ni entiende. Cristo provee todo lo que necesitamos en la vida para tener vida en Él. Dios es nuestro pastor, redentor, consolador, nuestra roca, fortaleza, justicia, luz, paz, sabiduría… y podemos seguir con la lista. Cuando los afanes y presiones de la vida nos consumen, nuestra fuente es el tiempo que pasamos con nuestro Salvador, ahí encontramos el refrigerio que necesitamos.

¿Han logrado encontrar un tiempo individual de quietud y un lugar para estar con el Señor y recibir su refrigerio? ¿Han apartado un tiempo para adorar juntos?

Señor, solo tú importas cuando todo se ha dicho, terminado y acabado. Ayúdanos a disfrutar de tu presencia y vivir en formas profundas y significativas tanto como pareja, como en forma individual.

DIOS DE LA ETERNIDAD

Nadie puede deshacer lo que he hecho.
ISAÍAS 43:13, NTV

Traten de hacer una comparación metafórica con este versículo. Por ejemplo, si alguien presiona el tubo de la pasta y deja salir una porción de esa pasta, ¿hay alguien que pueda regresarla de manera efectiva? ¿Existe alguien más poderoso que Dios? La escritura dice que no hubo hombre antes que Él y que tampoco habrá después de Él. No existe un salvador aparte de Él. Dios es Dios, nosotros no lo somos; por lo tanto, debemos someternos a su autoridad.

Tenemos dos opciones: creer o no creer. No tenemos más para escoger. Si elegimos creer, nos debemos someter a esa decisión. Las religiones externas al cristianismo requieren trabajo para ganar la salvación, pero para los cristianos ese requerimiento significaría que Jesús murió en vano. El cristianismo solo requiere que aceptemos de lo que Dios, a través de su hijo Jesús, logró en la cruz. ¿Y qué pasa con las obras? Las hacemos para honrarlo.

¿Creen que Dios es eterno y que será Él quien tenga la última palabra en su vida? ¿Se someterán voluntariamente a la autoridad soberana de Dios? Hablen con su cónyuge de sus luchas para entregar a Dios, ya sean sus dones o preocupaciones.

Padre, creemos en ti como el Dios soberano, creador y la autoridad en cada área de nuestra vida. Aceptamos tu buena autoridad sobre nosotros y descansamos en tu bondad y provisión.

ARRAIGADOS EN CRISTO

Bendito es el hombre que confía en el Señor cuya confianza es el Señor. Será como árbol plantado junto al agua, que extiende sus raíces junto a la corriente; no temerá cuando venga el calor, y sus hojas estarán verdes; en año de sequía no se angustiará ni cesará de dar fruto.

Jeremías 17:7-8, LBLA

Cuando éramos niños y todo parecía estar bien en el mundo, confiar era fácil. A medida que crecimos los tiempos cambiaron y todo se volvió más confuso. Todos tenemos recuerdos profundos de los primeros días de nuestro matrimonio cuando florecía el amor de juventud. Tiempo después aparecieron los conflictos y las diferencias y nos preguntamos si nos habíamos equivocado al casarnos. No ayudaba mucho saber que al final del día teníamos más cuentas por pagar que dinero en el banco, recibíamos más tareas que cumplir o más palabras ásperas que gentiles.

Quizás se pregunten si Dios sigue siendo el mismo Dios que pensaron que era. Pero a través del dolor y el desánimo, seguimos creciendo al estar arraigados en Cristo. Sean las ramas de apoyo para su cónyuge y escudriñen juntos más profundamente la Palabra y las promesas de Dios.

¿El miedo nos arrastra en momentos de incertidumbre? Cuando soplan los vientos de la vida, ¿están arraigados profundamente para mantenerse firmes? Hablen con sus cónyuges sobre sus temores.

Señor, cuando la vida se complica es posible que nuestra confianza tambalee. Hoy elegimos la vida, elegimos confiar en ti y dejar de estar ansiosos. Ayuda a que nuestro matrimonio y raíces espirituales profundicen para que florezcamos para tu gloria.

ETERNO E INQUEBRANTABLE

Con amor eterno te he amado;
por tanto, te prolongué mi misericordia.
JEREMÍAS 31:3, NVI

En este versículo, Dios habla al pueblo de Israel y los llama para que salgan de la cautividad de los egipcios. Su amor y bondad les dio la opción de poder servirle si así lo deseaban. A menudo, vemos nuestra vida comparada con la del pueblo de Israel.

Cuando la vida se oscurece y vemos las evidencias de nuestro pecado, Dios nos llama para ir de regreso a Él. Su bondad nos lleva al arrepentimiento, quiere lo mejor para nosotros. El mejor regalo que podemos recibir es estar en paz con nuestra propia alma y nuestro creador, sin importar nuestras circunstancias. Cuando nos esforzamos por comprender lo que significa *eterno* y agregamos su amor a la ecuación, nos conmueve enormemente su generosidad.

Alguna vez se han preguntado, ¿quién soy yo para que Dios pueda amarme por la eternidad? ¿Pueden creer que se acerca a ustedes con inquebrantable bondad? ¿Cuál es la evidencia de ese amor en sus vidas?

Padre, gracias porque siempre nos acercas con una bondad generosa. Ayúdanos a atar nuestras mentes a la bondad de tu amor eterno y los planes que tienes para nuestra vida.

ECHAR SAL EN LA HERIDA

Más bien debieran perdonarlo y consolarlo para que no sea consumido por la excesiva tristeza.

2 Corintios 2:7, NVI

En esta carta a la iglesia de Corinto, Pablo instruye que el castigo por la ofensa no sea muy severo. En una pelea, dar patadas a alguien que ha caído es un juego sucio que se acerca a la venganza. Echar sal en una herida tampoco ayuda a nadie.

Aquellas personas que juegan a ser jueces y jurado luchan por tomar el lugar de Dios. En lugar de ello necesitamos acudir, perdonar y consolar. Cuando seguimos insultando a una persona herida, dejamos de representar a Dios. La otra persona se ve abrumada y traumatizada por la agresión excesiva. Dios nos dio el poder para perdonarnos unos a otros, usen ese don para su gloria.

¿En alguna ocasión han deseado lastimar a su cónyuge al infligir más castigo del necesario sobre un pecado? Si alguno de los dos necesita perdón, búsquelo y otórguelo.

Señor, ayúdanos a tratar a otros de la manera en que tú quieres que tratemos a otros, con justicia y gracia. Ayúdanos a pedir perdón a quienes hemos herido. Te pedimos perdón por haber lastimado a otros en nuestro afán de justicia.

AFILAR CON EL HIERRO

El hierro se afila con el hierro,
y el hombre en el trato con el hombre.
PROVERBIOS 27:17, NVI

La mayoría de nosotros tiene un deseo verdadero de servir a Dios, pero es fácil deslizarse en el camino y perder de vista nuestra meta de vivir para Él. En esas situaciones es donde tener un cónyuge que también ame a Dios se convierte en un regalo enorme y la razón es que podemos ayudarnos uno al otro al darnos ánimo, rendición de cuentas y compromiso para trabajar juntos y convertirnos en quien Dios quiere que seamos.

Si no ocupamos el lugar donde debiéramos estar espiritualmente, en lugar de ser una bendición para nuestro cónyuge, nos convertiríamos en un impedimento. No podemos ayudar a nadie a adquirir ese filo si no hemos trabajado para afilarnos entre nosotros mismos. Para que el hierro afile al hierro debe sentirse el toque de la mano de alguien para dar ayuda en el proceso del afilado. Aquí es donde participa Dios y donde la pareja sabia dice: "Señor, afílanos para que podamos ayudarnos uno al otro a adquirir ese filo".

¿Cómo pueden ayudarse uno al otro a adquirir ese filo? ¿Están en el lugar que necesitan estar espiritualmente?

Amado Padre, no queremos ser cristianos a medias. Ayúdanos a trabajar juntos como equipo para animarnos el uno al otro en fe y dar esa rendición de cuentas uno al otro.

ORACIÓN DE BENDICIÓN

Y después de abrazarlos, los bendecía poniendo las manos sobre ellos.

MARCOS 10:16, NVI

El pastor de Miriam estaba llegando al final de una enfermedad terminal. Había sido como un padre para ella por muchos años, quien la amaba, oraba por ella y le daba consejo. Durante la última visita de Miriam a su casa antes de su muerte, la abrazó fuerte y después puso la mano sobre su cabeza para decir una oración de bendición sobre ella, con la que pidió a Dios que los guardara, a ella y a su esposo, fuertes y florecientes en fe. Pidió el toque de Dios en la vida de Miriam y que la bendijera abundantemente a través de los años. Ese tierno momento hizo que Miriam se sintiera amada.

¿Qué tal si hiciéramos esta oración como esposos y esposas? ¿Qué tal si nos acercáramos al amor de nuestra vida en nuestro corazón y oráramos por esta persona, pidiéndole a Dios que bendiga cada área de su vida? Hoy sería un buen día para que ustedes dos se sentaran e hicieran una lista del área que quieren que Dios bendiga en su cónyuge.

¿Cómo quisieras que Dios bendijera a tu cónyuge? ¿Cómo crees que impactará en tu cónyuge una oración de bendición?

Señor, ayúdame a verter bendiciones en lugar de dolor y ofensas. Bendice nuestro hogar y enlaza nuestro corazón tiernamente.

LUGAR DE PAZ

Y tú, hijito mío, serás llamado profeta del Altísimo, porque irás delante del Señor para prepararle el camino… Gracias a la entrañable misericordia de nuestro Dios. Así nos visitará desde el cielo el sol naciente.

LUCAS 1:76, 78, NVI

Wilfredo había tenido un día muy difícil en el trabajo. Cuando iba de regreso a casa uno de sus neumáticos estaba desinflado, le parecía que a donde mirara iba a encontrar otro problema. Pero a medida que finalmente caminaba hacia la entrada de su casa, sabía que su día estaba a punto de cambiar. Hilda tendría la casa acogedora, la comida caliente sobre la mesa y estaría lista para darle un beso y un abrazo. Su hogar era su cielo y contaba con ello.

Cada matrimonio tiene sus lugares de calma. Reconocer cómo ayudar a tu cónyuge a sentirse en paz es un regalo magnífico. Dios ha hecho eso para todos nosotros. Cuando lleguemos al cielo encontraremos un lugar de paz que ha preparado en anticipación. No sabemos exactamente cómo será, pero la descripción bíblica nos indica que valdrá la pena la espera.

¿Cuál y dónde está tu dulce lugar de paz? ¿Cómo puedes crearlo para tu cónyuge?

Señor, gracias por el regalo de cada uno de nosotros. Muéstranos cómo podemos honrarnos mutuamente, cada día.

PERDÓN ILIMITADO

Y levantándose, vino a su padre. Y cuando aún estaba lejos, lo vio su padre, y fue movido a misericordia, y corrió, y se echó sobre su cuello, y le besó.

LUCAS 15:20, RVR1960

Aunque no tengamos la intención, todos nosotros nos equivocamos de vez en cuando. Cuando pasa, por lo general, lastimamos a alguien a quien amamos y a veces causamos un daño enorme a nuestra relación en ese proceso. Cuando eres la persona que ha recibido la herida, eso puede ser difícil. Sabes que Dios dice que perdones, pero ¿cómo se supone que debes hacerlo? La historia del hijo pródigo nos da algunas directrices muy buenas. El hijo estaba muy bien en su casa y su padre lo amaba, pero rompió el corazón de su padre cuando decidió irse y sufrió las terribles consecuencias como resultado de su rebelión. Tocó fondo.

¿Y sabes algo? Cuando el hijo pródigo retomó la sensatez y regresó a casa, su padre no lo recibió con un "¡Me lastimaste! ¿Cómo pudiste hacerlo?", sino que corrió hacia él, lo abrazó con todas sus fuerzas y ternura. ¿Qué tal si nos amamos uno al otro de esa manera? ¿Qué tal si perdonáramos en esa misma forma?

¿Te ha costado perdonar a tu cónyuge? ¿Cómo pueden aprender a perdonar en la forma en la que Dios perdona?

Señor, danos corazones sensibles. Ayúdanos a perdonar a nuestro cónyuge como tú nos perdonas a nosotros.

LLOVIZNA DELICADA

Que mi enseñanza caiga sobre ustedes como lluvia; que mi discurso se asiente como el rocío. Que mis palabras caigan como lluvia sobre pastos suaves, como llovizna delicada sobre plantas tiernas.

DEUTERONOMIO 32:2, NTV

¿Has vivido en algún lugar que haya pasado por un período de sequía? La tierra queda tan seca que se resquebraja. El césped se torna café y las flores se encorvan como si se escondieran del calor y del sol. Es difícil plantar algo porque el suelo está muy duro. Todos esperamos que llueva, pero si esta cayera en fuertes torrenciales solo se deslizaría sobre el piso en lugar de empapar la tierra donde es necesario. La escena perfecta es una llovizna delicada que cae y moja la tierra, permitiendo que esta la absorba lentamente.

Así desea Dios que se absorban sus palabras en nuestras almas y matrimonios. De la misma manera en que una llovizna delicada deja una tierra y plantas suaves, que su Palabra refresque nuestro corazón, nos dé sabiduría, nos exhorte cuando sea necesario, nos inspire y anime. Dejemos de tener corazones duros cuando Dios quiere hablarnos, seamos como ese césped tierno y esas nuevas plantas que se absorben cada gota de agua.

¿Tienen un corazón tierno hacia Dios? ¿Desean recibir esa refrescante lluvia de la presencia de Dios en su hogar?

Señor, permite que tus palabras caigan como lluvia sobre suave césped. Permite que nos empapemos de esas palabras y que refresquen nuestras almas.

CONCENTRARSE

Concéntrense en todo lo que es verdadero, todo lo honorable, todo lo justo, todo lo puro, todo lo bello y todo lo admirable. Piensen en cosas excelentes y dignas de alabanza.

FILIPENSES 4:8, NTV

La tentación es un enemigo real de nuestros matrimonios y puede llegar a tener un efecto devastador en nuestros hogares. Puede que se trate solo de lanzar una corta mirada a alguien que no es nuestro cónyuge, a pasar horas navegando en internet por sitios que nuestros ojos no deberían ver, o bien, que se trate de tentaciones con las apuestas, el alcohol u otras sustancias, todas esas tentaciones nos dejan frágiles y pueden provocar un daño masivo a nuestras relaciones.

En esos puntos necesitamos ser proactivos como parejas y es cuando necesitamos establecer áreas para la rendición de cuentas. Debemos estar determinados a "concentrarnos en lo que es verdadero, en todo lo honorable, en todo lo justo, en todo lo puro, en todo lo bello y en todo lo admirable" como dice el versículo. Si nuestra atención se centra en esos pensamientos, no tendremos tiempo de inclinarnos a perdernos en áreas que solo dañarían nuestra hermosa relación con nuestro cónyuge.

¿Has batallado con la tentación? ¿Cómo pueden ayudarse uno al otro con esas tentaciones?

Señor, ayúdanos a fijar nuestros ojos firmemente en ti. Aléjanos de las tentaciones que dañarán nuestro matrimonio.

INSTRUCCIONES IMPORTANTES

Toda la Escritura es inspirada por Dios, y útil para enseñar, para redargüir, para corregir, para instruir en justicia.
2 Timoteo 3:16, RVR1960

Elías y un amigo suyo decidieron tomar el proyecto de ensamblar una parrilla. Tiraron las instrucciones junto con la caja y Elías dijo: "¡No las necesitamos!". Unas horas después la parrilla estaba ensamblada, aunque también había otras tres piezas que quedaron a un lado porque no las usaron. Evidentemente, se trataba de tres piezas importantes porque la parrilla no funcionó. Después de varios intentos por arreglarla, hicieron algo inusual: leyeron las instrucciones. Descubrieron que las piezas que habían dejado de lado tenían que haberse instalado desde el principio.

Nos reímos mucho con ellos, pero ¿no siempre hacemos lo mismo en el área espiritual? Las instrucciones (la Palabra de Dios) se queda guardada por ahí, esperando a darnos la orientación que necesitamos para nuestra vida. Evitemos arreglar cuestiones en nuestro matrimonio que pudimos haber evitado si hubiéramos leído y obedecido las instrucciones de Dios desde el principio.

¿Recuerdan algún momento en el que no siguieron las instrucciones de Dios? ¿Cuáles son las implicaciones y cómo pueden tomar mejores decisiones en el futuro?

Amado Señor, ayúdanos a leer y a seguir las instrucciones de tu palabra siempre. No permitas que nos equivoquemos dejando de atenderlas.

PALABRAS GUARDADAS

En mi corazón he guardado tus dichos,
para no pecar contra ti.
SALMOS 119:11, RVR1960

Miguel estuvo enfrentando una lucha por varias semanas. La empresa había contratado a una nueva recepcionista, Manuela, que era una atractiva joven morena. Miguel amaba a su esposa y tomaba en serio sus votos matrimoniales y su promesa de amarla únicamente a ella. Solo pasaron unos días después de que la contrataron cuando Manuela empezó a insinuársele a Miguel, le coqueteaba e inventaba excusas para llamarlo o entrar a su oficina a dejarle algo. Después de varias semanas, Miguel empezaba a pensar en ceder a la tentación, pero una mañana cuando Manuela se pavoneaba en su oficina, vino a su mente el versículo de 1 Corintios 10:13 acerca de que Dios nos ayuda a escapar de la tentación. En ese momento, la convicción golpeó el alma de Miguel, la convicción que vino de un versículo que aprendió de niño. Era una verdad que estaba guardada en su corazón y que surgió justo en el momento en que la necesitó. Esa tarde, él cambió el rumbo.

Para los cónyuges será de gran beneficio guardar la Palabra de Dios en sus corazones. Son esas verdades preciosas que nos servirán como salvaguarda de nuestros hogares y matrimonios en los siguientes años.

¿Recuerdan algún momento en que un versículo de la Biblia llegó a su mente justo cuando lo necesitaban? Empiecen a aprender juntos algunos versículos.

Padre, aléjanos del pecado contra ti y contra nuestro cónyuge. Cuando estemos en la tentación, danos convicción por medio de tu Palabra.

UN DULCE REGALO

Yo, en cambio, te ofreceré sacrificios y cánticos de gratitud. Cumpliré las promesas que te hice. ¡La salvación viene del Señor!

Jonás 2:9, NVI

La presentación misionera de un hogar de niños en África era conmovedora, pero cuando contaron que regalaron a los niños unas bebidas de soda y que para ellos fueron regalos tan especiales que las atesoraron para que les tardara un par de días, Celso y Teresa no pudieron más y lloraron. Ese día se hicieron la promesa que tanto los niños como el personal del hogar recibirían una bebida de soda como regalo en Navidad.

Honraron su promesa, no solo ese año, sino los siguientes años. Se convirtió en su regalo favorito y volvieron a llorar cuando el misionero envió fotografías de todos los chicos disfrutando sus bebidas. Para Celso y Teresa esto se convirtió en un verdadero gozo, pero también fue un recordatorio de otro regalo que ellos habían recibido de forma gratuita: el dulce regalo de Dios de la salvación. ¿Cuáles son las promesas que pueden tomar como pareja para compartir la dulzura de Jesús en un mundo que necesita experimentar su amor?

¿Cuál podría ser una promesa que ustedes hagan para servir a Dios? ¿Han dado gracias a Dios en estos días por el regalo de la salvación?

Señor, te adoramos por ser un Dios sorprendente. Ayúdanos a dar esas promesas para servirte más.

TRADICIONES ESPIRITUALES

Así que, hermanos, sigan firmes y manténganse fieles a las enseñanzas que, oralmente o por carta, les hemos transmitido.

2 TESALONICENSES 2:15, NVI

Las tradiciones son eventos maravillosos. Forman esos recuerdos que se enlazan a nuestro corazón, ya sea que se trate de esas salidas en bicicleta en alguna playa, esas comidas que nos encantaba porque las preparaba la abuela, o aquellos pastelillos de arándanos que se decoraban con una vela para festejar el primer día de escuela. Sin embargo, esas tradiciones son mejores cuando impactan nuestra fe. Tal vez ustedes en la víspera de Navidad lean juntos la historia del nacimiento de Jesús, oren juntos en la víspera de Año Nuevo para pedir la bendición de Dios por el año que inicia, escriban una carta a sus hijos de lo que significa ser hombres y mujeres de Dios, o marquen todos los versículos favoritos en la Biblia que regalarán a un recién nacido.

Lo importante es que prestemos atención a esas palabras, cartas y sucesos que nos han formado como cristianos y como esposos y esposas. Esas tradiciones nos ayudarán a permanecer firme en nuestra fe y a fortalecer nuestros matrimonios y hogares.

¿Cuáles son algunas tradiciones espirituales que hacen juntos? ¿Cuáles son las tradiciones que podrían implementar?

Padre, gracias por los elementos de fe que plantaste en nosotros. Ayúdanos a estar firmes en nuestra fe y en nuestro matrimonio.

EL REGALO DEL MATRIMONIO

Este mandamiento nuevo les doy: que se amen los unos a los otros. Así como yo los he amado, también ustedes deben amarse los unos a los otros. De este modo todos sabrán que son mis discípulos, si se aman los unos a los otros.

JUAN 13:34, NVI

El regalo más precioso que pudieron habernos dado se encontraba en un establo en Belén, era el amor perfecto arropado en sus sábanas. Se trataba de un amor sin ataduras, un amor por el cual no teníamos que pagar, un amor que se ofreció en libertad, solo para que lo tomáramos. Ese es el ejemplo perfecto del tipo de amor que debemos mantener en nuestros matrimonios.

Navidad es un buen tiempo para detenernos y reflexionar en cuánto nos ha dado Dios y para pensar en el amor que nos reveló por medio de ese pequeño bebé en el pesebre. El niño creció y nos enseñó cómo vivir, para después morir por nosotros. Mucho antes de este suceso, en el inicio del tiempo, Dios creó una unión hermosa y misteriosa a la que le llamamos matrimonio, unión que ahora es un medio para demostrar su amor y gracia al mundo. Dios describe la relación de este matrimonio como la de Cristo y la iglesia, así es la gran estima que le tiene a esta unión. Se trata de una institución tan bella que nació en el corazón de Dios. ¿La percibimos de esa manera? ¿La amamos así?

¿Les hace reflexionar el amor de Dios cada día de su matrimonio? ¿Pueden ser intencionales hoy en amar a sus cónyuges como Jesús los ama?

Señor, gracias por mostrarnos cómo es el amor perfecto. Ayúdanos a amarnos uno al otro, como tú nos amas.

BIEN EQUIPADOS

Toda la Escritura es inspirada por Dios y útil para enseñar, para reprender, para corregir y para instruir en la justicia, a fin de que el siervo de Dios esté enteramente capacitado para toda buena obra.

2 Timoteo 3:16-17, NVI

Nataniel es un contratista. Cada mañana antes de dirigirse al lugar de trabajo, sube a su vehículo las herramientas y suministros que necesitará para trabajar ese día. Algunos días no planifica del todo bien y hasta que llega al lugar se da cuenta de que no lleva su taladro o clavos galvanizados necesarios para completar el trabajo. Eso implica pérdida de tiempo, paz y dinero, porque tiene que detener lo que está haciendo e ir a su casa por lo que necesita o ir a la ferretería.

Dios quiere que estemos bien equipados para la vida. Como esposos, necesitamos aprovechar la enseñanza inspirada por Dios que ofrece en su Palabra. De esa forma nos salvaremos de la irritación, el arrepentimiento y de la corrección de Dios. Como matrimonio, propongamos como meta pasar más tiempo juntos en su Palabra para estar equipados para lo que Dios nos pida que hagamos.

¿Leen juntos la Palabra de Dios? ¿Cómo puede equiparlos esa acción para su vida como pareja?

Señor, haznos sensibles a tu palabra. Provee las herramientas que necesitamos como matrimonio para estar bien equipados para servirte.

LA PALABRA

Ciertamente, la palabra de Dios es viva y poderosa, y más cortante que cualquier espada de dos filos. Penetra hasta lo más profundo del alma y del espíritu, hasta la médula de los huesos, y juzga los pensamientos y las intenciones del corazón.

HEBREOS 4:12, NVI

La mayoría de nosotros desea ser el mejor cónyuge posible, pero para llegar a ese punto, Dios tiene que limar las imperfecciones. Debe eliminar todo lo que no debería estar en nuestro corazón. Tiene que atravesar toda la suciedad hasta llegar a nuestro corazón y almas. No evalúa solo nuestras acciones, sino también nuestros pensamientos y actitudes.

En este punto entra la Palabra de Dios. La Biblia no es un libro antiguo que se deja en nuestra librera o en nuestra mesa de centro para recolectar polvo. Las palabras que están ahí son vida y si las leemos con las actitudes correctas en nuestro corazón, esos versículos pueden filtrarse a nuestras almas para reemplazar los pensamientos desordenados por pensamientos limpios y de pureza, así como un corazón que desea agradar y honrar a Dios. Cuando leemos la Palabra como matrimonio, fortalecemos nuestro vínculo, el cual no será fácil de romper, y a medida que veamos a nuestro cónyuge esforzarse por agradar a Dios, así también crecerá el amor que ya albergamos.

¿Leen la Palabra de Dios con la actitud correcta? ¿Cuál es el efecto que tendrá en su matrimonio?

Señor, muéstranos los tesoros en tu Palabra y danos corazones receptivos a lo que tengas que cambiar en nosotros.

PENSAR EN EL CREADOR

Cuando veo tus cielos, obra de tus dedos, la luna y las estrellas que tú formaste, Digo: ¿Qué es el hombre, para que tengas de él memoria, y el hijo del hombre, para que lo visites?

SALMOS 8:3-4, RVR1960

En unas vacaciones, Marcos y Mariela estaban sentados en la playa, las estrellas brillaban y el cielo parecía un manto gigante. Las olas llegaban a la orilla saludando con ruidos poderosos para después regresar al mar en completa paz. Mientras estaban ahí acompañándose en silencio, un venado hembra y sus dos crías recorrían la playa. Marcos miró a su alrededor con mucha atención y lo abrumó la majestuosa creación de Dios.

Marcos se sintió tan pequeño al darse cuenta de lo grande que es Dios. Mientras estaba ahí sentado y pensaba en todo esto, sus ojos se detuvieron en uno de los diseños más asombrosos de Dios: su bella y compasiva esposa. Marcos tomó la mano de su esposa y le dijo: "Estoy aquí, sentado y pensando en la hermosa creación de Dios y puedo ver que tú eres la mejor de toda esa creación".

¿Cuándo fue la última vez que te detuviste a pensar en la creación de Dios? ¿Cuándo fue la última vez que admiraste al magnífico cónyuge que Dios creó para ti?

Señor, tú eres un diseñador fabuloso. Gracias por crear a mi cónyuge. Es increíble que tú, que creaste el mundo, sepas quiénes somos y a pesar de eso, estés dispuesto a pasar tiempo con nosotros.

LAS REGLAS SE CUMPLEN

Felices son los íntegros, los que siguen las enseñanzas del Señor. Felices son los que obedecen sus leyes y lo buscan con todo el corazón.

Salmos 119:1-2, NTV

Algunas personas siempre cumplen las reglas. Para ellos, una regla es una regla y no cabe duda si deben cumplirla o no. Otras personas tienen más dificultad para seguir las reglas, pero sin importar si para ti es fácil o difícil, las reglas tienen el propósito de establecer parámetros. Estas reglas definen cómo deben ser los juegos, la forma en la que se conducen los autos, cómo vivir, etc. Cuando otras personas saben que cumples con las reglas, saben que eres confiable y que harás lo que es correcto.

La credibilidad es de gran importancia en el matrimonio. Cuando prometes amar, honrar y valorar, también prometes confianza a tu cónyuge, aunque esa palabra no aparezca en tus votos de forma exacta. Te vuelves un solo ser con esa otra persona y tu compromiso es ser confiables. Los dos encontrarán una grandiosa paz y gozo al saber que pueden confiar entre ustedes.

¿Existen áreas en las que te sea difícil confiar en tu cónyuge? Resuelve hoy mismo esos problemas.

Señor, gracias porque podemos confiar en ti con plenitud. Ayúdanos a ser confiables en nuestro matrimonio hoy y cada día de nuestra vida.

CONSTRUIR SOBRE EL FUNDAMENTO

Yo anuncio el fin desde el principio; desde los tiempos antiguos, lo que está por venir. Yo digo: Mi propósito se cumplirá, y haré todo lo que deseo.

Isaías 46:10, NVI

Desde el tiempo de Adán y Eva, Dios pensó en el matrimonio como una unión. Puedes tener la confianza de que el matrimonio ha unido a los dos en uno. Tal vez fue amor a primera vista, o tal vez se fueron conociendo poco a poco y esa amistad se convirtió en amor; no importa cómo fue, lo que importa es que Dios tenía planes para ustedes. Dios se encargó de dar forma al fundamento del amor entre ustedes. Ahora es su turno construir sobre ese fundamento.

Cuando se acaban de casar su duda es si tendrán hijos. Cuando son padres, vienen las dudas de la universidad a la que irán sus hijos. Cuando son padres mayores vienen las dudas por quedarse solos de nuevo. No importa la etapa en la que están, es normal hacerse preguntas y tener dudas del futuro. Disfruten el presente. Dios cuidará de ustedes sin importar qué venga en el futuro.

¿Se están perdiendo el presente de su matrimonio? ¿Están tan ocupados preocupados por el futuro que están fallando en prestar atención a su cónyuge? ¿Cómo pueden lograr que cada día sea importante?

Dios, ayúdanos a relajarnos y a vivir el presente. Permite que nuestra confianza en el futuro esté en tus manos. Danos la sabiduría que necesitamos cada día y aléjanos de la preocupación.

DEDICADOS A DIOS

¿Qué puedo ofrecerle al Señor por todo lo que ha hecho a mi favor? Levantaré la copa de la salvación y alabaré el nombre del Señor por salvarme. Cumpliré las promesas que le hice al Señor en presencia de todo su pueblo.

Salmos 116:12-14, NTV

Alejandro y Gabriela tienen un plan especial para la víspera de Año Nuevo. Su plan es pasar la noche solos en casa. Prepararon una cena a la luz de las velas en el comedor, vieron sus películas favoritas de antaño, hicieron palomitas de maíz y rieron juntos. A medida que la medianoche se acerca, se arrodillan junto a su sofá para seguir con la tradición que inició desde su primer año de matrimonio. Oran juntos, oran agradeciendo a Dios por guardarlos durante el año que está terminando y por estar con ellos en los tiempos difíciles, así como por sus muchas bendiciones.

Después, oran por el año que viene y piden a Dios que los ayude a ser fieles a Él y a su cónyuge; piden que limpie el camino por el cual caminarán, que les dé fuerza cuando lo necesiten, que los bendiga para que puedan bendecir a otros. Se dan un beso cuando el reloj indica que es medianoche y empiezan un año nuevo dedicado a Dios.

¿Cómo pueden honrar sus votos a Dios y a su cónyuge? ¿Tienen una tradición de Año Nuevo? Tal vez deseen incluir un tiempo compartido de oración como parte de su tradición.

Señor, nos comprometemos a servirte y a amarnos uno al otro al iniciar juntos este nuevo año. Que todo lo que planifiquemos hacer lleve abundantes oraciones y sabiduría piadosa. Gracias por tus continuas bendiciones en nuestro matrimonio y familia.